奎如泉 著

OIL
POWER

石油權力

從沙烏地阿美的崛起到石油市場的演變！
以七大權力要素剖析美國、沙烏地阿拉伯與石油公司的三角關係

國際能源格局 ｜ 地緣政治 ｜ 石油經濟

從安全到定價，七大要素建構石油權力格局
解讀「三角關係」，剖析全球能源賽局背後的真相

目 錄

推薦序　產油國、消費國和跨國公司——
　　　　誰是最脆弱的一環？　　　　　　　　007

自序　　　　　　　　　　　　　　　　　　011

第一章　世界石油體系與石油權力　　　　　017

第二章　沙烏地阿拉伯與中東石油政治　　　047

第三章　美國、沙烏地阿拉伯
　　　　與沙烏地阿美的「三角關係」　　　083

第四章　結構性權力理論的實踐
　　　　與「三角關係」解析　　　　　　　129

第五章　「三角關係」中
　　　　結構性權力評估及量化分析　　　　155

目錄

第六章　結構性權力指數分析
　　　　及其應用價值　　　　　　　　　229

附錄　　　　　　　　　　　　　　　　241

參考文獻　　　　　　　　　　　　　　273

獻給我的父母、妻子、女兒，
以及我的博士生指導教授 —— 著名中東問題專家牛新春研究員

推薦序
產油國、消費國和跨國公司──
是最脆弱的一環？

推薦序　產油國、消費國和跨國公司──是最脆弱的一環？

　　過去二十幾年，中國的跨國石油公司持續布局海外，持續擴大在全球重要油氣富集區的投資與貿易。中東在過去十年一直是中國企業油氣投資和貿易的「高原」。特別是 2008 年伊拉克再次啟動對外合作招標後，以及 2015 年美國和歐洲放寬對伊朗的制裁後，中國石油企業在中東地區的投資和營運可謂舉世矚目。比如中國石油在伊拉克、伊朗和阿聯酋，中國石化在沙烏地阿拉伯和伊朗，中國海油在伊拉克等，都是「參考書」等級的跨國經營案例。

　　那麼問題來了，中東石油政治對中國跨國企業在當地的投資有影響嗎？這兩者之間是如何互動的？歷史上，美國和歐洲跨國石油企業在中東的投資與石油政治之間有著怎樣的關聯？

　　一種說法是跨國石油公司是國家政治的一個工具，比如，美國的沙烏地阿美石油公司（Aramco）自 1940 年代以來在沙烏地阿拉伯（以下簡稱沙國）的投資與執行，實際上是為了維繫美國和沙國之間的「特殊關係」。其背後的邏輯是，美國與沙國達成了一種默契和聯盟，而沙烏地阿美石油公司只不過是去踐行、維持這種聯盟，即國家在先、企業在後。

　　而另一種說法是，因為企業在某一重要產油區有重大利益，所以國家力量要跟進，去保護企業的利益。比如當年 BP 石油公司在伊朗，先是 BP 在伊朗有大量的投資與石油利益，而該利益逐步上升為英國的國家利益，使得英國在 1950 年代不斷出面保護 BP 的利益免遭伊朗國有化運動的影響（儘管後來未成功），這是企業在先、國家在後。

　　那麼問題來了，在石油政治中，國家與企業的利益是如何互動的？到底誰在前誰在後？如果沒有固定的正規化，那麼什麼情況下國家在前，什麼情況下國家在後？

從經濟學理論來說，對於沙烏地阿拉伯、伊拉克、委內瑞拉、俄羅斯、伊朗此類石油生產和出口大國而言，其財政收入的50%左右（有的甚至高達90%以上）要依賴石油出口，只有按照經濟規律來管理石油，石油收入才會確保該國的長期發展和穩定。而我們看到的是，產油國也會（甚至常常會）把石油當作政治工具和「武器」，比如1973年阿拉伯石油生產國對美國和歐洲一些國家實施的「石油禁運」。

　　照此情況，產油國把石油作為一種政治工具是一種常態嗎？有一種觀點認為，越是依賴石油出口的國家，越要避免把石油作為一種政治工具，一旦石油被「政治化」，其實對該國的經濟是很不利的，相當於產油國「自廢武功」。那麼問題來了，於產油國而言，石油與政治掛鉤的邊界在哪裡？什麼情況下掛鉤？什麼情況下脫鉤？

　　在石油政治（制裁與反制裁，禁運與反禁運）裡面，到底是產油國更脆弱，還是消費國更脆弱？大部分業內人士認為，消費國更脆弱，因此總是擔心能源安全的問題，特別是在油氣儲量較少的亞洲地區，「能源安全」問題被有意無意放大了。

　　因此在過去至少20年，東亞國家（特別是中國、日本、韓國）總是為「亞洲溢價」所困，付出了更多代價去進口油氣。然而，從歷史上看，真實的情況是，產油國更脆弱，因為歷史上大多數石油制裁，都是發達的消費國對產油國施加的。看一看美國對產油國發起的制裁就知道了。過去20年，美國維持了對伊朗的制裁，發起或重新發起了對伊拉克、俄羅斯、委內瑞拉、蘇丹、緬甸等產油（氣）國的制裁。那麼，到底誰更脆弱？

　　以上問題實際上均跟一個關鍵字有關，那就是「石油權力」。

推薦序　產油國、消費國和跨國公司 —— 是最脆弱的一環？

　　陸如泉是我的博士研究生，他在過去數年投入大量精力來研究我上文提到的諸多問題，特別是關於石油權力的問題。通讀本書後，我欣喜地發現，陸如泉在上述關鍵問題上，均有了清晰的答案。這是一部高品質的研究論著，具有較高的理論價值和現實意義。

　　理論層面上，圍繞石油權力，二戰以後近八十年來，產油國（資源國）、消費國和石油公司之間的關係在不斷演變，對其進行理論總結和提升非常有意義，而本書正是這方面工作的先驅。

　　現實層面上，美國、沙國作為全球重要的石油生產國、消費國，沙烏地阿美石油公司作為全球關鍵的石油公司，它們的行為模式影響美國、沙國甚至全球，很有必要探尋這種「三角關係」的內在邏輯及其演變。

　　本書建構了非常合理的理論框架，以石油權力特別是結構性權力為理論基礎，以美沙石油關係史上的關鍵事件為分析對象，實際上是不同時期美國、沙烏地阿拉伯和阿美（沙烏地阿美）石油公司「三角關係」組成的一系列案例。透過案例的對比分析，驗證和修正結構性權力理論，並對三角關係的演變做出了更合理的解釋。

　　本書還對石油權力的因果關係進行了量化分析，使邏輯推理更為簡潔、結論更直觀形象，鞏固和加深了定性分析的結論。

　　最後，值得一提的是，本書雖然是學術著作，但讀起來更像通俗的暢銷書，這主要得益於陸如泉本人的文字功底和深入淺出的解讀。

牛新春

自序

自序

　　有關石油與地緣政治、石油與權力、石油與戰爭、石油與經濟等方面的研究一直是國際關係學和國際政治經濟學（英文縮寫為 IPE）的焦點，這方面的書籍和文章可謂浩如煙海。

　　本書主要討論「石油權力」這個話題，而載體是美國、沙烏地阿拉伯和阿美（沙烏地阿美）石油公司。為什麼會選擇這三者？美國是當今世界的超級大國，一直是全球最大的石油天然氣消費國，也曾一度是全球最大的石油生產國，現在又重新成為全球第一大石油和天然氣生產國。沙烏地阿拉伯更不用說，中東長期以來是全球石油政治的「高階競技場」，沙烏地阿拉伯曾一直是全球最大的石油生產國和出口國，其最大產油國地位只是近兩年才被美國超越，沙烏地阿拉伯還是石油輸出國組織（OPEC）的領導者。那麼，沙烏地阿拉伯國家石油公司和後來的沙烏地阿美石油公司呢？沙烏地阿拉伯國家石油公司（Aramco）一直是二戰以來美國最大的單個對外投資和營運實體，而且背景雄厚，其四家母公司都是超級石油巨頭——雪佛龍公司、德士古公司（2000 年與雪佛龍公司合併）、埃克森公司和美孚石油公司（1999 年和埃克森公司合併）。1988 年，沙烏地阿拉伯國家石油公司轉型為沙烏地阿美（Saudi Aramco），後者是全球最大的國家石油公司。甚至可以說，美國是發達消費國的代表，沙烏地阿拉伯是產油國的代表，沙烏地阿美石油公司是跨國石油巨頭的代表，他們之間有一種剪不斷、理還亂的「三角關係」。如果談石油權力，它們三者是無論如何繞不過去的。

　　本書主要基於 IPE 的理論視角，特別是運用已故的知名 IPE 學者蘇珊·史翠菊（Susan Strange）的《國家與市場》(States and Markets) 一書中提出的「結構性權力」理論，梳理和評估二戰以來美國、沙烏地阿拉伯、阿美（沙烏地阿美）石油公司三個行為體形成的「三角關係」中，其結構

性權力是怎樣的，以及在不同階段結構性權力是怎樣變化的。本書的核心是運用IPE理論解釋世界石油體系及中東石油政治下，沙烏地阿拉伯、美國和阿美（沙烏地阿美）石油公司的石油權力關係。本書主要有以下八大亮點。

亮點之一，描述了世界石油體系及構成該體系的三類主要行為體。重點指出世界石油體系是國際體系的子體系，構成世界石油體系的三個主要行為體分別是石油消費國、石油生產國（出口國）和國際石油公司。

亮點之二，強調了世界石油體系的核心是石油權力，以及構成石油權力的六種子權力。石油之所以具有「權力」，是因為石油是一種策略性的、不可再生的資源，是一個國家實現工業化的「血液」，是國家可以利用並實現國家權力最大化的一種「工具」。石油具有「權力」是現實主義的視角。具體而言，石油權力至少包括六種子權力，即資源（生產供應）權力、市場（需求）權力、輸送（管道）權力、定價權力、技術與管理（知識）權力、金融權力。

亮點之三，解釋了石油消費國、石油生產國（出口國）和國際石油公司之間能夠形成「三角關係」的原因，預示著美國、沙烏地阿拉伯、阿美（沙烏地阿美）石油公司之間形成了某種「三角關係」，這是分析結構性權力的前提和基礎。「三角關係」包括三組關係，其一是產油國與消費國之間的關係，實際上就是全球油氣市場上供應方和需求方之間的關係；其二是消費國與國際石油公司之間的關係，實際上就是地主國政府（host country）與國內跨國公司的關係；其三是產油國與國際石油公司之間的關係，實際上也是地主國政府與跨國公司（外國投資者）之間的關係。

亮點之四，介紹了中東石油政治及其特點，中東石油政治是分析美國、沙烏地阿拉伯、阿美（沙烏地阿美）石油公司「三角關係」的基礎背

自序

景。在中東地區，石油的政治屬性尤為明顯，其代表性案例就是 1973 年 10 月至 1974 年 3 月，以沙烏地阿拉伯為代表的阿拉伯產油國聯合發起了對美國、歐洲和日本的「石油禁運」，使得石油政治聲名大噪。最近幾十年，中東石油政治呈現出了「五化」特徵，即家族化、組織化、集團化、碎片化、金融化。

亮點之五，逐一定性分析了「三角關係」中的三組關係，即美國與沙烏地阿拉伯的關係、沙烏地阿拉伯與阿美石油（沙烏地阿美）公司的關係、美國與沙烏地阿美石油公司的關係。這一部分是本書的一大重點。美國與沙烏地阿拉伯關係的重點是「石油換安全」；沙烏地阿拉伯與沙烏地阿美石油公司之間關係的重點是相互交鋒、競爭與合作，以及沙烏地阿拉伯政府對沙烏地阿美石油公司採取的「漸進式國有化」政策，確保沙烏地阿美石油公司撤出後，沙烏地阿美幾乎「完美地」傳承了沙烏地阿美石油公司的衣缽；美國與沙烏地阿美石油公司的關係實際上是地主國政府與跨國公司之間的關係，是既相互支持又相互獨立的一種特殊關係。

亮點之六，重點介紹了史翠菊的「結構性權力」理論，以及本書基於該理論的方法論——界定了用於評價結構性石油權力的七個要素及其權重，特別是提出了「結構性權力指數」這一概念。本書還提出採用安全，生產，金融，知識，市場，運輸和定價這七個要素估值的加權平均，來量化評估結構性石油權力和結構性權力指數。

亮點之七，按照時間順序把美國、沙烏地阿拉伯、阿美（沙烏地阿美）石油公司的「三角關係」劃分為四個主要階段、九個子階段，逐一量化分析了各個子階段美國、沙烏地阿拉伯、阿美（沙烏地阿美）石油公司結構性權力評估情況。這是本書的又一大重點，主要是圍繞七個要素，邀請八位長期研究沙烏地阿拉伯和石油政治的中東問題專家，對每一階

段、每一行為體的結構性權力進行量化評估，突出每一階段的外部影響因素，以及評估每一因素評分的理由和依據。

亮點之八，基於九個子階段三個行為體結構性權力指數的變化，透過繪製折線圖，找到美國、沙烏地阿拉伯、阿美（沙烏地阿美）石油公司三個行為體石油權力演變的規律，總結了幾點規律性的認知，指出了結構性權力指數的使用價值，並對中國及中國跨國石油公司如何提升結構性權力提出了建議。

本人利用週末和晚上熬夜，斷斷續續，大約用了三年時間寫成本書。回眸過往，有不得其解的迷茫，有抓耳撓腮的惆悵，也有撥雲見日的開朗和柳暗花明的喜悅，但更多的是老師、同學、家人、朋友的鼓勵和支持。

首先，要特別感謝著名中東問題專家牛新春研究員，在本書的寫作過程中，一直悉心指導筆者。

其次，要感謝我的上司——李越強先生，感謝他的理解與支持。在本書撰寫的過程中，李越強先生利用他的工作經驗、卓越才能和全球策略思維，給筆者進行指導和拓展思路。

再次，還要感謝我的妻子王楠、女兒陸韻諳和我的父母，是他們無微不至的關心，給予我在生活上最大的支持，才使我保持樂觀積極的心態完成全稿。他們無私的愛始終是我前進的動力。

最後，鄭重地感謝相關機構的老師、同事和朋友們三年來的悉心指導和幫助。他們是李紹先研究員、廖百智研究員、唐志超研究員和許勤華教授，秦天、唐恬波、李亞男、龔正、王文峰、達巍等老師，以及學校、智庫和企業的陳沫、陳杰、尚豔麗、任重遠、吳康、宋磊等老師和同事。你們的幫助讓我受益匪淺，謝謝你們。

自序

第一章
世界石油體系與石油權力

第一章　世界石油體系與石油權力

　　石油是這個世界上最重要的一種具有全球性、策略性的大宗商品，也是一種充滿矛盾的資源。石油的儲存和消費在空間上的錯位，石油的供應和需求在數量上的失衡，石油的開發和利用在資金和技術上的不對等，石油對國家安全、軍事實力、經濟實力的特殊作用，導致石油工業成為天然的、既能體現國家性又能體現世界性的產業。21世紀以來，儘管各種新能源和非化石能源的消費量及其占一次能源消費的比例在上升，但石油依然是全球第一大能源[1]。

　　石油的「流動性」使其成為一種極為重要的全球性產業，受到幾乎所有主權國家和權力機構的重視和干涉，這使得石油具備了「政治」和「國際政治」屬性。世界石油體系的形成正是石油這種商品的國際政治經濟特點的展現。石油權力則是世界石油體系的重心。

---

[1]　21世紀以來，石油在全球一次能源消費中的占比維持在35%左右，若包括天然氣，這一比例將達到60%左右。

第一節
世界石油體系：結構與運行特徵

一、國際體系與世界石油體系

於經典的國際關係學而言，國際體系是由諸多相互作用的國際行為體組合而成的整體，或者說，國際體系是由互動的國家行為體和非國家行為體，按照一定的原則或規則構成的整體。肯尼思・華爾茲（Kenneth Waltz）將國際體系界定為「一組互動的單位，由結構和互動的單位構成」，其中包含了體系和體系單位兩個要素。也就是說，一個完整的國際體系包括國際體系的單位（行為體）、規則（國際秩序）、功能、結構等。自 1648 年在西歐建立基於民族國家的「西發里亞體系」後的近四百年來，民族國家（主權國家）是國際體系的主要行為體，曾經是唯一的行為體，也叫「國家行為體」。截至目前，尚沒有超越主權國家的權力行為體存在。二戰以後，特別是隨著人類進入全球化時代，跨國公司（如 GE、通用汽車、埃克森美孚等）、國際組織（如世界銀行、WTO 等）、非政府組織（如綠色和平組織等）因對國際政治經濟和人類社會的影響力越來越大，也逐步成為國際體系中的「非國家行為體」。國家行為體、非國家行為體共同構成了當今國際體系。

按照學者研究的界定，世界石油體系是指在特定環境下，圍繞石油（天然氣）勘探、生產、分配和消費，國家行為體和非國家體以某種方式

互動所構成的整體。其基本要素包括行為體成員、組織原則（規則）、體系的結構和外部環境。由於石油產業的國際化程度較高，世界石油體系本身就是一個小型的「國際體系」，或者可以說，世界石油體系是國際體系的子體系。

二、構成世界石油體系的單位

理論上講，世界石油體系中有很多單位，其中「國家行為體」一般包括產油國（出口國）、消費國和過境國。產油國還可以細分為強勢產油國（如沙烏地阿拉伯和俄羅斯）和相對弱勢的產油國（如伊拉克、委內瑞拉、奈及利亞等）。消費國也可以細分為發達消費國（如美國和日本等）和發展中的消費國（如中國和印度等）。過境國在世界石油體系中的地位遠不如消費國和產油國，典型的過境國有土耳其、烏克蘭等連接不同地理板塊的「中間國家」。

世界石油體系中的非國家行為體一般包括兩類：國際石油公司（International Oil Companies，IOC）和國際石油組織。原先的「石油七姊妹」和現在的「全球五巨頭」都屬於國際石油公司[2]，石油輸出國組織（OPEC）、國際能源署（IEA）及國際能源論壇（IEF）等都屬於國際石油組織。

---

[2] 「石油七姊妹」包括紐澤西標準石油公司（後來的埃克森公司）、紐約標準石油公司（後來的美孚石油公司）、加州標準石油公司（後來的雪佛龍公司）、德士古石油公司（即德克薩斯石油公司）、海灣石油公司（Gulf Oil）、英荷殼牌石油公司和英國石油公司，即五家美國公司和兩家歐洲公司；「全球五巨頭」包括埃克森美孚、BP、殼牌、雪佛龍和道達爾公司，即兩家美國巨頭和三家歐洲石油巨頭。

第一節
世界石油體系：結構與運行特徵

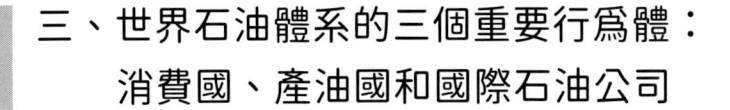

三、世界石油體系的三個重要行為體：消費國、產油國和國際石油公司

根據路易斯·透納（Louis Turner）和其他學者的分析，真正意義上的世界石油體系只有消費國、產油國和國際石油公司三類行為體。過境國不算真正意義上的行為體的原因，一是此類行為體數量較少，不具普遍意義；二是只要供需主體（主要是企業）達成商業合作意願，中間的過境國往往是樂見其成的，因為過境國可以獲得一筆不菲的過境費[3]；三是過境國往往是既與消費國又與產油國友好的國家，特殊個案如烏克蘭、喬治亞等地緣政治敏感的國家除外。這就使得大多數過境國無須上升至國際政治的層面。有關消費國、產油國和國際石油公司是世界石油體系三大行為體的較早的判斷源自1976年瑞典石油專家博·黑恩貝克在《石油與安全》一書中的相關論述。他指出，國際石油業實際上是一場「三個角色」演出的戲，那就是石油生產和輸出國、石油輸入和消費國及多國公司，第三個集團在前兩者之間發揮著緩衝或中間人作用。

國家石油公司不算真正意義上行為體的原因是，此類行為體往往不具有獨立性，公司的運作基本上是國家意志的體現，可以與產油國合而為一，以國家行為體的角色出現。本書收尾部分談到國際化的國家石油公司，此類石油公司的性質是國家石油公司，雖然其在全球的投資、貿易與營運與國際石油公司類似，也擁有資金、技術、管理等方面的比較優勢，還在世界石油體系中發揮著與國際石油公司類似的作用，但依然不具備國際石油公司的獨立特性。

---

[3] 關於過境國樂見其成的最新案例是2019年9月20日中國石油和尼日、貝南三方正式簽訂的「尼日—貝南」跨境原油輸送管道，將尼日的原油經貝南輸送至貝南在西非海岸的港口，實現原油「下海」。貝南政府對該專案表示高度歡迎和積極配合。

第一章　世界石油體系與石油權力

　　OPEC、IEA 等國際石油組織不算真正意義上行為體，因為它們也缺乏獨立性。嚴格來說，OPEC 不是影響世界石油體系的獨立行為體和獨立變數，它充其量只是一個干預性變數，而且這種干預性作用的發揮取決於核心產油國的意願與能力，就像 OPEC 與沙烏地阿拉伯的關係那樣。IEA 也不是完全獨立的國際組織，而是經濟合作與發展組織（OECD）框架內的自治組織，IEA 的成員僅限於發達消費國，其中發揮領導作用的國家是美國。

　　國際石油公司能夠作為唯一的非國家行為體留在體系中，一方面在於國際石油公司作為跨國公司中最有實力的群體之一，擁有強大力量。1970 年代以來，一大批學者從不同立場、觀點和方法出發，就跨國公司的角色、作用和影響及其與國家主權和霸權的關係提出了自己的看法。較為一致的看法是，跨國公司已經成長為能夠自我獨立的行為體，在與民族國家的較量中，跨國公司處於上風，跨國公司可以隨意地把資產從一個國家抽走，使這個國家因此而面臨資金、失業、外貿赤字等一系列問題。而國際石油公司是跨國公司中最有實力的那個群體。一個有意思的現象是，1970 年代以來的研究著作，比如羅伯特・吉爾平（Robert Gilpin）的《跨國公司與美國霸權》（*US Power and the Multinational Corporation*）、《國際關係政治經濟學》（*The Political Economy of International Relations*）、蘇珊・史翠菊的《國家與市場》、《全球化與國家的銷蝕》、羅伯特・基歐漢（Robert Keohane）的《霸權之後》（*After Hegemony*）及他和約瑟夫・奈伊（Joseph Nye）合著的《權力與互賴》（*Power and Interdependence*），還有約瑟夫・奈伊的《理解全球衝突與合作》（*Understanding International Conflicts*）等，在引用跨國公司作為案例進行分析時，均不約而同地拿國際石油公司作為跨國公司的代表進行論述和分析，而且是

第一節
世界石油體系：結構與運行特徵

「排他性」地採用國際石油公司的案例，很少或幾乎不採用其他類型的跨國公司進行分析。這足以證明國際石油公司力量的強大。比如史翠菊在其《國家與市場》一書中強調，「在石油業中，最重要的權威機構通常不是民族政府所代表的國家，而是有效地操縱著市場的石油公司或者石油公司集團」。最直觀的例證就是，富比士每年釋出的世界500大企業名單，每年前十大中都有4～5家石油公司，而2019年度前十大中的石油公司多達6家[4]。

另一方面在於國際石油公司本身的獨立性。誠然，國際石油公司也是有母國(home country)的，比如埃克森美孚、雪佛龍之於美國，BP公司之於英國，道達爾公司之於法國。然而，這些國際石油公司與母國之間不存在完全意義上的「依附關係」。其背後的原因是，國際石油公司作為私有性質的跨國企業集團，其投資決策和生產經營的依據是是否符合公司發展策略、是否為股東創造更多的商業利益和回報，而不是國家利益和國家能源安全利益至上。歷史上，無數次的事實已經證明，國際石油公司的策略取向和自己的母國可以不一致。比如，講述埃克森美孚公司1989～2011年跨國經營的《石油即政治》(Private Empire)一書，詳細描寫了該公司在印尼、赤道幾內亞和查德投資營運的案例，而且特別指出該公司在上述國家的投資營運策略策略與美國政府的政策並不一致。再如，在2018年以來美國和委內瑞拉關係持續惡化的情況下，美國第二大石油公司、全球石油五巨頭之一的雪佛龍公司依然留在委內瑞拉開展業務。除了雪佛龍，貝克休斯、威德福等美國知名的跨國石油工程技術服務公司也繼續留在委內瑞拉開展石油作業和營運[5]。

---

[4] 進入前十大的6家石油公司分別是中國石化、殼牌石油、中國石油、沙烏地阿美、英國石油和埃克森美孚。

[5] 雪佛龍曾要求美國「降低」對委內瑞拉的限制。截至2019年9月，雪佛龍公司繼續在委內瑞拉開展業務，並得到美國政府的制裁豁免。

第一章　世界石油體系與石油權力

這就是國際石油公司可以留在世界石油體系中,而且是重量級玩家的重要原因。當然,絕不能說,國際石油公司是完全獨立的,它們也得遵從母國的外交政策和國際策略,關鍵時候也得聽命於母國政府,但與國家石油公司相比,它們的獨立性是顯而易見的。

作為世界石油體系三類重要的行為體(見圖1-1),消費國、產油國和國際石油公司之間既相互合作又相互競爭,既相互依賴又相互拆臺,既有美國與沙烏地阿拉伯那樣的「石油換安全」式的同盟關係,又有1973年沙烏地阿拉伯等阿拉伯國家拿起「石油武器」抗擊西歐和美國的經典案例,既有伊朗在1951年透過國有化把BP公司趕走的極端情況,又有沙烏地阿拉伯與沙烏地阿美石油公司「歲月靜好」式的無縫合作。

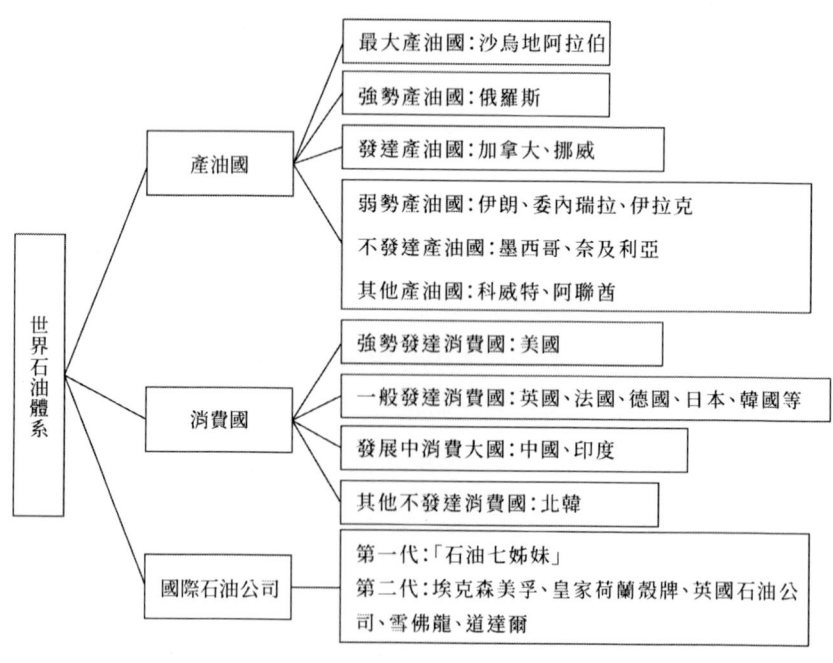

圖1-1　世界石油體系的主要行為體

第一節
世界石油體系：結構與運行特徵

四、世界石油體系中的「三角關係」

消費國、產油國和國際石油公司構成了世界石油體系的「三角關係」。這種「三角關係」在西方國際政治經濟學書籍中有很多論述，路易斯・透納早在 1976 年便發表了題為《世界政治中的石油巨人》的論文，以 1970 年代和 1973 年第一次石油危機為斷代節點，分別考察了石油巨頭同母國、地主國的權力關係，認為在國際石油公司與產油國和包括母國在內的消費國之間形成了一種「三角形」的權力關係。這種「三角關係」如圖 1-2 所示。

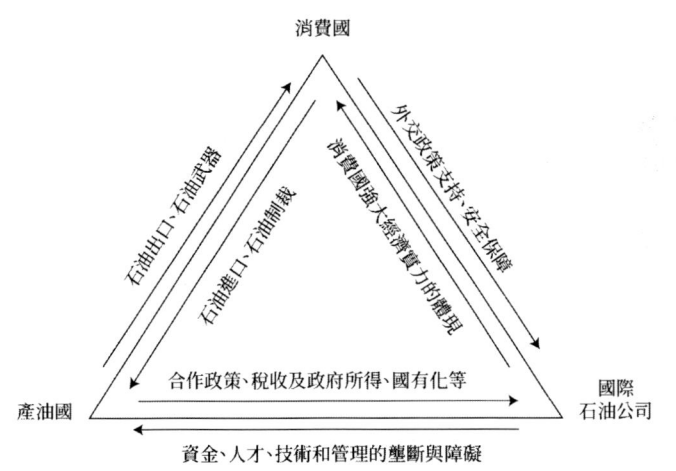

圖 1-2　消費國、產油國、國際石油公司之間的「三角關係」

安東尼・桑普森（Anthony Sampson）也認為消費國、產油國和國際石油公司之間有著「三角關係」。他在 1976 年便指出，在石油世界永遠不會有什麼公正，因為在富國與窮國之間，沒有一種商品在地理分布方面的差別是如此懸殊。但可能出現一種比較公平的控制方法，不是透過兩個卡特爾（產油國卡特爾、國際石油公司之間的卡特爾）之間的衝突，

025

而是透過建立某種關係。在三角關係——產油國、消費國和國際石油公司——的主要成員的願望之間開始生產出某種綜合物來。

「三角關係」其一是產油國與消費國之間的關係，實際上是全球油氣市場上供應方和需求方之間的關係，這種關係體現在國與國雙邊關係上的典型案例是二戰以來沙烏地阿拉伯與美國的石油供需關係，以及21世紀以來的俄羅斯和中國的石油天然氣供需關係；體現在一個國家集團與另一個國家集團的多邊關係上的典型案例就是石油輸出國組織（OPEC）與經濟合作暨發展組織（OECD）之間的關係。需要強調的是，一般情況下，上述供需雙方不會發生直接的交易，都是透過中間者（通常是國際石油公司或國際化的國家石油公司）或兩國各自的代理企業進行商業性買賣。

其二是消費國與國際石油公司之間的關係，實際上是母國政府與地主國跨國公司的關係。二戰以後至1970年代，這種關係主要指「石油七姊妹」與其母國的關係，比如英國石油公司（BP）與英國政府、埃克森美孚與美國政府之間的關係；1980年代以來，隨著國際石油公司之間發生的一系列兼併收購，這種關係主要表現為「全球五巨頭」和母國政府之間的關係，比如雪佛龍（含德士古）公司與美國政府、道達爾公司與法國政府之間的關係；1990年代以來，隨著新興市場的國家石油公司崛起及其國際化進度加快，這種關係也表現為國際化的國家石油公司與母國政府之間的關係，比如挪威石油（Statoil，現稱Equinor）與挪威政府之間的關係。

其三是產油國與國際石油公司之間的關係，實際上是地主國政府與跨國公司（外國投資者）之間的關係，既有發達地主國與跨國公司之間的關係，又有發展中地主國（落後國家）與跨國公司之間的關係，這兩者還

第一節
世界石油體系：結構與運行特徵

是有所區別的。二戰以來，這種關係主要表現為國際石油公司與中東、拉美、非洲及中亞、俄羅斯地區地主國政府之間的關係。其中比較典型的產油國與國際石油公司之間的案例是奈及利亞與殼牌石油（Shell）之間的關係、沙烏地阿拉伯與阿美石油（Aramco）之間的關係。

需要指出的是，這裡的消費國和產油國不是「純粹」和「絕對」的消費國、產油國，而是「進口消費」或「生產出口」占主導地位的國家。比如二戰以來的美國，既是全球油氣生產大國也是消費大國，但其長期居於全球第一大石油進口國（直到2017年才被中國超越）地位，故本書以消費國來界定美國，而且是「發達消費國」。以此類推，中國是「發展中消費大國」。同樣，可以將巴西、俄羅斯、沙烏地阿拉伯等界定為產油大國，雖然它們自身油氣消費量也不低。

關於跨國公司、地主國、母國之間的「三角關係」或「三角相互依賴」，斯托普福德（John Stopford））提出了「三角外交」的概念，來解釋跨國公司與國家之間在財富創造中存在的深層夥伴關係。他與史翠菊有著共同的見解，認為一個國家的政治經濟狀況由國家之間、國家與公司之間及公司之間的三角外交形成，其中一些外交上的討價還價發生在國家內部，因而被視為國內政治；其他則發生在政府之間，因而被視為國際政治。

也有學者提出相關的論述，指出跨國經營導致跨國公司、地主國、母國形成一種三角形的不對稱相互依賴關係；相互依賴的連結是連貫還是斷裂，在根本上取決於行為體的利益分配和權力對比，即體系結構。

世界石油體系的核心是石油政治，石油政治的核心是石油權力，對權力的爭奪是世界石油體系發展演變的主題。本書的分析重點是國際石油公司這一非國家行為體在世界石油體系中的作用，特別是其在上述

第一章　世界石油體系與石油權力

「三角關係」中所發揮的作用。主要透過世界石油體系中存在的「三角關係」，論述二戰以來石油權力在美國、沙烏地阿拉伯和阿美石油（沙烏地阿美）公司的轉換。

第二節
石油權力：全球石油體系的核心

由於石油的不可再生性、分布不均衡性、「現代工業血液」的燃料屬性、全球最大宗商品屬性，以及後來附加在它身上的金融屬性等（石油既是大宗商品，又是策略物資，還是一種金融衍生品），過去的100多年中，幾乎所有人類社會發生的重大危機、衝突、殺戮、革命等，均或多或少地有它的影子。最為典型的就是一戰、二戰和冷戰期間，大國對石油的爭奪，以及石油在實現國家權力和意志上所發揮的特殊作用。這就使得它與眾不同，常常為擁有它的國家、群體和個人所利用，成為打擊或拉攏對方的工具（而不管對方是不是願意），成為個體或國家實現自身抱負或利益的工具，從而使它具備了「權力」。

石油權力是世界石油體系的核心。在跨國公司和主權國家構成的世界政治經濟體系中，兩者的權力對比決定了體系的結構，權力對比的變化導致體系結構的轉變。在世界石油體系中，產油國、消費國和國際石油公司三者的互動決定了體系結構，三方實力的變化（如產油國加強對石油資源的控制、重要的消費國加強在產油區的軍事措施或者某大型國際石油公司的併購行為）引發權力對比的改變，從而導致體系結構發生轉變，進而在重新建立的權力結構上確立新的利益分配關係。

第一章　世界石油體系與石油權力

一、石油權力：一種「結構性權力」

如何進一步理解石油權力？英國著名國際關係學者蘇珊‧史翠菊提供了一種獨特而又令人信服的視角。史翠菊在其《國家與市場》一書中指出，在國際體系裡主要存在著兩種權力，即關係和結構性權力。所謂關係，就是「傳統權力」，是甲方靠權力迫使乙方去做或許他本來不想做的事，這種權力體現在對事情過程或結果的控制力上。

而結構性權力，史翠菊解釋說，是形成和決定各種政治經濟結構的權力，各國及其政治機構、經濟企業、科學家和專業人士都不得不在這個結構裡活動。通俗地說，結構性權力就是決定辦事方式方法的權力。史翠菊指出，國際體系中的結構性權力分為兩個層級，第一層級的結構性權力是安全、生產、金融和知識的權力，第二層級的結構性權力是運輸體系（海運和空運）、貿易、能源（石油）和福利的權力。

史翠菊強調，石油政治中的權力（石油權力）屬於結構性權力。在工業化的世界經濟裡，作為五種基本生產要素（即土地、勞動、資本、技術和石油）之一的石油，與煤炭相比更具流動性。石油可以透過管道運往大陸各地，也可藉助於超級油輪飄洋過海，而且可流動性並不意味著石油的政治屬性減少了，反而意味著石油政治具有國際性了。

史翠菊以石油公司和產油國為例對此進行了解釋：西方大型石油公司（國際石油公司）擁有油氣勘探開發生產所需的技術、管理和資金，產油國擁有資源。只有產油國向外國石油公司提供開採特權（許可證）時，外國石油公司才能生產。作為回報，國際石油公司必須向產油國繳納包括礦區使用費在內的各種稅費[6]。產油國在獲得各種稅費（石油收入）的

---

[6] 礦區使用費，即外國石油投資者（國際石油公司）按照合約約定，每年向地主國政府交納的使用本礦區（開採區、區塊）的「租金」。

第二節
石油權力：全球石油體系的核心

同時，其國家政治也就受到了國際石油公司的影響和制約。只有產油國也掌握了國際石油公司所擁有的技術和管理手段，才能對跨國公司在生產、金融（信貸）、技術、管理上的結構性權力提出挑戰。反之，產油國就要吃大虧。

從史翠菊的視角來看，石油權力是一種體現國際關係現實主義理論的「硬實力」。

二、石油權力的六種子權力

石油權力主要由資源（供應）權力、市場（需求）權力、輸送（管道）權力、定價權力、技術與管理權力、金融權力這六種子權力（二級權力）構成。

第一，石油資源（供應）權力，指一個國家或組織因擁有油氣資源，在世界石油市場中具有資源供應的權力。提到資源權力，人們首先想到的可能是石油輸出國組織（OPEC），是沙烏地阿拉伯、俄羅斯、伊朗這樣的油氣資源大國。在權力的表現或運用上，參照歷史上的事件或經驗，石油資源權力首先表現為資源國（產油國）發起的、此起彼伏的「國有化」運動。比如1930年代墨西哥的石油國有化、60年代前後伴隨著民族解放運動而發生的資源國有化及90年代在委內瑞拉等拉美國家發生的國有化等，使得外國投資者（國際石油公司）深刻領教了資源國展現的石油權力。

其次就是沙烏地阿拉伯、俄羅斯這樣的全球油氣生產、出口大國，它們是全球油氣市場「供給端」的代表。自2017年以來，隨著美國頁岩

第一章　世界石油體系與石油權力

革命獲得成功，美國重回全球第一大油氣生產國地位[7]，再次加入油氣生產、出口大國的行列。目前，原油日產量達到1,000萬桶[8]的三大玩家分別是美國、沙烏地阿拉伯和俄羅斯，它們既是全球油氣生產的「主力軍」，又是調解市場供需狀況的「靈活型生產者」，資源權力不可謂不大。

第三類資源權力的擁有者常常為人們所忽略，那就是擁有鉅額油氣資源的國際石油公司或國家石油公司。特別是後者，權力更大。2007年英國金融時報的一篇文章〈新一代「石油業七姐妹」〉，反映了七家國有石油公司背後所掌控的巨量油氣資源帶來的「權力」。

第二，石油市場（需求）權力，指油氣消費國（需求國）因巨大的石油消費量而具有的強大市場權力。提到市場權力，人們往往想到的是，「市場換資源」、「市場換技術」等策略。實際上指的就是利用巨大的市場機遇來換取資源和技術。

實施「市場換資源」策略的典型案例就是中國與俄羅斯的合作，俄羅斯有資源，中國有市場，而且中俄是鄰國，雙方的互補性極強。最近十年的中俄油氣合作重大工程，比如中俄原油管道、中俄天然氣東線管道等，都是市場換資源的產物。也就是說，中國利用手中的市場權力與俄羅斯的資源權力進行「互換」。

第三，石油輸送（通道）權力，主要是指擁有連接石油資源與市場的中間地帶或中間水域的國家，獲得的影響石油流向的權力。石油，特別是長距離跨國油氣輸送設施（管道），往往能夠實質性改變區域性地緣政治格局，這就是石油的「通道權」。與此相關的還有陸上過境權和海上運

---

[7] 美國上一次產量高峰出現在1972年，美國當年的石油產量水準是1,118.5萬桶／日，高於蘇聯的806.4萬桶／日和沙烏地阿拉伯的607萬桶／日，居全球第一。

[8] 國際上原油體積和重量的單位通常採用「桶」，一般而言，1噸約等於7.3桶，1萬桶／日的產量水準相當於年產50萬噸。

第二節
石油權力：全球石油體系的核心

輸權。但過境國嚴格意義上不算是世界石油體系中的重要行為體，因而石油輸送權力在本書中不作為重點論述和分析對象。

第四，石油金融權力，指憑藉發達的金融體系和對全球金融的影響力，從而對油氣交易、油氣投融資、油氣價格等擁有的話語權。石油金融權力的最突出表現就是「石油美元」。1945年2月，美國時任總統羅斯福和沙烏地阿拉伯立國之父——伊本·沙烏地在埃及地中海的美國軍艦上達成一項祕密協議，即美國為沙烏地阿拉伯提供安全保護，沙烏地阿拉伯則為美國源源不斷提供巨量且廉價的石油。這就是美沙同盟關係的由來，也為後來「石油美元」奠定了根基。而「石油美元」釋放其巨大的影響力是在1970年代「布列敦森林體系」解體後，美元與黃金脫鉤，與石油掛鉤，美元「錨定」了石油這個全球最大宗的策略性商品[9]。此後半個世紀，「石油美元」展示了其強大的權力。

此外，石油金融權力還表現在原油期貨交易上，其背後是「發現」價格的能力，是確定石油「標準價格」（交易基準價格）的權力。目前，全球有四大原油期貨交易平臺：紐約商業交易所（NYMEX）的輕質低硫原油即「西德州原油」（WTI）期貨，倫敦國際石油交易所（IPE）的布蘭特（Brent）原油期貨，杜拜商品交易所的高硫原油期貨，以及新加坡交易所（SGX）的杜拜酸性原油期貨。這四大交易平臺決定著全球原油交易與貿易的基準價格，其背後分別是美國、英國、新加坡和阿聯酋杜拜酋長國占領著全球石油金融權力的制高點。

---

[9] 據美國政治家羅恩·保羅（Ron Paul）博士2006年發表的一篇題為「美元霸權的終結」（The end of Dollar Hegemony）的著名演講透露，從1972年到1974年，經過漫長的談判，美國與沙烏地阿拉伯政府終於就「石油美元」體系達成共識，美國承諾向沙烏地阿拉伯提供政治和軍事支持以保衛沙烏地阿拉伯王室。作為回報，沙烏地阿拉伯政府同意：一是利用沙烏地阿拉伯在OPEC主導地位的影響來保證全球石油交易只用美元結算；二是把大量石油美元收入用來購買美國國債，並用這些國債的利息支付美國石油公司對沙烏地阿拉伯基礎設施現代化工程的投資；三是保證把油價限制在美國能接受的範圍之內，並防止OPEC其他成員發動另一場石油禁運。

第一章　世界石油體系與石油權力

　　長期以來，中國的石油金融權力十分有限。隨著中國經濟體量和能源消費量的持續成長，2018年3月26日，原油期貨在上海期貨交易所上海國際能源交易中心掛牌上市交易，中國的石油金融平臺正式開始建構。

　　按照史翠菊對於結構性權力的分類，石油金融權力實際上已經超越了石油權力本身，上升至第一層級的結構性權力，屬於四大結構性權力之一。1973年布列敦森林體系瓦解後，「石油美元」開始替代「黃金美元」，石油便具備了金融屬性。而且，自從1983年紐約商品期貨交易所開設石油期貨以來，石油的金融屬性更進一步體現在國際石油價格上，體現在國際金融資本對石油價格的干預和控制上。

　　第五，石油技術與管理權力，系先進國家或國際石油公司憑藉先進的石油科技和管理經驗，而擁有的控制權和領導力。毫無疑問，石油技術與管理權力的擁有者主要是歐美一些大型國際石油公司。近三十年來，隨著中國及亞洲其他地區的國家石油公司紛紛崛起，以中國石油天然氣集團有限公司（CNPC）、馬來西亞國家石油公司（Petronas）和印度石油天然氣公司（ONGC）為代表的亞洲國際石油公司開始分享石油技術與管理權力。

　　業界和學界一種普遍的看法是，與強大的資源國政府相比，國際石油公司實際上就是「小員工」，永遠處於弱勢地位。最直接的表現是，過去數十年，在中東和拉丁美洲地區一些產油國的「國有化運動」過程中，外國投資者表現得非常弱勢。另一種聲音則認為，由於國際石油公司在資金、技術、管理等方面擁有無與倫比的優勢，那些把外國石油公司「魯莽」趕走的資源國政府，不得不在數年後重新把這些外國公司請回來。說到底，產油國尚不具備單獨開採和管理本地石油儲量的能力。

第二節
石油權力：全球石油體系的核心

這種爭論並沒有弱化國際石油公司的權力，恰恰反映了國際石油公司獨特的競爭力和強大實力。特別是最近幾十年在深水、超深水、非常規石油及 LNG 等新興業務領域，國際石油公司的比較優勢更為明顯，權力更為強悍。

按照史翠菊的分類，此類石油權力實際上屬於第一層級結構性權力的知識（技術與管理）權力。

第六，石油定價權力，是指由於擁有影響油氣供需、技術和金融等方面的能力，而獲得的決定石油價格走向的權力。定價權是一種綜合性權力，是上述五種石油權力的「集大成者」，是石油權力的核心。換句話說，定價權是上述五種石油權力共同作用的結果，只是在不同階段，這五種權力施加的影響有大有小而已。

從歷史上看，石油定價權幾經易手。從現代石油工業誕生到一戰前夕，石油定價權基本上在美國政府和洛克斐勒建立的標準石油公司手裡。一戰之後到 1960 年 OPEC 成立 40 年間，主要是「石油七姊妹」操控國際油價，石油定價權主要掌握在美歐七家跨國石油巨頭手中。1960年代是一個「混亂」的時期，OPEC 成立不久，力量不強，美蘇爭霸咄咄逼人，那一時期的石油定價權是分散的。1970 年代，特別是阿拉伯國家在 1973 年對美國、部分西歐國家和日本發起「石油禁運」，OPEC 的石油權力得到充分彰顯，這一時期主要是資源權力決定著定價權。1980 年代之後，石油期貨開始展現其巨大影響力，石油具備了「金融衍生品」的屬性，特別是在 2008 年 7 月 11 日，石油價格被華爾街的金融炒家們炒到了 147.27 美元／桶的歷史高點。

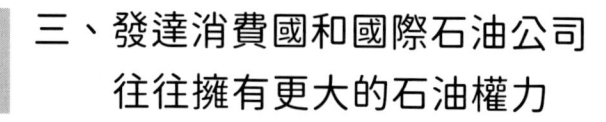

三、發達消費國和國際石油公司往往擁有更大的石油權力

研究結果顯示，發達消費國往往在世界石油體系中位居「金字塔頂端」，處於權力中心。這可能與人們平常的認知不一樣。表面上看，二戰以來，伊朗、沙烏地阿拉伯、委內瑞拉、墨西哥、俄羅斯等油氣生產大國和出口大國在世界石油體系中一直表現很強勢。過去幾十年，它們動輒對國際石油公司和外國投資者發起國有化運動，時常對消費國展示強硬的「限制出口」甚至「停供」手段，這就是國際政治中經常提及的「石油武器」。

但實際情況是二戰以來，除了1973年阿拉伯產油國發起對西歐、日本和美國的「石油禁運」，引發西方經濟出現停滯性通貨膨脹和危機，從而使得產油國在1970年代中期處於世界石油體系的權力中心、凌駕於發達消費國和國際石油公司之上的短短幾年外，絕大部分時間裡，產油國（其中絕大多數是亞非拉的發展中產油國）一直處於世界石油體系的「外圍」地帶，而消費國（大多是發達消費體，最有代表性的就是美國）和國際石油公司（先是「石油七姊妹」，後是「全球五巨頭」）則處於世界石油體系的「中心」地帶。

也就是說，消費國、產油國、國際石油公司之間是一種不均衡的三角關係。消費國之所以長期處於「中心」地帶，是因為發達消費國擁有第一層級結構性權力的四種權力，即安全、生產、金融和知識權力。發達消費國在軍事實力方面的優勢，使其在安全上擁有無與倫比的權力，甚至會動用軍事力量來保護與其關係較好的產油國。1990年波斯灣戰爭期間，美國和沙烏地阿拉伯就是這種關係的典型。另外，消費國石油安全

第二節
石油權力：全球石油體系的核心

權力還體現在消費國在石油運輸通道安全上具有掌控力。發達消費國的石油金融權力也是產油國不可比擬的。

長期以來，國際石油公司因在石油生產（勘探開發、加工、銷售）、石油技術和管理方面擁有比產油國更大的權力，特別在石油高階技術和先進管理方式的掌控上，國際石油公司相對於產油國，也擁有明顯的優勢。與發達消費國類似，國際石油公司也處於世界石油體系的中心或次中心地帶，因為國際石油公司至少擁有史翠菊第一層級結構性權力的生產和知識權力。而產油國除了前述提到的「資源權力」，基本不具備第一層級權力結構中的其他權力，往往處於世界石油體系的「外圍」地帶。

還可以從其他角度來論證上述「中心」與「外圍」問題。經典國際關係理論認為，權力的來源可以是物質的（硬實力），也可以是非物質的（軟實力）。於世界石油體系而言，物質性權力一方面是經濟、軍事、工業、科技等方面的硬實力，這是國家層面；另一方面是資金、技術、管理、行銷等方面的硬實力，這是行業或企業層面。非物質性權力是指與石油相關的國際政治經濟規則和標準、世界石油市場（價格）、國際金融體系（貨幣）、國際貿易和分工（交易與物流）、人才與文化（專業化素養）等，也就是軟實力。

於產油國而言，產油國除了擁有資源，掌握「資源權力」外，往往缺乏其他的物質性權力和非物質性權力。大多數發展中的產油國除了石油、天然氣這樣天然的資源，基本不具備高水準的經濟、軍事、工業和科技實力，在金融、市場、貿易和人才等軟實力方面也沒有優勢，地主國的企業更沒有資金、技術、管理和行銷上的優勢。也就是說，大多數產油國缺乏將自然資源轉化為更多、更強權力的能力。這就決定了產油國的權力來源非常單一，只有石油、天然氣本身的「資源性權力」。

第一章　世界石油體系與石油權力

於消費國而言，大多數發達消費國石油資源普遍貧乏[10]，缺少「資源性權力」，但其擁有了幾乎所有的物質性權力和非物質性權力。以美國為例，其既擁有強大的經濟、軍事、工業和科技實力，又在金融、市場、貿易和人才文化等方面擁有無與倫比的優勢。也就是說，美國在世界石油體系中的權力來源非常多元。這就是一直以來美國和其他發達消費國可以動輒對伊朗、委內瑞拉、伊拉克、蘇丹、俄羅斯等產油大國發起打擊或制裁的原因。

於國際石油公司而言，國際石油公司的權力來源一方面是自身的資金（資本）、技術、管理和行銷等方面的物質性權力，另一方面是憑藉著發達消費國的母國而自然擁有的物質性、非物質性權力。儘管偶爾會遭遇產油國的懲罰甚至國有化，但從歷史上看，在與產油國交鋒的過程中，國際石油公司顯得更有優勢、更強勢。史翠菊在論述國際石油公司與產油國的關係時強調，1950～1960年代，伊朗、印尼趕走西方大石油公司，無不是付出了驚人的經濟代價，而且時隔不久又不得不把被自己攆走的公司請回來……資源國政府，特別是那些開發中國家的政府，發現它們在與外國石油公司討價還價時，不得不因為外國石油公司對技術（特別在勘探和開發方面）的控制而做出讓步。

可以看出，在世界石油體系的權力結構中，消費國和國際石油公司往往處於中心地帶，而產油國則長期處於外圍地帶。另外，對於中國和印度這樣的發展中消費國而言，很長一段時期一直處於世界石油體系權力結構的「最外圍」地帶，其石油權力甚至比不上那些實力強大的產油國。這主要是因為中國和印度既沒有資源性權力，也缺少發達消費國那樣的物質性權力和非物質性權力。

---

[10] 美國是個例外，美國是全球產油大國，「頁岩革命」成功以來，美國2018年的石油產量達到了1,531萬桶／日（折合6.69億噸），位居世界第一，其資源權力得到了強化。

第三節
二戰後石油權力的演變與變遷

在大多數石油界人士、特別是石油企業人士看來，世界石油體系的演變主要是以「油價週期」來區分。因為企業界人士比較關心石油供需市場和油價對企業經營帶來的影響。比如 2000 年至 2014 年高油價時代的「景氣高峰」，2014 年下半年以後進入了「景氣谷底」。這種週期性的變化，5 到 10 年出現一次。沙烏地阿拉伯前石油部長阿里・納伊米（Ali bin Ibrahim Al-Naimi）在 2016 年 3 月在休士頓劍橋能源週論壇的主旨演講中就曾宣稱，自己已經歷了世界石油市場的 6 輪週期起伏。需要指出的是，油價的漲跌只是世界石油體系結構變化的結果，而不是驅動原因。

世界石油體系作為國際關係體系的一部分，其變化往往和國際政治經濟的發展密切相關，其變化的階段性象徵一般是重大國際事件。比如 1973 年第四次中東戰爭和第一次石油危機、1990 年伊拉克入侵科威特、1991 年蘇聯解體等，這些重大事件往往是世界石油體系變化的轉捩點。

如前文所述，消費國、產油國和國際石油公司是世界石油體系的主要行為體，本書以這三個行為體為主線來觀察世界石油體系的變遷。

第一章　世界石油體系與石油權力

一、發達消費國主線：
國家安全和國際金融是影響世界石油體系變遷的主要因素

石油作為一種燃料、全球大宗商品和金融衍生品，實際上就是一種黑漆漆、黏稠的、略帶臭味的液體，其本身不具有影響力。石油只有與國家安全和國際金融結合在一起後，上升為「石油安全」和「石油美元」，才成為影響世界石油體系變化的重要力量。因此，二戰以來，那些對全球發達消費國的石油安全、石油金融產生重大影響的事件，往往是世界石油體系變化的「轉捩點」。

美國自二戰以後一直是超級大國，也一直是全球第一大石油生產國、消費國和進口國，且美國在國際體系中居主導地位，與美國掛鉤的、影響其石油安全和石油金融的事件往往是影響世界石油體系的關鍵因素。按照這個邏輯，以下事件是世界石油體系變遷的分水嶺。

一是 1945 年，美國與沙烏地阿拉伯達成「石油換安全」的祕密協議，自那以後，沙烏地阿拉伯源源不斷地向美國提供石油，作為回報，美國的軍事力量為沙烏地阿拉伯提供國家安全保障。後來 70 多年的發展證明，美國與沙烏地阿拉伯的聯盟深深影響了世界石油體系的變遷。

二是 1973 年，美國政府決定放棄「布列敦森林體系」，美元與黃金脫鉤。但美元的穩定必須「錨定」一種商品，而當時能夠承載美元價值的全球大宗商品就是石油。至此，「石油美元」成為美國金融霸權的象徵，也是過去四十年世界石油體系的基石。另外，1973 年 10 月至次年 3 月爆發了世界石油史上第一次石油危機，阿拉伯國家發起對美國、西歐和日本的石油禁運。此次危機深深影響了世界石油體系，甚至影響了國際

第三節
二戰後石油權力的演變與變遷

關係格局，使得產油國在世界石油體系中的地位和石油權力空前成長。

三是1979年和1980年，伊朗爆發伊斯蘭革命，產油大國伊朗由美國的策略盟友轉變為敵人，之後又爆發「兩伊戰爭」，伊朗的石油產量大受影響，從每天580萬桶驟降到100萬桶以下，打破了當時全球原油市場上供求關係的脆弱平衡。油價在1979年開始暴漲，從每桶13美元暴增至1981年的34美元，導致了第二次石油危機的出現。第二次石油危機是世界石油體系變遷的又一轉捩點，最終導致美國在中東的策略由沙烏地阿拉伯、伊朗的「二輪驅動」演變為沙烏地阿拉伯的「一家獨大」，沙烏地阿拉伯在世界石油體系中的地位空前提升。

四是1990年伊拉克入侵科威特，引發第三次石油危機。美國出兵中東，不僅打擊了伊拉克，而且深度插手中東地區事務，此舉不僅影響了世界石油體系，鞏固了美國在世界石油體系中的領導地位，還改變了中東地區乃至全球的地緣政治格局。

五是1991年12月發生的蘇聯解體事件。此前，世界石油體系實際上是把蘇聯及其勢力範圍排除在外的「西方石油體系」，蘇聯控制的社會主義石油市場體系和美國領導的西方石油體系並行。蘇聯解體後，俄羅斯迅速融入西方世界。作為世界生產和出口石油的第一部隊，俄羅斯的加入使兩個體系合而為一，也深深改變了世界石油體系的結構。

六是2008年發生的全球金融危機，一定程度上改變了美國，改變了全球經濟和金融格局，也對世界石油體系產生了深刻影響。主要是中國、印度等一批石油消費進口大國在世界石油體系中崛起。所以說，現在的世界石油體系是「後全球經濟金融危機的石油體系」。

不能否認的是，這些重大事件對世界石油體系產生影響的一個最重要的影響就是國際油價的變化。所以，用油價週期來評估世界石油體系

的變化有其合理性。當然，還有一些其他重大事件也對二戰後世界石油體系的變遷產生了重大影響，比如 1983 年美國紐約商品交易所啟動原油期貨交易，2003 年美國攻打伊拉克，2015 年美國和伊朗達成《聯合全面行動計畫》（JCPOA，簡稱伊朗核協定）等。

二、國際石油公司主線：資本、技術和管理的重大突破是世界石油體系變遷的關鍵

驅動世界石油工業發展的資金、技術和管理「三大引擎」的動力一直掌握在石油公司，特別是國際石油公司手裡。長期以來，國際石油公司在石油投資、資本運作、石油生產（勘探開發、加工、銷售）和石油技術及管理方面擁有控制力，是因為其長期在世界石油體系的權力結構中處於重要位置。因此，石油業的重大併購、重大技術和管理的突破，往往也是影響世界石油體系變遷的關鍵要素。

二戰以後世界石油體系變遷的第一階段是 1945 年至 1973 年。這一階段，「石油七姊妹」掌控著全球油氣供需市場、進而控制全球石油價格的走向。這一階段也是國際大石油公司投資陸上常規油田勘探開發的「黃金期」。1973 年是分水嶺，1973 以後隨著阿拉伯產油國和 OPEC 其他成員國在世界石油體系中的崛起，「石油七姊妹」風光不再。

第二階段是 1973 年至 1990 年代末，這是世界石油工業進軍海洋的重要時期。國際石油公司這一時期由於陸上作業受限，開始大力發展海

第三節
二戰後石油權力的演變與變遷

上,特別是深水超深水[11]的油氣勘探開發業務,並取得突破,大大拓展了它們的生存空間,也在相當程度上影響了世界石油體系。技術突破是關鍵。深水超深水石油勘探開發技術的突破使得挪威、英國(北海)、墨西哥灣地區、巴西海域、西非海域及南中國海域諸國加入世界石油體系,並發揮重要作用。

第三階段是 1990 年代末至 2010 年前後。20 世紀末世界石油業的「世紀大併購」深深影響和改變了世界石油格局。典型的是 BP 公司先後收購美國阿莫科石油公司和阿科公司、埃克森公司與美孚石油公司合併,以及法國道達爾公司與 Elf 公司合併等。至此,世界石油業進入「全球五巨頭」時代。這次是資本運作和併購驅動了世界石油體系的變遷。大型的重組、併購、整合使得國際石油公司的實力進一步增強,一定程度上改變了世界石油體系及其權力結構。

第四階段是 2010 年以來,由於技術和商業模式的突破,美國頁岩革命取得全面成功。美國頁岩革命的「一枝獨秀」使得美國重返全球第一大石油和天然氣生產國位置,深深改變了全球油氣地緣政治格局,也實質性改變了世界石油體系,使得石油權力進一步向美國傾斜。這一次石油技術和管理的突破,中小型石油公司的創新意識產生了主導作用。美國頁岩革命的成功使得美國有望完全實現「能源獨立」,這對全球政治經濟格局、地緣政治和世界石油體系的影響十分巨大。美國在世界石油體系中的石油權力顯著提升,「石油霸權」顯著增強。從最近幾年美國動輒發起對俄羅斯、伊朗、委內瑞拉等傳統石油大國的制裁,就可看出端倪。

---

[11] 一般將海上石油勘探開發作業在水深 300 公尺以上、1,500 公尺以下的區域稱為深水區,將水深 1,500 以上的區域稱為超深水區。

第一章　世界石油體系與石油權力

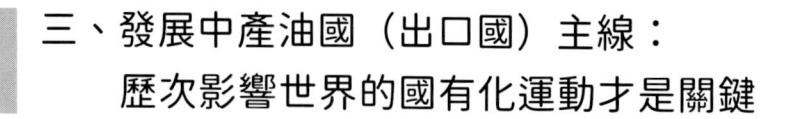

三、發展中產油國（出口國）主線：
歷次影響世界的國有化運動才是關鍵

　　於產油國而言，其擁有的油氣儲量、產量和背後的資源權力是世界石油體系變遷的動因之一。資源是產油國能夠影響世界石油體系的唯一「王牌」。這意味著，產油國除了運用手中的「資源權力」來影響世界石油體系外，幾乎沒有其他手段可以使用。

　　回顧過去 70 多年，產油國影響世界石油體系的事件主要有：

　　第一，1950 年代初發生在伊朗的石油國有化運動。伊朗石油國有化運動的一個直接結果就是，英國作為「日不落帝國」和此前中東石油市場的控制者，開始讓位於美國政府及美國石油公司，美國代替英國成為中東石油市場的主要玩家。毫無疑問，此舉深刻影響了世界石油體系。1950 年代發生國有化運動的還有伊拉克等產油國。1951 年，伊拉克宣布對石油實行國有化，收回石油資源的所有權；1964 年成立伊拉克國家石油公司；到 1975 年，伊拉克石油工業已完全實現國有化。

　　第二，1980 年代後期發生的沙烏地阿拉伯將沙烏地阿美石油公司（Aramco）逐步收歸國有，並於 1988 年成功轉變為沙烏地阿美（Saudi Aramco）。沙烏地阿美至今仍是全球最大的國有石油公司。與普遍意義上產油國「粗暴」沒收外國投資者的資產、實現快速國有化不同，沙烏地阿拉伯政府是透過數次「贖買」的方式逐步完成對沙烏地阿美石油公司的國有化的。只要看看沙烏地阿拉伯及沙烏地阿美如今在世界石油體系中的分量，就知道此舉對世界石油體系的作用和影響力了。

　　第三，1990 年代發生在拉丁美洲地區的國有化運動。其中最為典型的就是委內瑞拉和玻利維亞，特別是委內瑞拉的石油國有化，導致一大

第三節
二戰後石油權力的演變與變遷

批國際石油公司撤離該國市場。令人意想不到的是，委內瑞拉的石油國有化的結果是該國從世界石油體系的重要玩家之一，淪落為今天可有可無的角色。2019年上半年，委內瑞拉的石油日均出口量不到80萬桶，於世界石油市場而言，基本可以忽略不計。

第四，2016年12月以來，沙烏地阿拉伯和俄羅斯兩個全球最大石油出口國達成OPEC+，聯合減產，降低國際市場供給，穩定並適度提升國際油價，對世界石油體系產生了重大影響。維也納聯盟是近幾年世界石油體系的新生事物，對穩定和重塑國際石油價格具有關鍵作用，也在一定程度上提升了沙烏地阿拉伯和俄羅斯在世界石油體系中的影響力。

以上是從消費國、國際石油公司、產油國三個維度，梳理了影響世界石油體系變遷的重大事件或重要驅動。需要指出的是，這三條主線不是平行的，往往是交織在一起的，這就決定了世界石油體系的走向是多種因素混合作用的結果。

在世界石油體系中，消費國的分量最大，其次是國際石油公司，再次是產油國。因此，影響發達石油消費國（特別是大國）的石油安全和石油金融因素，往往是決定世界石油體系走向的關鍵要素。

第一章　世界石油體系與石油權力

第二章
沙烏地阿拉伯與中東石油政治

第二章　沙烏地阿拉伯與中東石油政治

第一節
中東石油政治的歷史與現狀

一、中東石油政治的表現形式

中東地區有著全世界最為複雜的宗教關係和民族矛盾，有著全球最為嚴重的地緣政治衝突，其他大國長期盤踞中東地區。中東地區極其複雜的民族、宗教、政治和文化關係，加上其全球最重要油氣富集地的特點，使得中東地區成為全球石油政治特徵最普遍、最顯著的地區。中東地區的石油政治主要表現為：

一是石油往往與地區衝突連結在一起。有國際政治學者對中東地區國家間衝突和戰爭研究過後發現這樣一個現象，擁有油氣資源的國家往往容易發起戰爭或者成為戰爭受害者。比如伊拉克在 1980 年代初對伊朗的入侵（兩伊戰爭）及在 90 年代初對科威特的入侵，油氣儲量世界第一的伊朗近 40 年來一直遭受美國等西方國家的制裁；2003 年美國對伊拉克發動的第二次戰爭。這些衝突無不與石油有密切的關聯。就全世界而言，半個世紀以來，資源型國家的戰爭爆發率是常態國家策略爆發率的 2.5 倍，富油國家極易成為別國攻擊的靶子。

二是中東地區幾個主要的產油國發起成立了石油輸出國組織（OPEC），成為由本地區主導並能夠影響全球政治經濟格局的為數不多的國際組織之一。1960 年在巴格達由沙烏地阿拉伯、委內瑞拉、伊拉克、

第一節
中東石油政治的歷史與現狀

科威特等幾個中東和拉丁美洲地區重點產油國石油部長們發起成立的石油輸出國組織，是繼 20 世紀初美國德克薩斯鐵路局後，全球最具影響力的石油卡特爾。OPEC 的成立和執行打破了此前長期以來由「石油七姊妹」控制全球石油市場和價格走勢的局面。近半個世紀以來，OPEC 一直是全球最重要的能源國際組織之一，對全球油氣市場乃至世界政治經濟格局發揮著重要作用。特別是 21 世紀以來，沙烏地阿拉伯成為 OPEC 的領頭羊，OPEC 的「中東化」傾向不斷加強。

　　三是中東地區此起彼伏的石油國有化運動。國有化運動使得石油成為國家主權的象徵，因而具備了濃厚的政治色彩。石油國有化運動背後是資源國政府和外國投資者（其背後是投資者所代表的母國及其政府）之間的角力，很容易上升為國家間的矛盾乃至衝突。中東地區石油國有化運動集中發生在 1950～1970 年代，伴隨著全球的政治覺醒和民族解放運動。其中以摩薩台（Muḥammad Muṣaddiq）時期的伊朗石油國有化運動最為著名。二戰結束後，美國、蘇聯、英國的爭鬥使伊朗捲入國際政治的漩渦之中，並成為戰後美蘇冷戰的前線陣地。隨著伊朗政府財政收入對石油分紅的依賴，英伊石油公司便透過石油控制了伊朗的經濟命脈。伊朗人民不堪忍受英伊石油公司的掠奪，要求廢除其租讓權。1949 年，伊朗民族民主運動領導人穆罕默德·摩薩台在議會中提出《石油國有化法案》，得到伊朗各界的廣泛支持。1951 年 3 月 14 日，伊朗議會通過該項法案，宣布對石油資源實行國有化，取消外國公司在伊朗石油領域的特許權。同年，伊朗國家石油公司（NOIC）成立。為了對抗伊朗的石油國有化法令，英伊石油公司背後的英國政府對伊朗實行經濟封鎖，西方國家也拒絕購買伊朗石油。伊朗失去大量的石油收入和外匯，國家財政因此陷入危機，政局出現動盪，經濟形勢的惡化使摩薩台失去了民眾的

第二章　沙烏地阿拉伯與中東石油政治

支持。1953 年，美國中央情報局趁機策劃並推翻了摩薩台政府，幫助穆罕默德・禮薩・巴列維（Mohammad Reza Pahlavi）國王鞏固了王權，並取代了英國和蘇聯在伊朗的主導性地位，由此獲得政治和經濟利益的雙豐收。

四是中東石油政治一直受到國外因素的影響，使其更具有國際政治的特徵。中東石油政治中的「大國角力因素」主要表現為英法集團、美國和蘇聯（現在的俄羅斯）等域外大國對中東石油的爭奪。歷史上，中東石油的第一波域外控制者是英國和法國，尤其是 1950 年代之前英國對伊朗石油的控制。第二波外國控制者或介入者是美國，主要表現為美國和沙烏地阿拉伯在二戰以後建立起來的同盟關係，沙烏地阿拉伯的石油產量是美國維持其「石油美元」霸主地位的根基。第三波域外控制者是蘇聯和後來的俄羅斯，主要表現為蘇聯在 1970 年代末入侵阿富汗，與美國爭奪中東地區的油氣資源和地區主導權。

中東石油政治的「歐美因素」主要表現為歐美國際石油公司對中東地區的石油投資和貿易。第一階段主要表現為 1960 年代前，「石油七姊妹」對中東地區的石油投資，美歐跨國石油巨頭和中東地區各產油國政府之間的角力是中東石油政治中重要的一部分。第二階段是 1950～1980 年代，美國沙烏地阿美石油公司在沙烏地阿拉伯的投資，沙烏地阿美石油公司基本上控制了沙烏地阿拉伯的石油工業。第三階段是自 1990 年代以來，美歐及亞洲的石油企業在中東地區的石油投資。特別是 2008 年伊拉克戰後對外開放其石油市場以來，歐美石油企業聯合亞洲國家石油公司在伊拉克大規模投資與建設，一定程度上推動了中東石油政治的多元化。

中東石油政治的「亞洲因素」主要表現為中國、日本、韓國和印度等亞洲石油消費大國對中東石油的需求，以及上述四國的石油企業在中東

第一節
中東石油政治的歷史與現狀

地區的石油投資，促使亞洲各重要消費國與中東各大產油國保持著良好的多雙邊關係，成為中東石油政治的「穩定器」。亞洲石油企業在中東的投資一定程度上提升了中東石油的產量，提升了中東國家石油工業的現代化水準，提振了中東石油在全球石油市場上的地位，相應鞏固和加強了中東各大產油國的石油權力。

二、中東石油政治的特點分析

不難看出，中東地區是世界地理和文明的「十字路口」，是全球石油生產、貿易和運輸的重心，是大國角力和縱橫捭闔的「擂臺」。近半個世紀以來，中東石油政治主要有如下五個特點。

一是石油政治的「家族化」。其中最為典型的就是沙烏地阿拉伯。眾所周知，近半個世紀以來，沙烏地阿拉伯一直是全球石油儲量最大的國家，同時也是最大的生產國和出口國，直到 2017 年，沙烏地阿拉伯的石油產量才被美國超越。沙烏地阿拉伯石油權力和財富屬於伊本・沙烏地（Ibn Saud）王室及其家族集團。沙烏地阿拉伯石油圈的其他人，包括石油大臣和沙烏地阿美──全球最大石油公司的總裁和高官們，都是為沙烏地阿拉伯王室「工作」而已。

沙烏地阿拉伯石油政治對內主要表現為王室成員對石油權力和財富的爭奪，以及由此產生的對沙烏地阿拉伯政治經濟社會的影響。最典型的就是沙烏地阿拉伯「蘇德里七兄弟」[12]和其他王室成員的爭鬥，往往是互有勝負，輪流坐莊。最近的爭鬥是，王儲穆罕默德・薩勒曼（Moham-

---

[12]「蘇德里七兄弟」是沙烏地阿拉伯開國國王伊本・沙烏地（Ibn Saud）最寵愛的妻子之一西薩・蘇德里（Hissah Al Sudeiri）生的七個兒子的統稱。沙烏地阿拉伯王室權力鬥爭史主要是圍繞著以「蘇德里七兄弟」為一派，所有其他王子為另一派的派系鬥爭展開的。

med Salman）在 2017 年 11 月借「反腐」之名，拘捕包括沙烏地阿拉伯已故國王阿卜杜拉的兒子、前國民衛隊司令米特阿卜和有「中東首富」之稱的阿勒瓦利德等重量級王子在內的 11 名王子。沙烏地阿拉伯石油政治對內還表現為王室與管理這個王國石油財富的專業人士之間的較量，其中最常見的就是王室與石油大臣之間的互動。沙烏地阿拉伯石油大臣可謂全球最有權勢的石油部長，一般而言，石油大臣必須聽命於王室，但偶爾也會出現石油大臣不聽話的情況。比如，被稱為「石油智多星」的前石油大臣亞瑪尼（Sheikh Yamani），由於表現得過於「親西方」，被前國王法赫德（Fahd of Saudi Arabia）解除職務，不得已出走美國。

沙烏地阿拉伯石油政治對外主要表現為與美國的關係。在 2010 年之前的半個世紀，沙烏地阿拉伯和美國是在石油供需領域最具互補性的兩個國家，「石油美元」和「全天候」的盟友等均是兩國石油政治演繹的產物。2010 年以後，隨著美國頁岩革命的成功和頁岩油產量爆發式成長，沙美石油政治動向的不確定性加劇，美國顯得更加獨立和主動，沙烏地阿拉伯則愈加被動，「石油牌」越打越少。

二是石油政治的「組織化」。其中最為典型的就是 OPEC。1960 年 OPEC 的成立使得中東地區石油政治達到空前的一致，國際石油組織由此開始在世界石油體系中發揮作用。中東石油政治的「黃金時代」出現在 1970 年代。1973 年，在第四次中東戰爭（以阿戰爭）期間及後續一段時間，阿拉伯產油國因不滿以美國為首的西方國家對以色列的偏袒，由沙烏地阿拉伯起頭，聯合其他產油國，集體對西方實施了半年左右的石油禁運。此舉直接導致美國經濟陷入嚴重的停滯性通貨膨脹，數以千計的加油站門前排起了長龍等待加油。正是那一時期，美國卡特（Jimmy Carter）政府首次提出了「能源獨立」的政策主張。這也是中東「石油權

力」、「石油政治」最淋漓盡致的一次發揮,「石油武器」由此名聲大噪。

OPEC作為頗具全球影響力的國際組織,其治理機制是「祕書處＋配額制＋定期或不定期會議」。OPEC祕書處設在維也納,每次OPEC大會的大會主席由OPEC某個成員國的石油部長擔任。OPEC透過增加或減少產量「配額」來影響全球石油的供應,從而影響石油市場和石油價格。在1970、1980年代,OPEC是全球石油市場上的「主導供應者」,石油政治影響力空前。此後,隨著蘇聯地區的石油全面進入全球市場,加上21世紀以來,特別是近十年來,美國石油供應的持續增加,OPEC的石油政治影響力不斷下降。

三是石油政治的「碎片化」。最為典型的就是,2011年阿拉伯之春以來,中東政治亂象導致石油政治的碎片化。「我們都說,敵人的敵人是朋友,可是在中東,敵人的敵人還是敵人。伊朗是沙烏地阿拉伯的敵人,沙烏地阿拉伯的敵人是以色列,但伊朗和以色列依然互為敵人。」

一方面,阿拉伯產油國互不團結乃至「互毆」的情況十分嚴重,最為典型的是2017年發生的沙烏地阿拉伯聯手海灣地區其他幾個國家(包括蘇丹),打擊卡達這一全球最大的天然氣出口國,至今與卡達的外交關係仍未恢復;還有2018年12月5日,卡達正式宣布將於2019年1月1日起正式退出OPEC,導致看似一塊鐵板的OPEC有「破碎」的危險。

另一方面,敘利亞、伊拉克地區石油政治態勢的惡化。敘利亞內戰和外部勢力干涉導致戰爭長期化,對該國的石油工業造成致命的打擊,石油產量已經從2010年的1,850萬噸掉至最近三年的年均110萬噸左右;敘利亞東部和伊拉克西部的一些油區曾一度被伊斯蘭國(IS)占據;伊拉克戰爭導致伊拉克中央政府和北部庫德族自治政府在石油收益分配上的矛盾持續加劇。

第二章　沙烏地阿拉伯與中東石油政治

四是石油政治的「集團化」。最為典型的是，由伊朗主導的伊斯蘭什葉派石油國家集團和以沙烏地阿拉伯為主的伊斯蘭遜尼派集團之間的衝突加劇。中東什葉派集團和遜尼派集團的「結構性」衝突加劇，影響著中東石油地緣政治的走向，大有代替美國、俄羅斯等域外大國長期主導中東政治格局的態勢。

什葉派集團的核心成員是伊朗和伊拉克，這兩個國家 2018 年的石油產量分別達到 2.20 億噸和 2.26 億噸，占全球石油總產量的 4.9％ 和 5.1％，整體影響力不容小覷。「兩伊」由 1980、1990 年代的「死敵」，演變成為現在的「親兄弟」，其「石油政治聯盟」看似牢不可破。特別在 2018 年 5 月川普政府退出《伊朗核協定》，恢復並加強對伊朗的制裁，威脅要將伊朗石油出口打壓至零時，當時有專家分析認為，美國的目的不可能達到，即便美國有這樣的決心，伊朗完全可以透過和伊拉克原油「洗產地」的方式，變相達到出口石油的目的。事實證明，在美國的嚴密監視和嚴苛制裁下，所謂的「洗產地」並沒有發生，2019 年 5 月以來，伊朗的石油出口量已降至 30 萬桶／日以下。

遜尼派集團的核心成員是沙烏地阿拉伯、科威特，外加一位當前「很不聽話」的小兄弟卡達。沙烏地阿拉伯和科威特 2018 年的石油產量分別達到 5.78 億噸和 1.47 億噸，占全球石油總產量的 12.9％ 和 3.3％，整體影響力比什葉派集團更強。

目前這兩大集團正為爭奪中東石油政治的主導權打得不可開交，但各自又有「致命缺陷」。於伊朗而言，最大的挑戰是重新恢復的石油制裁，2019 年 5 月以來，美國已禁止伊朗對外出口石油；對於沙烏地阿拉伯而言，最為悲哀的是，隨著美國的能源獨立，以及全球向新能源和可再生能源轉向的步伐加快，沙烏地阿拉伯的原油賣向何方。

第一節 中東石油政治的歷史與現狀

五是石油政治的「金融化」。除了為外界熟知的中東「石油美元」，在中東，石油政治金融化的典型案例就是阿聯酋在中東地區的崛起。可以說，阿聯酋是中東地區唯一的已經將石油權力、石油政治影響力成功轉化為國家經濟和金融實力的「典範」國家，也是中東地區唯一實現「良治」且充分開放的國家。無論是杜拜，還是阿布達比，目前均已發展成為具有世界影響力的金融中心。

杜拜已經由一個傳統的石油出口貿易型城市，轉變為中東地區的經濟金融中心，目前也是中東地區旅客和貨物的主要運輸樞紐。石油收入雖然促進了杜拜的早期發展，但2010年以後，石油產業只占杜拜國民生產毛額的5%以下。繼石油之後，杜拜的經濟主要依靠金融服務、旅遊業、航空業、房地產。

阿布達比目前大有後來居上的趨勢。阿布達比擁有阿聯酋首都的政治優勢，但略顯傳統。其石油儲量和產量占整個阿聯酋的90%以上，石油收入依然是阿布達比經濟的主要來源。但阿布達比當前的開放程度並不亞於杜拜，特別是在金融領域，阿布達比國際金融中心（ADGM）於2015年10月21日正式開放，該中心致力於提供金融服務，助力阿布達比經濟多元化和永續發展。

第二節
從基礎到全貌：沙烏地阿拉伯石油產業

一、上游油氣勘探開發

（1）油氣資源。沙烏地阿拉伯石油儲量極為豐富，天然氣儲量快速成長。2018年，沙烏地阿拉伯石油剩餘已探勘可採儲量409億噸，占世界石油已探勘儲量的17.2%，居全球第2位（委內瑞拉居第1位，儲量480億噸），在中東地區居第1位，儲採比66.4；天然氣已探勘儲量5.9兆立方公尺，占世界天然氣已探勘儲量的3.0%，居全球第6位，在中東地區居第3位（僅次於伊朗、卡達），儲採比52.6。

21世紀以來，沙烏地阿拉伯的勘探活動主要在陸上，但沙烏地阿拉伯有意加強海上勘探。沙烏地阿美將尋找外國石油公司共同開發紅海和波斯灣的油氣資源，未來海上勘探開發力度將不斷加大。

除了常規油氣資源，沙烏地阿拉伯還擁有豐富的非常規天然氣資源，預估技術可採儲量達18兆立方公尺。近年，沙烏地阿拉伯多次表示將進軍非常規天然氣領域。沙烏地阿拉伯已確定在西北部的塔布克省海域和魯卜哈利沙漠進行非常規天然氣資源開發，已經開始鑽探工作。隨著天然氣工業的發展和外資進入天然氣上游領域，沙烏地阿拉伯的天然氣勘探將更加活躍，成為支撐沙烏地阿拉伯油氣勘探領域的重要力量。

(2)油氣產量。作為世界第一大產油國,沙烏地阿拉伯的石油產量穩步成長,未來增產潛力較大。2018 年,沙烏地阿拉伯石油產量達 5.78 億噸,比去年成長 3.4%,占世界的 12.9%,居全球第 2 位(第 1 位是美國)。沙烏地阿拉伯自 1999 年擴大對天然氣開發力道後,天然氣產量步入快速成長階段,2018 年天然氣產量達到 1,121 億立方公尺,較前一年成長 2.6%,占世界的 2.9%,居全球第 8 位,在中東地區居第 3 位。

未來沙烏地阿拉伯油氣產量有望繼續保持成長。在石油方面,「沙烏地阿拉伯 2030 願景」提出「保持 1,250 萬桶／日的原油生產能力」。沙烏地阿拉伯有 16 個在產油田,除了位於中立區的油田外,其餘油田均未採用提高採收率技術(EOR),保持原油穩產具有可行性。在天然氣方面,「沙烏地阿拉伯 2030 願景」提出「天然氣產量翻倍」的計畫。近年來,沙烏地阿拉伯製訂計劃大力發展天然氣工業,希望利用天然氣資源取代石油發電,以增加石油出口賺取外匯。沙烏地阿拉伯增加天然氣產量的途徑包括提升在產油氣田的商品天然氣比例,以及加快新油氣田開發進程。在產油氣田的天然氣增產計畫包括南加瓦爾氣田和 Zuluf 氣田增產專案,以及胡爾塞尼亞和哈斯巴哈油氣田的增產專案。隨著沙烏地阿拉伯天然氣產量的成長,其凝析油和 NGL(天然氣凝析液)產量也將有所成長。

如表 2-1 所示,2020 年沙烏地阿拉伯石油產量預計將達 6 億噸,2030 年預計將達到 6.7 億噸上下;天然氣產量將由 2016 年的 1,053 億立方公尺增加到 2020 年的 1,400 億立方公尺左右和 2030 年的 2,400 億立方公尺。若未來增加其他投資計畫,總產量預估將再向上提升。

表 2-1 2000～2030 年沙烏地阿拉伯油氣產量

年分	2000	2005	2010	2015	2016	2017	2018	2019	2020	2030
石油（億噸）	4.56	5.21	4.74	5.68	5.86	5.59	5.78	5.91	6.00	6.70
天然氣（億立方公尺）	4.98	712	877	992	1053	1093	1121	1250	1400	2400

二、中游油氣管道及相關基礎設施

（1）油氣管道。沙烏地阿拉伯境內有超過 300 條原油和天然氣管線，總長超過 2 萬公里。其中，最主要的輸油管線為東西輸油管線，管線全長 1,202 公里（與後文提及的 1,720 公里的跨阿拉伯管道（Tapline）是同一條管道，不同文獻之所以會出現管道長度測量上的差異，主要是因為管道起點位置選擇不同），橫貫沙烏地阿拉伯，將石油運至紅海延布港供出口。該管線由兩條管徑分別為 56 英寸和 48 英寸的平行管道組成，整體額定輸油能力為 500 萬桶／日。其中 56 英寸管道額定輸油能力為 300 萬桶／日，48 英寸管道輸油能力為 200 萬桶／日。東西輸油管線主要用於運輸東部生產的阿拉伯輕質原油，另有支線連接拉比格的煉油廠和出口終端。如表 2-2 所示，沙烏地阿拉伯國內較大的管線還有謝拜──阿布蓋格石油管線，連接謝拜（Shaybah）和阿布蓋格（Abqaiq），設計輸油能力為 66 萬桶／日。

沙烏地阿拉伯有 3 條國際輸油管線。一是連接巴林的原油管線，將

原油從阿布蓋格輸往巴林，於 1945 年建成，輸油能力為 23 萬桶／日，2013 年兩國決定修建新石油管線，全長 112 公里，投資 3.5 億美元，新管線 2017 年底完成並啟用，輸油能力將達到 35 萬桶／日（最高可達 40 萬桶／日）；二是至黎巴嫩的泛阿拉伯管線，是一條備用管道，已被封閉；三是至伊拉克的管線，波斯灣戰爭後關閉。

表 2-2　沙烏地阿拉伯主要油氣管道

管道名稱	起點	終點	管道長度（千公尺）	輸油能力（萬桶／日）
東西輸油管線	阿布蓋格	中底紅海沿岸煉油廠及出口終端	1202	500
謝拜 - 阿布蓋格輸油管線	謝拜油田	阿布蓋格	638	66
沙烏地阿拉伯 - 巴林管線	阿布蓋格	巴林	112	35

(2)油氣碼頭。沙烏地阿拉伯原油主要透過油輪出口，油港分別位於波斯灣和紅海，沙烏地阿拉伯的大部分石油透過位於阿布蓋格油田的設施處理後經波斯灣出口。共有 7 個主要的石油出口港口，其中 3 個位於波斯灣，分別是拉斯塔努拉（Ras Tanura）港、朱艾馬赫（Juaymah）港和祖盧夫（Zuluf）港；4 個位於紅海，分別是延布（Yanbu）港、吉達（Jeddah）港、吉贊（Gizan）港和拉比格（Rabigh）港。拉斯塔努拉港是沙烏地阿拉伯最大的石油出口港，也是全球最大的石油出口港。如表 2-3 所示，拉斯塔努拉港擁有 18 個泊位，年吞吐能力 2.5 億噸，儲油能力達到 450 萬噸；朱艾馬赫港位於拉斯塔努拉以北 33 公里處，原油出口能力可達 400 萬桶／日（年吞吐能力達 1.5 億噸），LPG 出口能力 20 萬立方公尺／日，主要出口祖魯夫和馬簡（Majian）油田的原油；延布港年吞吐能力達 2 億

噸，儲油能力超過 50 萬噸；拉比格港有 9 個泊位，年吞吐能力達 1.1 億噸。

表 2-3　沙烏地阿拉伯主要原油出口港口

港口名稱	位置	吞吐能力（億噸／年）	備註
拉斯塔努拉港	波斯灣	2.5	18 個泊位，儲油能力達到 450 萬噸
朱艾馬赫港	波斯灣	1.5	主要出口祖魯夫和馬簡油田的原油
延布港	紅海	2	儲油能力超過 50 萬噸
拉比格港	紅海	1.1	9 個泊位

三、下游煉油工業

沙烏地阿拉伯煉油工業具有相當規模，水準較高。截至 2018 年底，沙烏地阿拉伯共有 9 座煉油廠，總煉油能力達 1.42 億噸（少數煉油廠已關閉，其產能不計入），居世界第 7 位，在中東地區居首位。如表 2-4 所示，有 3 座 2,000 萬噸級的煉油廠是近 10 年新建成的；年煉油能力在 2,000 萬噸以上的煉油廠有 5 座，1,000 萬～2,000 萬噸的有 2 座，1,000 萬噸以下的 2 座。沙烏地阿拉伯煉油工業主要由沙烏地阿美控制，9 座廠中 4 座由沙烏地阿美獨資，5 座合資的廠沙烏地阿美均為最大股東。拉斯塔努拉（Ras Tanura）煉油廠是沙烏地阿拉伯第一個煉油廠，也是波斯灣地區的第一個煉油廠，1945 年 9 月由當時的沙烏地阿美石油公司建造並投入生產，成為沙烏地阿拉伯石油工業和沙烏地阿美石油公司投資沙烏地阿拉伯的代表性工程。該煉油廠位於朱拜勒工業城附近，初期煉油能力為 6 萬桶／日，目前煉油能力為 55 萬桶／日，其中原油加工能力 32.5 萬桶／日，凝析油加工能力 22.5 萬桶／日，還擁有 5 萬桶／日的加氫裂解能力和 27 萬桶／日的催化重整裝置能力。最新投入生產的煉油廠是中

國石化集團和沙烏地阿美共同投資建設的沙烏地阿拉伯延布煉油廠，加工能力達 2,000 萬噸／年，中國石化集團擁有 37.5％的股份，該煉油廠於 2016 年 1 月正式開始生產營運。

表 2-4　沙烏地阿拉伯主要煉油廠

序號	煉油廠名稱	投產年分	煉油能力（萬噸／年）	股份構成	備註
1	拉斯塔努拉	1945	2,750	沙烏地阿美 100％	催化重整和加氫裂解能力分別為 10.7 萬桶／日和 5 萬桶／日，柴油加氫處理能力為 10.5 萬桶／日，可透過管道和船運接收原油；油品品質符合 Euro V 排放標準；計劃擴建
2	延布	1983	1,225	沙烏地阿美 100％	2014 年完成油品品質升級，油品品質符合 Euro V 排放標準
3	利雅得	1981	630	沙烏地阿美 100％	加氫裂解和催化重整能力各 3 萬桶／日；東西輸油管道為其供油；品質符合 Euro V 排放標準
4	吉達	1967	390	沙烏地阿美 100％	2017 年關閉
5	Samrif	1984	2,000	沙烏地阿美 50％，埃克森美孚 50％	加工阿拉伯輕質油，產品結構：汽油 35％、航空煤油 15％、柴油 30％、燃料油 17％，其他 3％；油品品質符合 Euro V 排放標準

第二章　沙烏地阿拉伯與中東石油政治

序號	煉油廠名稱	投產年分	煉油能力（萬噸／年）	股份構成	備註
6	Sasref	1985	1,500	沙烏地阿美50%，殼牌50%	柴油脫硫10萬桶／日，加工阿拉伯輕質油，油品品質可達Euro V排放標準
7	Satorp	2013	2,000	沙烏地阿美62.5%，道爾達37.5%	加工阿拉伯重油，產品主要用於出口，油品品質符合Euro V排放標準
8	Yasref	2015	2,000	沙烏地阿美62.5%，中國石化37.5%	加工阿拉伯重質油，計劃擴建二期石化廠，油品品質符合Euro V排放標準
9	拉比格	2009	2,000	沙烏地阿美37.5%，住友商事37.5%，私人25%	煉油結合石化專案，石腦油是主要產品之一；加氫處理能力12萬桶／日；製氫73百萬立方英尺／日

　　沙烏地阿拉伯計劃新建和擴建兩座煉油廠（表2-5）。其中，沙烏地阿美正在吉贊建設一座煉油廠，如表2-5所示，加工能力為2,000萬噸／年，計劃投資70億美元，產品主要滿足沙烏地阿拉伯國內需求，預計2020年投入生產。該煉油廠主要加工阿拉伯重質和中質原油，預計主要產品包括7.5萬桶／日的汽油、10萬～16萬桶／日的超低硫柴油、16萬～22萬桶／日的燃料油。沙烏地阿美預計將拉斯塔努拉煉廠的加工能力再擴大2,000萬～2,200萬噸／年，但預計2020年前難以建設完成並投入生產。這些專案正式生產後，沙烏地阿拉伯的原油加工能力將接近1.9億噸。

第二節
從基礎到全貌：沙烏地阿拉伯石油產業

表 2-5　沙烏地阿拉伯煉油專案計畫

專案名稱	計畫	年加工能力（萬噸）	地點	備註
拉斯塔努拉煉油廠	擴建	2,000 → 4,750	沙烏地阿拉伯	前期計畫，2020 年前難以完工生產
吉贊煉油廠	新建	2,000	沙烏地阿拉伯	2020 年完工投產

四、下游石化工業

沙烏地阿拉伯石化工業具有相當規模，水準在中東地區居領先地位。2016 年乙烯產能達 1,586 萬噸，占世界乙烯總產能的 9.8%，居全球第三位，僅次於美國和中國。

沙烏地阿拉伯石化工業基礎領域較強，未來預計將發展重點放在高附加值領域。「沙烏地阿拉伯 2030 願景」提出新建能源城，利用上游優勢，吸引外資，擴大全產業鏈布局，更加注重下游高附加值產業的發展。發展石化工業是沙烏地阿拉伯的國家策略之一，目的是降低經濟對石油出口的依賴和推進經濟多元化發展。沙烏地阿拉伯政府在政策和資金上大力支持石化工業發展，允許外資投資國內的石化工業、參與石化基礎建設，允許在沙烏地阿拉伯投資的國內外公司以極具競爭力的價格使用沙烏地阿拉伯生產的甲烷、乙烷、丙烷、丁烷等原料。殼牌、埃克森美孚、三菱化學等公司均在沙烏地阿拉伯建立合資公司，沙烏地阿拉伯基礎工業公司（沙比克，SABIC）更是全球領先的石化公司。沙烏地阿拉伯在基礎化學品、聚烯烴、聚氯乙烯、聚酯、合成樹脂、合成纖維、化肥等領域實力較強，在下游高階衍生物產品方面有待加強。

第二章　沙烏地阿拉伯與中東石油政治

沙烏地阿拉伯在波斯灣的朱拜勒和紅海的延布設有兩大石化中心。主要的石化公司有朱拜勒石油化工公司（KEMYA，由沙烏地阿拉伯基礎工業公司和埃克森美孚各出資50%）、沙烏地阿拉伯石化公司（SADAF，由沙烏地阿拉伯基礎工業公司和殼牌各出資50%）、延布石化公司（YANPET，由沙烏地阿拉伯基礎工業公司和埃克森美孚各出資50%）和阿拉伯石化公司（PETROKEMYA，沙烏地阿拉伯基礎工業公司的全資子公司）。

沙烏地阿拉伯基礎工業公司（沙比克）是沙烏地阿拉伯最大的化工企業。截至2016年底，它在全球共有乙烯生產裝置15座，總產能達1,489萬噸，權益生產能力1,177萬噸，均居世界第二位，僅次於埃克森美孚。2019年3月27日，沙烏地阿美宣布達成協議，收購沙烏地阿拉伯基礎工業公司70%的股權，交易規模達691億美元。這部分股權目前由主權財富基金沙烏地阿拉伯公共投資基金（PIF）持有。

沙烏地阿美化工業務快速發展。近年來，沙烏地阿美藉助煉油優勢，透過合資大力發展化工產業。與住友商事合作的拉比格煉油廠二期2016年投產，耗資85億美元，每年可生產120萬噸乙烯、60萬噸聚乙烯、40萬噸苯、85萬噸對二甲苯等；與陶氏化學公司合作的薩達拉石化專案2016年投產，耗資200億美元，每年可生產150萬噸乙烯、40萬噸丙烯、35萬噸低密度聚乙烯、40萬噸MDI和20萬噸TDI等。

沙烏地阿拉伯與中國在化工領域合作不斷加深。沙比克與中國石化集團在天津有煉油結合石化合作專案，乙烯產能達100萬噸，聚碳酸酯產能達26萬噸。沙烏地阿拉伯基礎工業公司還預計在中國寧夏參與煤化工專案。中國石化集團與沙烏地阿美合資建設的延布煉油廠，計劃建設百萬噸級乙烯的二期專案。

沙烏地阿拉伯天然氣化工發展滯後。沙烏地阿拉伯天然氣資源豐富，但開發利用不足，當前供不應求，未來隨著天然氣產量倍增計畫的實施，其天然氣化工也有望得到發展。

五、油氣工程服務

沙烏地阿拉伯工程技術服務市場容量大且穩定。在 2014 年以來這一輪低油價下，沙烏地阿拉伯務程技術服務工作量並未減少。2015～2016年，在各國普遍削減勘探開發投資的背景下，沙烏地阿拉伯動用鑽機數仍與 2014 年持平；在全球完井總量大幅下降超過四分之一的背景下，沙烏地阿拉伯完井數不降反增，2015 年和 2016 年較 2014 年增幅均超過10%。

沙烏地阿拉伯油氣田工程技術服務主要靠外國公司，由於沙烏地阿美對工程技術服務方的要求高、管理嚴，市場進入和退出機制完善，注重 HSE 管理，當地工程技術服務公司也具有較高水準。

沙烏地阿拉伯油氣田工程技術服務各領域均需要與外國公司合作，但目前其國家政策要求提升在地化率。王儲穆罕默德‧賓‧沙爾曼（Mohammed bin Salman）非常崇尚科學技術，智慧化、自動化的技術裝備有較大的市場潛力。高度自動化的設備所需人力較少，對操作的要求也可透過培訓達到。採用高度自動化的設備，既可以有效提升沙烏地阿拉伯員工的本土化比率，又可以解決沙烏地阿拉伯國內勞動力懶惰、散漫的問題。

第三節
沙烏地阿美：從外資主導到國家掌控

於沙烏地阿拉伯石油工業而言，1988 年是個分水嶺。1988 年之前，是沙烏地阿美石油公司的時代，實際上是美國石油公司掌控沙烏地阿拉伯石油工業的時期；1988 年，沙烏地阿拉伯政府（準確地說是沙烏地阿拉伯王室）透過分步驟的購買，實現了對沙烏地阿美石油公司 100% 的國有化。自那以後，沙烏地阿美石油公司轉變為沙烏地阿美，成就了世界上最大的國家石油公司。

1933 年 5 月，美國加利福尼亞標準石油公司（後來的雪佛龍公司）與沙烏地阿拉伯政府簽訂石油租讓協定後，當年 11 月它在美國德拉瓦州成立子公司——加利福尼亞阿拉伯標準石油公司，負責開發沙烏地阿拉伯石油資源。1936 年，德克薩斯石油公司（後來的德士古石油）入股並參與經營該子公司。1938 年，加利福尼亞阿拉伯標準石油公司在沙烏地阿拉伯發現商業油流。1944 年 1 月 31 日，加利福尼亞阿拉伯標準石油公司正式改稱阿拉伯美國石油公司，簡稱沙烏地阿美石油公司（Aramco）。1948 年，紐澤西標準石油公司（後來的埃克森）和紐約標準石油（後來的美孚石油）相繼入股。自此，沙烏地阿美石油公司成為一家由四家石油公司組成的聯合財團，總部設在沙烏地阿拉伯東部、波斯灣沿岸的達蘭。1988 年，沙烏地阿美石油公司被沙烏地阿拉伯政府國有化，公司名稱改為沙烏地阿美石油公司（Saudi Aramco）。

埃克森、美孚、雪佛龍、德士古，這些均是全世界名聲響亮的石油巨頭，直到現在，它們依然是美國的第一大（埃克森美孚）和第二大（雪

第三節
沙烏地阿美：從外資主導到國家掌控

佛龍德士古）石油公司。由這四家公司組成的聯合體，其背後是四家超級石油巨頭在支撐，這就是現在我們所說的「聯合作業體」和多合作夥伴「公司治理架構」。可以說，沙烏地阿美石油公司從一開始便具備了超級實力。例如，1966 年 6 月 21 日，當時的沙烏地阿拉伯國王費薩爾（Faisal）訪問美國，在與時任美國總統林登・詹森（Lyndon B. Johnson）會談時，費薩爾告訴詹森，美國當時在海外最大的私有投資企業就是位於沙烏地阿拉伯的阿拉伯美國石油公司，其投資額已高達 12 億美元。12 億美元，若算上其時間價值，不考慮通貨膨脹因素的話，相當於現在的 400 億美元。

一、沙烏地阿美石油公司發展大事記

自 1933 年美國加利福尼亞標準石油公司進入沙烏地阿拉伯找油開始，直到 21 世紀，這前後大約 70 年中，沙烏地阿美石油公司和沙烏地阿美經歷了如下大事記。

1933 年，加利福尼亞標準石油公司（Socal）獲得了石油國王頒發的「特許權」，可以勘探沙烏地阿拉伯的東部地區。Socal 為此特地註冊成立了加利福尼亞阿拉伯標準石油公司（Casoc）。

1936 年，美國德克薩斯石油公司（即後來的德士古石油，Texaco）獲得了 Casoc 50% 的所有權。

1938 年，在今天沙烏地阿拉伯東部省達蘭（Dhahran）附近的達曼圓頂（Dammam Dome）上發現了石油，拉開了沙烏地阿拉伯石油工業大發展的序幕。至今，達曼依然是全球最著名的石油城市之一，堪比休士頓。

第二章　沙烏地阿拉伯與中東石油政治

1944 年，Casoc 的名稱更改為阿拉伯美國石油公司（Aramco），簡稱沙烏地阿美石油公司。

1945 年，沙烏地阿拉伯境內第一座大型煉油廠——拉斯塔努拉（Ras Tanura）煉油廠開工建設。

1948 年，紐澤西州標準石油公司（後來的埃克森公司）和 Socony-Vacuum 公司（真空石油公司，又叫紐約標準石油公司，後來的美孚公司）獲得了沙烏地阿美石油公司的部分所有權。至此，沙烏地阿美石油公司的股份由四家美國石油巨頭持有，分別是雪佛龍（30%）、德士古（30%）、埃克森（30%）和美孚（10%）。

1949 年，沙烏地阿美石油公司的原油日產量達到 50 萬桶。

1950 年代：1950 年，阿美公司完成了當時世界上最長的 1720 公里的跨阿拉伯管道（Tapline）。該管道將沙烏地阿拉伯東部與地中海連接起來，從而大大減少了向歐洲出口石油的時間和成本。另外，在阿拉伯海灣淺水區進行了兩年的勘探之後，沙烏地阿美石油公司於 1951 年發現了薩法尼亞油田（Safaniyah），該油田被證明是當時世界上最大的海上油田。1958 年，沙烏地阿美石油公司的原油日產量突破 100 萬桶。

1960 年代：截至 1962 年底，沙烏地阿美石油公司累計生產原油突破 50 億桶（約 7 億噸）的大關。

1970 年代：1971 年，從拉斯塔努拉鍊廠海上終端外運的原油和成品油首次超過 10 億桶大關。1973 年，沙烏地阿拉伯政府收購（按資產的帳面價值）了沙烏地阿美石油公司 25% 的股份。1974 年，沙烏地阿拉伯政府將其在沙烏地阿美石油公司的股份增加到 60%。

1980 年代：1980 年，沙烏地阿拉伯政府獲得了沙烏地阿美石油公

第三節
沙烏地阿美：從外資主導到國家掌控

司100%的所有權。1988年，沙烏地阿美石油公司成為沙烏地阿拉伯國有公司，並更名為沙烏地阿美石油公司（Saudi Aramco）。阿里‧納伊米於1984年成為第一任沙烏地阿美總裁，系擔任此職位的第一位沙烏地阿拉伯人。1989年，沙烏地阿美開始從一家石油生產和出口公司轉變為一家綜合性石油企業，並於當年成立了「星空企業」（Star Enterprises），這是與美國德士古石油公司的合資企業。

1990年代：沙烏地阿美加快實施「走出去」和國際化步伐，逐步在全世界尋找合作夥伴，進行了幾項國際投資。1991年購買韓國雙龍煉油公司（2000年更名為 S-Oil）35%權益開始；1993年，沙烏地阿美接管了沙烏地阿拉伯行銷和精煉公司（SAMAREC）。至此，沙烏地阿美成為一家特大型的上下游結合的石油公司。1994年，沙烏地阿美收購了菲律賓最大的原油提煉商和市場商 Petron Corporation 40%的股份，繼續其國際擴張。1996年，沙烏地阿美收購希臘一家私人煉油公司及其行銷分支50%的股權，同時在歐洲進行了幾項小型投資。1997年，沙烏地阿美成功開發了「POWERS」（油──天然氣──水油藏「三相」模擬器）。POWERS是一種能夠建模和預測超大型儲層效能的高解析度儲層模擬器，在油田開發和提升採收率上大獲成功。另外，沙烏地阿美與德士古合資成立的「星空企業」，在1998年轉變為由沙烏地阿美、德士古和殼牌三方合資的企業，稱為 Motiva。2017年沙烏地阿美成為該公司唯一所有者，該公司的核心資產是德克薩斯州亞瑟港的一座大型煉油廠。

21世紀最初十年：沙烏地阿美於2000年在達蘭建立了一家全球領先的研發中心。以該中心為基礎，沙烏地阿美逐步建立了遍布全球的研究中心網路。迄今為止，這些研究中心正在努力取得突破，以擴大油氣發現和快速回收投資、降低成本，同時增強安全性和保護環境。同期，

第二章　沙烏地阿拉伯與中東石油政治

為實現「世界領先綜合能源和化工企業」的策略願景，沙烏地阿美進一步推進多元化策略，包括擴大天然氣勘探開發利用和加強國際合作。

21世紀第二個十年：沙烏地阿美實施「桶油價值最大化」策略，透過多種方式從一桶石油中發掘更多價值。沙烏地阿美的做法超越了傳統市場和石油天然氣用途；同時，沙烏地阿美還投資於新技術，以達成更清潔、更有效的生產和消費。

二、1930年代：
與沙烏地阿拉伯王室簽署「特許經營權」合約

1932年，美國加利福尼亞標準石油公司（Socal）利用沙烏地阿拉伯國王伊本・沙烏地的密友——哈裡・聖・約翰・菲爾比的關係，獲得了在沙烏地阿拉伯東部進行地質調查的許可。儘管將開發沙烏地阿拉伯自然資源的權利授予外國公司違反了伊本・沙烏地國王的「底線」，但伊本・沙烏地國王及他的子民對金錢的需求使他別無選擇。經過談判，1933年5月29日，國王的財政大臣蘇萊曼（Abd Allah al Sulaiman）和Socal代表Lloyd N. Hamilton在吉達的王宮簽署了特許協議。現在回頭看，蘇萊曼堪稱沙烏地阿拉伯歷史上最著名的財政部部長，當時沙烏地阿拉伯石油對外政策制定和合約談判簽署均由他負責。

1933年11月，Socal專門成立了加利福尼亞阿拉伯標準石油公司（Casoc），代表其管理沙烏地阿拉伯境內特許權的營運。最初的特許權從波斯灣一直延伸到西部的達納省。1939年，特許權進一步擴大到約44萬平方英哩。

第三節
沙烏地阿美：從外資主導到國家掌控

其實，在獲得沙烏地阿拉伯的特許權之前，Socal 已經在中東巴林有所斬獲，發現了少量石油，並進行了商業開採和銷售。當時，Socal 在銷售其產量不斷成長的巴林石油時遇到了一些棘手問題。Socal 選擇了與當時在中東地區投資和營運的美國兄弟公司抱團取暖，以解決面臨的問題。1936 年，Socal 與德克薩斯石油公司 (Texaco) 達成了交易，成立合資公司。新的合資公司名為 Caltex，負責管理德士古從中東到太平洋的所有行銷資產。作為交易的一部分，德士古獲得了 Casoc 50% 的所有權。

達曼圓頂是沙烏地阿拉伯東部省的一個特殊的地質構造，實際上是 Dhahran 附近的一組著名的石灰岩山丘，在這一地區艱難探索三年後，Casoc 得到了「獎賞」，發現了「大象」[13]。1938 年 3 月，在達曼圓頂上開鑽的第七口勘探井噴出了高產流油，象徵著沙烏地阿拉伯石油時代的開始。

三、二戰期間：戰時受挫 + 戰時輝煌

第二次世界大戰的來臨，打斷了 Casoc 在沙烏地阿拉伯的行動，新建的 Ras Tanura 煉油廠，僅生產了六個月，便於 1941 年 6 月關閉。

然而，正是在 1940 年至 1944 年的戰爭年代，在新任總裁戴維斯的帶領下，Casoc 逐步實現管理結構合理化。戴維斯於 1930 年以 Socal 代表的身分訪問沙烏地阿拉伯，並於 1940 年 8 月當選為 Casoc 總裁，象徵著該公司邁出了獨立於 Socal 的第一步。Casoc 在舊金山布希街 200 號設立了總部。1944 年 1 月 31 日，Casoc 更名為阿拉伯美國石油公司，即沙烏地阿美石油公司 (Aramco)。

---

[13] 石油界，經常將石油公司透過勘探發現大型油田、找到鉅額儲量稱為「發現大象」。

第二章　沙烏地阿拉伯與中東石油政治

　　1940 年代後期，見證了沙烏地阿美石油公司特許權擴大生產並建立「豐功偉業」的輝煌。這主要是透過以下「三大招」實現的。

　　第一招：1944 年至 1949 年，沙烏地阿美石油公司透過為美國軍方提供油料，其策略地位和政治地位迅速竄升。正是二戰證明了石油這種「策略物資」的重要性。希特勒（Adolf Hitler）的失敗，部分原因是石油短缺。美國政府為了從中東獲得充足的石油供應，砝碼不斷向沙烏地阿拉伯和沙烏地阿美石油公司傾斜。沙烏地阿美石油公司獲得了千載難逢的發展機會，其原油供應量從 1944 年的 2 萬桶／日增加到 1949 年的 50 萬桶／日，成長了 25 倍。拉斯塔努拉煉油廠的加工能力從 5 萬桶／日提升至 12.7 萬桶／日，主要目的是滿足美國海軍日益成長的需求。

　　第二招：建設跨阿拉伯管道，打通通往歐洲市場的便捷通道。當時，美國和蘇聯均往歐洲出口石油產品。為了提升沙烏地阿拉伯原油相對於蘇聯和美國出口產品的競爭力，沙烏地阿美石油公司決定建設一條向西穿越阿拉伯半島的管道，這樣既可以節省運輸時間，還可以降低從波斯灣海上運輸原油的成本。1946 年，跨阿拉伯管道（Tapline）開始動工，這條全長 1,720 公里的管道將阿布蓋格（Abqaiq）油田（直到現在依然是沙烏地阿拉伯的第二大油田，2019 年 9 月遭受無人機襲擊的就是阿布蓋格附近的油田地面處理設施）的原油輸送到了黎巴嫩的 Sidon 地中海港。

　　第三招：沙烏地阿美石油公司將其業務與紐澤西州標準石油公司（埃克森公司）和真空石油公司（美孚公司）合併。一方面，當時埃克森公司和美孚公司在遠東地區投資營運的實力強大；另一方面，選擇與這兩家巨頭「聯姻」，符合伊本・沙烏地國王的期望，因為國王想透過壯大沙烏地阿美石油公司的實力，達到抵消英國在該地區影響力的目的。1948 年 12 月，達成合併和新的股權分配協議。四方在沙烏地阿美石油公司

和 Tapline 管道中的股份劃分為：Socal（雪佛龍）、Texaco（德士古）和 Exxon（埃克森）分別擁有 30% 的股份，美孚公司獲得其餘 10% 的股份。

此外，1948 年，委內瑞拉政府決定將政府與外國投資者利潤所得的比例從原先的 30：70 調整至「對半分」（即 50：50）。1950 年 12 月 30 日，沙烏地阿拉伯政府向委內瑞拉看齊，將政府的份額提升至沙烏地阿美石油公司利潤（扣除勘探、開發和生產成本後）的 50%。儘管沙烏地阿美石油公司對此非常牴觸，但這是大勢所趨，還是按照「對半分」的原則與沙烏地阿拉伯政府簽訂協議。

四、1950、1960 年代：圍繞產量與標價，與沙烏地阿拉伯政府的角力

沙烏地阿美石油公司的業務擴張一直持續到 1950 年代，此後，步伐有所放緩。原油產量僅從 1950 年的 76.1 萬桶／日增加到 1959 年的 120 萬桶／日，同期沙烏地阿拉伯已探勘可採儲量增加了 380 億桶，增加到 500 億桶。

石油儲量的增加主要歸功於沙烏地阿美石油公司 1951 年在陸上發現並建成加瓦爾（Ghawar）油田（截至目前仍是沙烏地阿拉伯和全球最大的油田）和在海上發現薩法尼亞（Safaniya）油田。這兩個發現分別是沙烏地阿拉伯有史以來最大的陸上和海上發現。

1951 年也是 Tapline 管道建設完成後營運的第一年。到 1965 年，沙烏地阿美石油公司透過 Tapline 管道向歐洲市場出口的原油量占其對歐出

第二章　沙烏地阿拉伯與中東石油政治

口總量的44%，而且對歐出口總量超過了距離較近的亞洲市場占有率。

與此同時，沙烏地阿美石油公司充分記取其在開採美國油田時，因採油速度過快而造成油藏虧空的教訓。1950年代初，沙烏地阿美石油公司開始實施沙烏地阿拉伯油田「壓力維護」計畫。1954年3月，沙烏地阿美石油公司率先在阿布蓋格（Abqaiq）油田使用天然氣回注技術，並於1956年2月開始了類似的注水計畫，以保持油藏的壓力。天然氣回注的另一個好處是，不僅能夠利用伴生氣，而且伴生氣也可以儲存，而不是放空燃燒掉。

1960年代，由於原油出口量增加和油價上漲，沙烏地阿美石油公司和沙烏地阿拉伯的收入均急遽增加。這期間，沙烏地阿拉伯加強了對其國內基礎設施的開發，由於沙烏地阿拉伯對石油收入的絕對依賴，穩定成長的石油收入對其長期發展至關重要。但是，與沙烏地阿美石油公司及其背後的母公司不同，沙烏地阿拉伯政府對決定其收入的兩大因素──產量和價格均沒有影響力。於是，1960年代，雙方圍繞石油生產和銷售的控制權、「參與度」的鬥爭開始出現。

儘管沙烏地阿美石油公司的總部已移至達蘭，而且公司董事會中有兩名成員由沙烏地阿拉伯政府指派，但沙烏地阿美石油公司的實際控制權仍在四個母公司手中。1960年8月9日，紐澤西標準石油公司董事長蒙羅・拉斯伯恩（Monroe Rathbone）單方面決定將原油標價縮減14%、降幅約7%，以提升其在歐洲相對於蘇聯原油的競爭力。其他國際石油公司也紛紛跟進，採取降價措施，這進一步加劇了沙烏地阿拉伯、委內瑞拉等產油國的憤怒。

時任沙烏地阿拉伯石油和礦產事務總幹事（相當於石油部長）、沙烏地阿美石油公司董事會成員阿卜杜拉・塔里基（Abdullah Tariki）無比

第三節
沙烏地阿美：從外資主導到國家掌控

憤怒，隨即著手安排與其他產油國的祕密談判。事實證明，籌備談判對OPEC的建立發揮了重要作用。1960年10月，在塔里基和委內瑞拉石油部長胡安‧佩雷斯‧阿方索（Juan Pérez Alfonso）的推動下，OPEC在巴格達成立。後來的事實也證明，OPEC的成立對沙烏地阿拉伯控制沙烏地阿美石油公司的鬥爭發揮了決定性作用。

五、1970、1980年代：沙烏地阿拉伯王室開始啟動「國有化」

1970年代初，全球原油市場的供應狀況明顯趨緊。1972年，沙烏地阿美石油公司不僅成功地將日產量從120萬桶前所未有地增加到600萬桶，而且成功地提升了標價。「量價齊升」使得沙烏地阿拉伯政府處於更有利的地位，可以就沙烏地阿拉伯「參與度」問題與沙烏地阿美石油公司的四家母公司進行談判。

1972年3月，在採取一切可能的拖延戰術卻沒有顯著效果後，沙烏地阿美石油公司不得不接受沙烏地阿拉伯政府提出的「20%的國家參與度」原則，以換取政府停止單方面採取行動。該原則於1972年10月進一步細化，沙烏地阿美石油公司同意將沙烏地阿拉伯政府的參與度從1973年1月1日的25%逐步提升到1982年1月1日的51%，並同意沙烏地阿拉伯政府以「資產的帳面價值」支付轉讓費用。

但在1973年，因沙烏地阿拉伯等阿拉伯國家對美國、西歐和日本等發達經濟體發動的「石油禁運」大獲成功，這使得沙烏地阿拉伯對沙烏地阿美石油公司的議價能力大大增強。「參與度」談判隨即重新開始，一直持續到1980年。1974年，沙烏地阿拉伯對沙烏地阿美石油公司的控股

要求增加到60%，並在1976年至1980年間，達成了沙烏地阿拉伯對沙烏地阿美石油公司100%的收購協議，財務條款追溯至1976年1月1日。根據協議條款，沙烏地阿美石油公司的四家母公司此後繼續為沙烏地阿拉伯「服務」，每桶收取18至19美分的服務費。

1988年，沙烏地阿拉伯國王法赫德‧賓‧阿卜杜勒阿齊茲頒布皇家法令，宣布正式成立沙烏地阿美石油公司（Saudi Aramco）。該法令設立了由國王擔任主席的最高委員會，由該國石油和礦產資源部長領導董事會，並擔任沙烏地阿美董事長。除國內政府官員和沙烏地阿美高階管理人員外，董事會還包括埃克森、美孚和雪佛龍公司的董事長，直到1990年代初。

六、1990年代至21世紀第一個十年：在波斯灣戰爭中挺了過來，邁向21世紀

由於1990年海灣危機，沙烏地阿美成為全球石油產業最具影響力的參與者之一。在伊拉克入侵科威特的短短幾週內，沙烏地阿美的日產量增加了250萬桶。這場衝突摧毀了科威特的石油生產設施，國際制裁使伊拉克無法出口石油，全球石油交易市場上一下子「蒸發」掉了450萬桶／日的石油產量。美國《油氣雜誌》（Oil & Gas Journal）稱之為「世界石油工業有史以來全球最嚴重的石油危機之一，僅次於第二次世界大戰」。實際上，正如《石油經濟學家》（Petroleum Economist）雜誌所判斷的，由於波斯灣戰爭，沙烏地阿美的產量邁上了1,000萬桶／日的「超級水準」，從石油供應危機中拯救了世界。

第三節
沙烏地阿美：從外資主導到國家掌控

波斯灣戰爭之後，沙烏地阿美開始實施垂直整合策略，並於 1993 年 6 月合併了沙烏地阿拉伯銷售與精煉公司（Samarec），變成一家上下游整合的公司。

在 1986 年接替亞瑪尼擔任石油和礦產資源部部長 9 年後，希沙姆．納澤爾（Hisham Nazer）於 1995 年被時任沙烏地阿美總裁兼執行長的納伊米接任。在納伊米晉升後，負責沙烏地阿美國際營運的副總裁朱馬赫升任沙烏地阿美代理總裁兼執行長。

於產油國而言，1998 年是動盪的一年，沙烏地阿拉伯也不例外。亞洲金融危機加上溫暖的冬季，大大降低了全球對石油的需求。結果，完全依賴石油出口的沙烏地阿拉伯經濟遭受嚴重打擊。當時，阿卜杜拉王儲約談能礦部和沙烏地阿美，結果是該國的石油和天然氣行業重新向外國公司開放。

石油價格在 1999 年有所反彈，但在「911 事件」之後，油價再次大幅下跌。沙烏地阿拉伯經濟「雲霄飛車」式的發展使得該國對經濟多元化的需求持續增加。此外，沙烏地阿拉伯決定放開天然氣領域的管控。2001 年 5 月，沙烏地阿拉伯宣布三個主要的天然氣專案對外開放，預計將吸引總額達 250 億美元的外國投資，但合作的前提是，沙烏地阿美必須是控股方。後來，包括埃克森美孚公司在內的八家外國公司陸續對上述天然氣專案表示興趣。

2001 年，《石油情報週刊》（Petroleum Intelligence Weekly）連續第 13 年將沙烏地阿美評為全球頂級石油公司。公司總裁兼執行長朱馬赫表示：「日益激烈的競爭將鼓勵我們在各方面保持最佳狀態，並與石油產業的主要參與者保持高水準的合作。」

第四節
沙烏地阿美的 21 世紀全球策略

自 1988 年成為沙烏地阿拉伯國家石油公司以來，沙烏地阿美的發展策略是國家經濟發展策略和國家能源策略的體現。終極目標是增加國家收入，推動沙烏地阿拉伯經濟永續穩步成長和發展。沙烏地阿美明確指出，其經營發展策略遵循 6 項原則，即掌握時機，實現收入最大化；維護和掌握未來的石油市場；油氣並舉，推動國家經濟發展；公司業務組合最佳化；改善公司業績；儲備人才。

一、21 世紀以來的沙烏地阿美

2001 年 5 月，沙烏地阿拉伯宣布了「天然氣倡議」，提議與 8 家國際石油公司成立 3 家合資企業，在上游區域進行天然氣勘探。2003 年，荷蘭皇家殼牌公司和道達爾公司與沙烏地阿美在 3 號天然氣專案區塊上建立了合作關係。2004 年，沙烏地阿美與另外三家外國投資者分別成立了合資企業，其中一家是俄羅斯盧克石油公司，另一家是中國石化集團，第三家是西班牙雷普索爾公司。

2004 年，沙烏地阿美的日產量預計為 860 萬桶，實際日產量則為 1,000 萬桶。2005 年，沙烏地阿美啟動了一項 5 年計畫，預計投資 500 億美元，透過增加產量和煉油能力，以及增加鑽井平臺數量，將日產量提升至 1,250 萬桶。

第四節
沙烏地阿美的 21 世紀全球策略

2005 年，沙烏地阿美成為世界上最大的公司，預估市值為 7,810 億美元。

2008 年 6 月，為應對原油價格突破每桶 130 美元，沙烏地阿美宣布將日產量提升至 970 萬桶。隨後，全球金融危機爆發，油價暴跌。沙烏地阿美在 2009 年 1 月表示，將把日產量削減至 770 萬桶。

2011 年，沙烏地阿美開始在卡蘭氣田進行生產，日產量超過 4 億立方英呎（40 億立方公尺／年）。

2016 年 1 月，沙烏地阿拉伯副王儲穆罕默德‧賓‧沙爾曼宣布，他正在考慮將沙烏地阿美上市，並出售約 5% 的股份，所募集的資金用於建立一支大型主權基金。2019 年 12 月 11 日，沙烏地阿美成功在利雅德交易所上市，可公開發售的股份占比只有 1.5%，募集資金額高達 294 億美元，創造了全球能源界最大募資規模和全球最高市值公司兩項世界紀錄。

2019 年 9 月，沙烏地阿拉伯王室任命魯梅延（Yasir Al-Rumayyan）為沙烏地阿美公司董事長。魯梅延取代法立赫成為該國主權財富基金的負責人，後者自 2015 年以來一直擔任該職位。

二、沙烏地阿美總體發展策略

沙烏地阿美的發展策略包括以下四個方面：

一是提升總體原油供應能力和運輸靈活性。沙烏地阿拉伯石油工業建立在成功勘探的基礎之上。1986 年起，沙烏地阿美開始實施全國勘探計畫，探勘範圍不斷擴大，除中立區外，至今共發現了 19 處油氣田，石

第二章　沙烏地阿拉伯與中東石油政治

油已探勘儲量超過 360 億噸，天然氣已探勘儲量達 8.2 兆立方公尺。同時，為了保證公司能夠透過沙烏地阿拉伯東西兩岸的港口出口原油，建設了東西原油輸送管道系統及延布等多個原油出口轉運站。

二是加強與國外公司在煉油領域的投資合作。近年來，沙烏地阿美積極與國外夥伴建立下游聯盟關係。美國、法國、日本、加拿大、德國、英國、印度、中國等國家的公司在沙烏地阿拉伯均有煉油廠投資。中國石化集團與沙烏地阿美合資的延布煉油廠於 2015 年正式投產。此外，沙烏地阿美還與外國公司在海外合資建設煉油廠，在美國、希臘、韓國、菲律賓、印尼、中國、印度等國已擁有或正在建設合資煉油廠。

三是重視勘探開發技術研發。沙烏地阿美勘探和石油工程中心是世界上最大、最先進的地球科學設施之一，在中東地區更是首屈一指。該中心的技術實力和創新能力，使得沙烏地阿美在上游（勘探和開採）技術後援方面基本不依靠其他石油公司。該中心擁有巨型電腦網路，採用最新技術硬體和應用軟體，處理和解析所有地震勘探鑽井資料。

四是重視人員培訓及人力資源開發。沙烏地阿美在其成立初期就已意識到，持續進步的關鍵是要有一支受過良好教育和訓練、能夠擔當重任的員工隊伍。多年來，公司設計了差異化、有層次的培訓計畫，包括從入行培訓到有學位的專業人士高級管理計畫，滿足每個僱員的需求，提升其工作技能，使僱員跟上新技術的發展，並培養世界級的專家。沙烏地阿美擁有幾千名全職內部訓練師資、培訓人員和後援人員。每年有幾千名公司僱員全日制或利用部分工作時間參加職業、學術及管理人員培訓課程。沙烏地阿美的這一策略成果豐碩，多年來沙烏地阿拉伯籍僱員擔任了公司幾乎所有管理職務，承擔了整個生產設施的全部作業。

三、沙烏地阿美尋求合作的重點

沙烏地阿美尋求合作的重點領域是工程技術、天然氣、煉化、石油貿易四個方面。建設新的油氣產能，鞏固在世界石油市場的地位是沙烏地阿美的長期策略。沙烏地阿美預計 2020 年前將石油產能從目前的 1,250 萬桶／日提升到 1,500 萬桶／日，這使得在油氣田工程技術和工程建設領域有著大量合作機會。

發展天然氣業務是沙烏地阿美近年來的策略重點：一是增加天然氣產量，供應國內消費，利用天然氣代替石油滿足國內發電和海水淡化需求，保證石油出口；二是發展天然氣化工業務，提升產品價值。為此，沙烏地阿美正大力引進外資，加速天然氣，特別是頁岩氣的勘探開發步伐，同時計劃加快建設天然氣處理裝置。

發展煉油與石化產業是沙烏地阿美未來幾年的重點。由於沙烏地阿拉伯發展煉化業務具有很強的資源和價格優勢，沙烏地阿美提出了宏大的發展規劃，預計在不遠的將來超過埃克森美孚，成為全球最大的煉油商，大量出口成品油，獲取更多的附加值。目前，沙烏地阿美已開始了一系列海外新建煉油廠和收購併購煉油與石化公司的活動。在化工方面，沙烏地阿拉伯預計大力延伸石化和天然氣化工產業鏈，提升增加值，計劃 2020 年前實現每噸原油生產的化工產品出口盈利較直接出口原油高 1,500 美元。

原油出口貿易是沙烏地阿美和沙烏地阿拉伯政府獲利的根本所在。沙烏地阿拉伯是世界第一大原油出口國，在美國逐步降低對中東石油進口依賴的情況下，必將尋求其他穩定的原油出口市場，未來將逐漸轉向亞太市場。同時，在當前低油價背景下，沙烏地阿拉伯透過低價策略不斷擴大出口量，力保市場占有率。

第二章　沙烏地阿拉伯與中東石油政治

第三章
美國、沙烏地阿拉伯
與沙烏地阿美的「三角關係」

第三章　美國、沙烏地阿拉伯與沙烏地阿美的「三角關係」

在上一章闡述世界石油體系中的中東石油政治、沙烏地阿拉伯石油工業、沙烏地阿美石油公司與沙烏地阿美的基礎上，本章著重闡述和分析本書的核心：美國、沙烏地阿拉伯、阿美（沙烏地阿美）石油公司之間的「三角關係」。該「三角關係」，主要包含三組關係：美國和沙烏地阿拉伯的關係，美國和沙烏地阿美石油公司（後來的沙烏地阿美）的關係，沙烏地阿拉伯和沙烏地阿美石油公司的關係。

由於美沙關係屬於兩個主權國家之間的關係，是「規範性」和「決定性」的，美沙關係相當程度上決定著「三角關係」中的其他兩組關係。本書在論述美沙關係時，側重於美沙之間的石油關係。

本章主要論述美國和沙烏地阿拉伯是如何確立「石油換安全」這一雙邊關係的支柱性策略的；沙烏地阿美石油公司是如何與沙烏地阿拉伯政府進行互動的，沙烏地阿拉伯政府是如何推動沙烏地阿美石油公司資產「國有化」的；美國作為母國，是如何與沙烏地阿美石油公司——美國最大的海外單一投資與營運實體進行互動的。

第一節
美沙關係的核心:「石油換安全」的互動模式

一、美沙「石油換安全」特殊關係的建立

數十年來,左右美沙兩國關係的一直是石油和安全兩大要素,特別是沙烏地阿拉伯王室的安全。美國和沙烏地阿拉伯兩國的社會制度完全不同,幾乎沒有共同點,儘管存在巨大的分歧,但實際上自二戰結束(1945年)以來,美國與沙烏地阿拉伯王國就有長達 70 多年的「特殊關係」。

二戰後,兩國建立了一個以沙烏地阿拉伯石油為基礎的「契約」,以換取美國對沙烏地阿拉伯的安全保護,這就是所謂的「石油換安全」(如圖 3-1 所示)。美沙這種特殊關係是建立在國家利益之上的,而不是共同的意識形態、政治或社會制度之間,美沙兩國在很多領域仍有極大的矛盾和分歧。

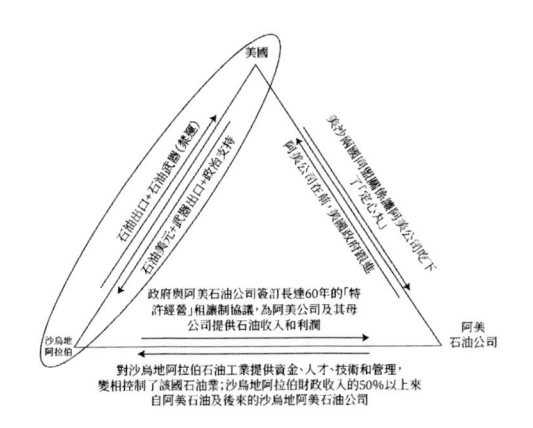

圖 3-1 「三角關係」之美國和沙烏地阿拉伯關係

第三章　美國、沙烏地阿拉伯與沙烏地阿美的「三角關係」

沙烏地阿拉伯不是像美國那樣的「公民社會」，實際上，該國由沙烏地阿拉伯王室與一個高度保守的宗教團體「合作經營」，擁護一種被稱為「瓦哈比主義」的宗教激進主義神學。沙烏地阿拉伯家族與瓦哈比教義的聯盟可以追溯到18世紀中葉。

1932年，現代沙烏地阿拉伯的立國君主阿卜杜勒阿齊茲（King Abdulaziz，伊本・沙烏地）陸續擊敗整個地區的對手後，正式建立了王國。1933年5月29日，國王與加利福尼亞標準石油公司（即如今的雪佛龍公司）在吉達簽署了一份「特許經營權」合作協議，允許該公司前往沙烏地阿拉伯東部尋找石油。這可能是迄今為止全球最重要的一份石油勘探特許權合作協議，因為它改變了沙烏地阿拉伯乃至整個中東的命運。

國王阿卜杜勒阿齊茲為何把勘探石油的特許權獨家出售給了美國的公司，直到1970年代後期，其背後原因才從一份解密的機密檔案——1950年，美國時任助理國務卿喬治・麥吉（George McGhee）與國王會晤的備忘錄中得知。當時，威脅到沙烏地阿拉伯王室和國家安全的因素主要來自兩方面，一是蘇聯擴張帶來的威脅，二是來自統治約旦和統治伊拉克的哈希姆（Hashemite）王室勢力的攻擊。據這份備忘錄，後者才是阿卜杜勒阿齊茲最關切的重點。

當時，約旦及伊拉克王室勢力對剛剛立國的沙烏地阿拉伯虎視眈眈。他們在1920年代被阿卜杜勒阿齊茲趕出聖地麥加和麥地那後，一直懷恨在心。為了應對哈希姆派的威脅，阿卜杜勒阿齊茲便想與美國建立正式的軍事同盟，並以贈款方式緊急獲得武器。英國當時也表示可以和沙烏地阿拉伯結成類似的同盟，但阿卜杜勒阿齊茲不信任英國，因為英國也是伊拉克哈希姆家族的主要支持者。而且，阿卜杜勒阿齊茲允許美國在東部達曼建立空軍基地，「以表明沙烏地阿拉伯的安全對兩國都至關重要」。

第一節
美沙關係的核心：「石油換安全」的互動模式

1938 年，加利福尼亞阿拉伯標準石油公司（Casoc）在達曼首次獲得重大發現。但隨著二戰的臨近，Casoc 公司美方員工及其家屬基本上都已撤回美國，沙烏地阿拉伯的石油幾乎未得到開發和出口。但也正是二戰，使美國時任總統羅斯福（Franklin Roosevelt）意識到石油在贏得戰爭及戰後推動美國發展的強烈重要性。美國開始從政治上和策略上重視沙烏地阿拉伯的石油，相關政策在向沙烏地阿拉伯傾斜。為了向沙烏地阿拉伯提供軍事和經濟援助，羅斯福總統甚至宣布了「捍衛沙烏地阿拉伯對捍衛美國至關重要」，這使許多從未聽說過沙烏地阿拉伯的美國人感到驚訝。

美國重視沙烏地阿拉伯石油的另一佐證是，美國海軍部長威廉·諾克斯（William Knox）在 1944 年 3 月告訴國會，戰爭使美國政府對石油的供應極為擔憂。他強調，「為美國的安全和保障提供更多境外的石油資源」將成為戰後美國對外政策的一個重點。這就是美國開始重視沙烏地阿拉伯的理由。

1944 年，Casoc 更名為阿拉伯美國石油公司（Aramco）；1948 年，另外兩家合作夥伴，埃克森和美孚加入沙烏地阿美石油公司聯合體。實際上，沙烏地阿美石油公司不僅是一家石油公司，它還是沙烏地阿拉伯的美國政府代理人，也是推動沙烏地阿拉伯邁向現代社會的主要推手。

1945 年 2 月 14 日，羅斯福總統在停靠於埃及海域的美國「昆西號」巡洋艦上，會見了國王阿卜杜勒阿齊茲。這是一次為兩國關係定調的重要會議，兩國在本次會議上建立了「特殊關係」。但據後來的解密檔案，這次會談的主要內容不是石油，而是巴勒斯坦。阿卜杜勒阿齊茲國王擔心美國會支持猶太人在巴勒斯坦地區建立一個獨立的國家，這是國王堅決反對的，國王真正希望巴勒斯坦人建立一個國家。這說明，以巴問題

第三章　美國、沙烏地阿拉伯與沙烏地阿美的「三角關係」

自那時開始便有了，該問題直到今天仍沒有解決，而且在可預見的未來仍看不到解決的希望。當然，據著名沙烏地阿拉伯問題研究專家，美國布魯金斯學會學者布魯斯・里德爾（Bruce Riedel）的分析，羅斯福總統本人十分看重石油資源。在二戰戰場上，各國海、陸、空軍隊不再像上次大戰那樣大量使用煤和馬來驅動，他們所需的能源是石油。1944年，當歐洲戰事最為密集的時候，參戰的美國陸軍和空軍每天所消耗的石油量是一戰時歐洲每天進口原油總量的14倍。至1945年，盟軍所需的原油量已達到約700萬桶。當時，美國國內原油產量占全球總產量的三分之二，美國國內煉油廠的煉化能力幾乎等同於全球產能。雖然沙烏地阿拉伯原油儲量仍有待勘驗，但美國專家已確認該國將成為全球主要產油國之一。因此，沙烏地阿拉伯對於戰後的能源產業秩序至關重要。

1948年，沙烏地阿美石油公司在沙烏地阿拉伯抱得「金雞母」──發現了迄今為止仍是全球最大油田的加瓦爾（Ghawar）油田。加瓦爾油田已已探勘可採儲量高達1,700億桶，占沙烏地阿拉伯石油儲量的60%以上。該油田於1951年投產，目前的日產量仍保持在500萬桶以上（年產2.5億噸）。

1950、1960年代，沙烏地阿美石油公司一直掌控著沙烏地阿拉伯的石油勘探開發生產和對外輸出銷售等環節。1971年，英國從波斯灣撤退，一定程度上造成了該地區的空缺，為防範蘇聯勢力的侵占，華盛頓迅速彌補了這一空缺，開始負責保護阿拉伯海灣國家通往美國的油路。

1973年10月，沙烏地阿拉伯主導了阿拉伯國家抵制向美國等西方國家供應石油的活動，第一次石油危機和「石油武器」震驚全世界。這導致油價翻了兩度翻倍，從每桶3美元升至12美元。沙烏地阿拉伯的石油收入從1973年的85億美元增加到1974年的350億美元。有了強大的資

第一節
美沙關係的核心:「石油換安全」的互動模式

金後盾,沙烏地阿拉伯擴大了從美國購買坦克和飛機的力道,並加強軍事基礎設施的投入。美沙軍事關係不斷發展和提升。

二、1973 年以後美沙關係的演變

1973 年第一次石油危機之後,美沙兩國關係的演變大致可以分為以下五個階段。

(1) 共同利益期:1973 ～ 1992 年。1973 年以後,美國對沙武器銷售激增,美國在沙烏地阿拉伯的軍事設施大規模啟動建設,沙烏地阿拉伯也成為美國境外第一大石油供應國。卡特 (Jimmy Carter) 總統執政期間,當時的沙烏地阿拉伯國王哈立德‧本‧阿卜杜勒阿齊茲 (Khalid bin Abdul Aziz) 實際上冒著不惜與所有其他阿拉伯產油國決裂的風險,在向美國提供低價石油。美沙的「特殊關係」充分展現在此次石油危機中,當時,考慮到美沙烏地阿拉伯殊關係和自身安全,沙烏地阿拉伯仍「偷偷」向美國供應廉價石油。特別是,為了幫助卡特連任 (可惜沒有成功),沙烏地阿拉伯一度將供應美國的油價降低到比其他生產商的價格低 6 ～ 7 美元／桶。

以 1973 年為例,美國當年石油消費水準為 1,731.8 萬桶／日 (年消費 8.33 億噸),產量水準為 1,094.6 萬桶／日 (年產 5.15 億噸),缺口 3.2 億噸左右,缺口的部分主要來自沙烏地阿拉伯。當年,沙烏地阿拉伯的淨出口量在 3.5 億噸左右。

老布希 (George H.W. Bush) 執政期間,尤其是 1990 ～ 1991 年的第一次波斯灣戰爭時期,兩國關係密切程度達到頂點。當時的國王法赫德‧本‧阿卜杜勒阿齊茲允許布希總統向沙烏地阿拉伯派遣 50 萬名士兵以保

第三章　美國、沙烏地阿拉伯與沙烏地阿美的「三角關係」

護該國並解放科威特。當時沙烏地阿拉伯感受到了伊拉克前所未有的軍事威脅，因為沙烏地阿拉伯懷疑海珊（Saddam Hussein）是否會真在科威特停戰，而沒有進一步侵略沙烏地阿拉伯的計畫。

（2）緩慢惡化期：1992～2001年。柯林頓總統執政時期，美沙關係發展得不太順利。柯林頓對沙烏地阿拉伯不感興趣。正如時任沙烏地阿拉伯駐美國大使班達爾·蘇爾坦親王（Bandar bin Sultan）所說的那樣，柯林頓與沙烏地阿拉伯人起步非常糟糕，兩國關係一直處於「無人駕駛」狀態。1998年秋天，當時的王儲阿卜杜拉親王（後來的國王，阿卜杜拉·本·阿卜杜勒阿齊茲·阿勒沙烏地阿拉伯）親赴華盛頓，試圖恢復和提升兩國關係。阿卜杜拉王儲會見了所有當時在沙烏地阿拉伯投資的沙烏地阿美石油公司四家母公司的負責人（1988年，沙烏地阿拉伯已全面接管阿美公司），並告知沙烏地阿拉伯已再次開放，他邀請這些石油公司重返沙烏地阿拉伯。沙烏地阿拉伯將開放天然氣上游勘探開發領域及下游煉製石化領域，但美國四家大石油公司後來均未成功重返沙烏地阿拉伯。在此過程中，美沙兩國石油企業成立了三個國際財團，涉足美國的下游市場，其中兩個由埃克森美孚領導。

（3）小布希政府的「911事件」陰霾：2001～2008年。小布希（George W. Bush）政府在2001年上臺後，與沙烏地阿拉伯的交往也不是很順利。沙烏地阿拉伯對小布希寄予厚望，因為他們與老布希的關係如此之好。正當沙烏地阿拉伯人滿懷希望增進兩國關係時，「911事件」發生了。

19名劫機者中有15名是沙烏地阿拉伯人。奧薩瑪·賓·拉登（Osama bin Laden）是沙烏地阿拉伯人，即使他當時已被剝奪了沙烏地阿拉伯國籍。幾乎每個美國人對沙烏地阿拉伯的態度均發生了巨大變化。直到那時，瓦哈比教義在美沙關係中才第一次成為一個問題。沙烏地阿拉伯瓦

第一節
美沙關係的核心:「石油換安全」的互動模式

哈比派被視為恐怖主義的精神支柱和資助者。美國國會和媒體都在爭論沙烏地阿拉伯是敵是友,為什麼有這麼多沙烏地阿拉伯人參與其中,那裡發生了什麼事。事情變得如此嚴重,以至於美國財政部和聯邦調查局(FBI)在沙烏地阿拉伯駐美大使館內扣押了大使班達爾親王(Prince Bandar)所有的財務檔案,以追查沙烏地阿拉伯資金在美國境內的流向。美國懷疑沙烏地阿拉伯人在資助美國境內的恐怖分子或宗教激進主義者,追蹤沙烏地阿拉伯人在美慈善組織的活動。

2003 年,伊拉克戰爭爆發,美沙關係變得更加複雜。現在回過頭看,2003 年美國對伊拉克的入侵使沙烏地阿拉伯感到很受傷。原因在於,美國把海珊趕下臺,大大削弱了伊拉克的力量,並且戰後伊拉克政府由什葉派掌權。這客觀上造成了伊朗在本地區的快速崛起,從而大大加劇了作為什葉派大國的伊朗與遜尼派領頭羊沙烏地阿拉伯之間的緊張關係,而這種策略對峙本來沒有必要或沒那麼嚴重。沙烏地阿拉伯人一直小心翼翼維護的海灣地區力量平衡被美國打破了。從沙烏地阿拉伯的角度來看,他們無法理解小布希在想什麼,以及美國為什麼要這樣做。

伊拉克戰爭之後,沙烏地阿拉伯停止了與美國石油公司的談判,轉而求助於中國、俄羅斯和歐洲的石油公司來開發天然氣田,並在下游煉化產業進行合作。沙烏地阿拉伯一度決定不再購買美國飛機,美沙軍事合作受阻。

另外,2003 年以來,國際油價持續維持在高價,讓美國企業和消費者叫苦連天,小布希政府希望沙烏地阿拉伯增加產量以平抑油價。問題是,沙烏地阿拉伯人已經基本失去了對石油市場的控制。即使他們每天增加近 200 萬桶的產量,也對油價也產生不了實質性影響。到 2004 年美國大選時,油價已漲至每桶 50 美元,到 2008 年時,油價已經達到 147 美元的歷史高點。

第三章　美國、沙烏地阿拉伯與沙烏地阿美的「三角關係」

可以看出，小布希的第二任期，這個已在美國和沙烏地阿拉伯實施了數十年的「石油換安全」契約基本處於一種名存實亡的狀態，不再發揮作用。美國成了沙烏地阿拉伯在海灣地區不安全的最大外部因素，沙烏地阿拉伯也無法以合理的價格向美國提供石油。美沙「石油換安全」關係的基礎已嚴重動搖。

（4）歐巴馬時代「虎頭蛇尾」：2008～2016年。相比之下，歐巴馬（Barack Obama）執政的前期對海灣地區局勢的表態基本符合沙烏地阿拉伯的立場，在與沙烏地阿拉伯的交往中開端良好。比如，在對待以巴問題上，歐巴馬要求以色列必須保持克制。這也導致歐巴馬執政時期，美以關係一直不冷不熱。

但隨著2011年阿拉伯之春爆發，敘利亞危機和內戰出現，俄羅斯強勢干預敘利亞，美國這一時期在中東和海灣地區則顯得相對保守和溫和。當時，美國支持達成《伊朗核協定》、與伊朗關係緩和、不干涉敘利亞危機等種種決策，令美沙同盟關係跌至谷底。沙烏地阿拉伯國王薩勒曼對美國公開表示了不滿，2015年他聯合多個海灣阿拉伯國家合作委員會國家首腦缺席歐巴馬主持的「大衛營海灣峰會」。2016年歐巴馬任期內最後一次訪問沙烏地阿拉伯時，沙烏地阿拉伯國內主流媒體竟無一報導。

同時，「石油因素」在歐巴馬執政時期對維繫美沙關係並未產生重要作用，「石油換安全」的契約已被拋在一邊。其背後有一重要原因是，歐巴馬及民主黨菁英是新能源和可再生能源的倡導者，「石油換安全」作為一種「舊模式」，並未得到歐巴馬政府應有的重視。

（5）川普時代「石油換安全」似乎重新回歸：2017年以來。2017年5月20日，川普（Donald Trump）在上任百日後開始了他的首次出訪，他打破美國總統上任後首訪加拿大、墨西哥等近鄰的慣例，帶著妻子梅蘭妮

第一節
美沙關係的核心：「石油換安全」的互動模式

亞（Melania Trump）、女兒伊凡卡（Ivanka Trump，川普的非正式顧問）、女婿庫許納（Jared Kushner，白宮高級顧問）和時任國務卿提勒森（Rex Tillerson）等政要，直達沙烏地阿拉伯首都利雅德。

川普上臺後，大肆批駁歐巴馬的中東政策，主動加強與沙烏地阿拉伯、埃及、以色列等中東主要盟友的關係，上任伊始就相繼與這些國家領導人會面。川普首訪第一站選擇沙烏地阿拉伯，對沙烏地阿拉伯的重視程度更是不言而喻。為投沙烏地阿拉伯所好，川普還「用心良苦」地豎起「反伊朗大旗」。上任之初，川普就對伊朗態度強硬，並要求重新評估《伊朗核協定》。此訪中，川普在會談和演講中無時無刻不流露出對伊朗的憎惡。此次出訪沙烏地阿拉伯期間，川普在「阿拉伯伊斯蘭美國峰會」上的反恐演說中，譴責伊朗是「地區恐怖主義和不穩定的根源」且「加劇地區教派衝突」。時任國務卿提勒森公開表示，加強對沙烏地阿拉伯軍售意在助其抵禦「邪惡的伊朗的影響」。

同時，川普為了消除沙烏地阿拉伯對其「石油自給」言論的芥蒂，以簽署石油合作協議等大單的姿態，向沙烏地阿拉伯表明美國仍需要沙烏地阿拉伯雄厚石油資源的支持。

回顧美沙近80年的「特殊關係」，「石油換安全」始終是一條主線、一個脈絡。只是不同美國總統和不同沙烏地阿拉伯國王交往過程中，隨著全球政治經濟局勢的演變和兩國國內情況的變化，這條脈絡時而清晰、時而黯淡而已。總體而言，近30年來，在共和黨執政時期（比如老布希和川普），美沙同盟關係相對友好、得到強化，而在民主黨執政時期（比如柯林頓和歐巴馬），美沙關係則在「走下坡」。究其背後的原因，也可以看出有「石油」因素，美國石油巨頭一直與共和黨有著非同尋常的關係，這也是美國「石油政治」的一大特色。

第三章　美國、沙烏地阿拉伯與沙烏地阿美的「三角關係」

三、美沙關係的其他五個層面

在沙烏地阿拉伯近代史的大部分時間裡，美沙兩國有著共同的重要地緣策略利益，這讓兩國領導人走到了一起，儘管兩國之間存在著切實的分歧。在 1960 年代，埃及在葉門的代理人戰爭期間多次轟炸沙烏地阿拉伯領土，美國幫助沙烏地阿拉伯保衛其邊境不受蘇聯支持的埃及的侵犯。1980 年至 1988 年「兩伊戰爭」期間，美國和沙烏地阿拉伯聯手擊退了伊朗日益成長的影響力。最重要的是，在冷戰期間，沙烏地阿拉伯是美國可以經常依靠的少數幾個中東國家之一，這些國家可以提供軍事援助、財政援助和政治支持。除了石油，從以下五個層面也可以透視美沙之間的「特殊關係」。

層面之一：安全與反恐。二戰以來，為油氣資源豐富的波斯灣地區提供安全保護一直是美國全球策略和對外政策的重中之重。多年來，美國在中東實施的是「雙支柱」政策，一方面依賴以色列，另一方面充分利用巴列維國王統治下的伊朗。1979 年爆發的伊朗伊斯蘭革命重挫了美國的中東政策，但也使得沙烏地阿拉伯取代伊朗，成為近 40 年美國在該地區的主要盟友。

美國與沙烏地阿拉伯的「特殊關係」軍事合作在第一次波斯灣戰爭中達到頂峰。1991 年，波斯灣戰爭爆發時，超過 50 萬的士兵湧入該地區，其中相當一部分駐紮在沙烏地阿拉伯。美軍在沙烏地阿拉伯的駐紮引起了沙烏地阿拉伯保守派人士的反對，證實了保守派關於沙烏地阿拉伯菁英階層過於依賴西方和屈從非穆斯林利益的看法。

1979 年至 1989 年阿富汗戰爭時期，美國、沙烏地阿拉伯和巴基斯坦支持抵抗蘇聯占領阿富汗的「聖戰」運動。現金和武器源源不斷流入阿

第一節
美沙關係的核心:「石油換安全」的互動模式

富汗「聖戰」,吸引了成千上萬來自中東和北非的遜尼派穆斯林加入,包括奧薩瑪‧賓‧拉登(Osama bin Laden)。沙烏地阿拉伯出生的賓‧拉登是沙烏地阿拉伯最大的建築公司創始人的兒子,在1980年代加入聖戰組織並招募了沙烏地阿拉伯戰士。

賓‧拉登於1990年返回沙烏地阿拉伯,與沙烏地阿拉伯的情報官員保持密切往來。但他堅決反對美軍駐紮沙烏地阿拉伯,並與沙烏地阿拉伯政府發生了激烈衝突。1992年,賓‧拉登離開沙烏地阿拉伯,並被剝奪了沙烏地阿拉伯國籍。1996年,賓‧拉登從他在阿富汗的新基地(受到新的塔利班領導人歐瑪的保護)發出了反對美國人占領「兩個聖城的土地」的口號,並號召對美國發起聖戰。兩個聖城指的是沙烏地阿拉伯的麥加和麥地那市。

「911事件」之後,美沙雙邊關係一度降至冰點。小布希政府在911調查委員會報告中「故意」遺漏了28頁(該報告中的這28頁為有關沙烏地阿拉伯的內容,未對外公布)。這加劇了人們的猜測,即美國政府掩蓋了沙烏地阿拉伯官員參與策劃與襲擊的證據。2016年,面對歐巴馬總統行使否決權的壓力,美國國會依然通過了立法,允許「911事件」受害人的家人起訴沙烏地阿拉伯,這是主權豁免原則的一個例外。但是,據一些法律專家的觀點,原告可能無法就任何損害獲得賠償。

據五角大樓的資料,沙烏地阿拉伯是美國武器出口的最大目的地。自1950年代以來,美國對沙烏地阿拉伯的國防銷售額累計已接近900億美元。川普上臺後,繼續大張旗鼓開展武器交易,創造了數十萬的美國就業機會。川普2017年5月訪問沙烏地阿拉伯期間,簽署了一系列軍火交易,預計在十年內達到總計約3,500億美元的規模。據武器研究機構SIPRI(斯德哥爾摩國際和平研究所)稱,2017年沙烏地阿拉伯的武器進

第三章　美國、沙烏地阿拉伯與沙烏地阿美的「三角關係」

口總量比十年前成長了 18 倍。

　　層面之二：巴勒斯坦問題。以色列與巴勒斯坦的衝突一直是美沙爭論的源頭之一。1945 年 2 月 14 日兩國元首首次會晤的核心議題事實上是巴勒斯坦問題，伊本・沙烏地國王一再聲稱堅決反對「猶太復國主義者」在巴勒斯坦的土地上建立一個國家。以後歷任沙烏地阿拉伯國王和美國總統討論兩國關係時，巴勒斯坦問題始終是個重大議題。2003 年第二次波斯灣戰爭（伊拉克戰爭）期間，利雅德提出「阿拉伯和平倡議」。根據該倡議，阿拉伯國家將與以色列建立正常化關係，以換取其從被占領的巴勒斯坦領土撤出，並為巴勒斯坦難民提供「公正解決方案」。該倡議的要點被布希和歐巴馬政府採納，但後來也不了了之。川普上臺後，大多數阿拉伯國家批評川普政府對以色列的支持更為直接。沙烏地阿拉伯法院強烈譴責美國在 2018 年決定承認耶路撒冷為以色列首都的決定。當然，在對付伊朗的問題上，以色列和沙烏地阿拉伯有著共同的利益。川普政府藉此希望沙烏地阿拉伯積極推動巴勒斯坦參加此輪以美國為主導的巴以和平計畫。

　　層面之三：葉門戰爭。2015 年，沙烏地阿拉伯現任王儲穆罕默德・賓・沙爾曼（Mohammed bin Salman）在其擔任國防部長期間，發起了對葉門內戰的介入，象徵著沙烏地阿拉伯在該地區的作為更加積極。歐巴馬政府為沙烏地阿拉伯提供了武器、情報和空中加油，以打擊伊朗支持的葉門胡塞武裝。但美國與沙烏地阿拉伯決策者之間存在著根本性的分歧。在平民傷亡人數不斷攀升的情況下，歐巴馬在其執政的最後幾個月，暫停向沙烏地阿拉伯出售精確導引飛彈。川普上臺後，恢復了對沙烏地阿拉伯的支持。

　　一些美國議員試圖阻止部分武器出售給沙烏地阿拉伯，國會要求國

第一節
美沙關係的核心:「石油換安全」的互動模式

務卿證明沙烏地阿拉伯領銜的軍事聯盟正在採取足夠的行動以減輕對平民的傷害,以此作為繼續提供軍事支持的條件。而在2018年9月發生的葉門胡塞武裝無人機襲擊沙烏地阿拉伯石油設施的事件中,沙烏地阿拉伯外交大臣阿德爾·朱拜爾(Adel al-Jubeir)為軍事介入辯護,稱「這是強加給我們的戰爭」。11月,由於國會壓力越來越大,川普政府終止了為沙烏地阿拉伯軍機提供空中加油的支援。

層面之四:新王位繼承人。薩勒曼國王於2017年6月任命其小兒子穆罕默德·賓·沙爾曼(小薩勒曼)為王儲。穆罕默德·賓·沙爾曼順勢發起了「願景2030」計畫,旨在使沙烏地阿拉伯經濟多樣化並促進外國投資。就任王儲後的小薩勒曼不斷鞏固對軍事和安全機構的「絕對控制」,壓制王室中的潛在競爭對手;發起對卡達的地區封鎖,造成斷交的外交風波;並下令進行腐敗鎮壓,包括持不同政見者在內的著名宗教和政治活動家、王室成員在內的數十名沙烏地阿拉伯菁英被捕和被拘留。王儲的以上行為受到廣泛批評。

靠著與美國政府及川普家族的「特殊關係」,沙烏地阿拉伯政權的穩定性未有大礙。川普政府總體上接受了沙烏地阿拉伯新任領導人。然而,沙烏地阿拉伯在2018年採取的行動引起了人們對美國對待沙烏地阿拉伯近乎「偏袒」態度的質疑。2018年10月底,美國立法者和人權組織呼籲政府對利雅德在沙烏地阿拉伯伊斯坦堡領事館謀殺沙烏地阿拉伯記者、《華盛頓郵報》(*Washington Post*)專欄作家賈邁勒·卡舒吉(Jamal Khashoggi)的行為進行懲罰。11月,美國財政部對涉嫌捲入卡舒吉事件的17名沙烏地阿拉伯官員實施制裁。然而,川普總統駁回了削減向沙烏地阿拉伯出售武器的提議,並對王儲小薩勒曼表示支持。

「一些美國人總豪邁地認為王儲本人和沙烏地阿拉伯是美國的『良

第三章　美國、沙烏地阿拉伯與沙烏地阿美的「三角關係」

性資產』，事實上，沙烏地阿拉伯人是負擔，是『讓人頭痛』的包袱。」美國對外關係委員會[14]的史蒂文・庫克（Steven A. Cook）在《外交政策》（*Foreign Policy*）雜誌上寫道。

層面之五：金融與科技。沙烏地阿拉伯政府官員和商人，無論是王室貴族還是平民，都與美國有著深厚的連結，其關係不僅僅限於石油，還包括金融和矽谷。沙烏地阿拉伯部長（包括金融和石油部長）擁有美國大學的學位。那位受到王儲「迫害」的最著名、最富有的沙烏地阿拉伯王子阿爾瓦利德・本・塔拉勒王子（Alwaleed bin Talal），就是美國錫拉丘茲大學（Syracuse University）的校友，其擁有花旗集團、Twitter 和 Snap（一家超級「相機」公司，其 IPO 規模高達 330 億美元）的股份。在王儲穆罕默德・賓・沙爾曼 2017 年的「反腐運動」中，本・塔拉勒被拘留了近三個月。另外，沙烏地阿拉伯的主權財富基金（PIF）持有包括優步（Uber）和特斯拉（Tesla）在內的美國主要科技公司的股份。

數不清的王室成員及其家庭，與美國各層面、各行各業保持著密切的關係，這使得沙烏地阿拉伯長期以來成為對美國投資的重要來源地。許多針對私募股權公司和避險基金的國際募資說明會常常在利雅德停留，最不濟也得拜訪為沙烏地阿拉伯人管理資金的杜拜銀行家。此外，自 2015 年沙烏地阿拉伯向外國投資者開放股票市場以來，許多美國和歐洲公司已在沙烏地阿拉伯開設或擴展業務。然而，在卡舒吉被謀殺後，數十名頂級商業領袖和媒體贊助商抵制並缺席了沙烏地阿拉伯「2018 未來投資倡議大會」。分析人士認為，如果缺乏外國投資，沙烏地阿拉伯將很難實現其經濟改革的願景。

以上就是美沙「特殊關係」總體情況。自 1945 年兩國建立同盟關係

---

[14] 美國對外關係委員會（CFR），是美國對政府最有影響力又無明顯黨派傾向的智庫之一，它一直致力於為美國政府提供政策理念和具體策略。總部設在紐約，辦公室設在華盛頓。

第一節
美沙關係的核心：「石油換安全」的互動模式

的70多年來，正是由於「石油換安全」互補式的「策略利益交換」，兩國關係才在歷次嚴峻的挑戰中倖存下來，包括1973年的石油禁運和「911事件」。尤其是「911事件」，19名客機劫機者中有15名是沙烏地阿拉伯人，這差點讓美沙盟國關係分崩離析。美國曆屆政府都承認沙烏地阿拉伯是其在中東和波斯灣地區的重要策略夥伴。

2017年以來，在美國總統川普和沙烏地阿拉伯「實際上的領導人」——王儲穆罕默德·賓·沙爾曼的領導下，兩國關係顯得特別密切。雙方都加強了對付策略競爭對手伊朗的作為。不過，王儲2018年以來的一系列行為，包括肢解新聞記者卡舒吉這樣駭人聽聞的事件，對美沙聯盟造成了新的壓力，多位美國國會議員呼籲懲罰利雅德並重新評估美沙關係。

沙烏地阿拉伯需要意識到，在美國頁岩革命勝利和能源即將獨立的今天，美國對沙烏地阿拉伯的石油依賴在降低，而在中東地區愈加不穩的地緣政治態勢下，沙烏地阿拉伯對美國的安全依賴還在持續。這種不對稱的「石油換安全」策略還能持續多久，是沙烏地阿拉伯決策者必須要考慮的。

第二節
沙烏地阿美石油公司與沙烏地阿拉伯政府：「漸進式」國有化的歷程與影響

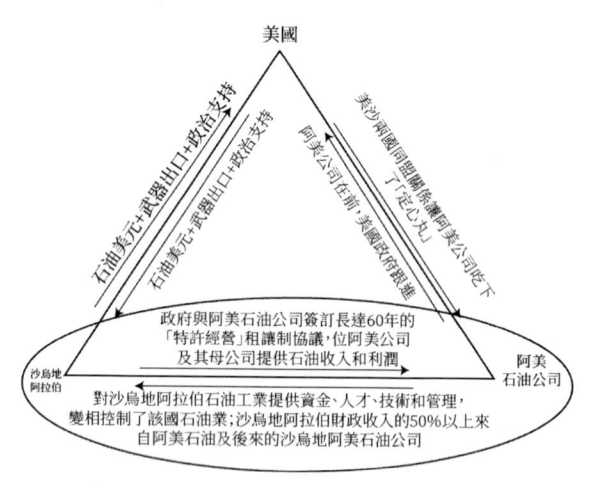

圖 3-2　「三角關係」之阿美與沙烏地阿拉伯關係

1936 年，加利福尼亞標準石油公司與德士古公司（Texaco）在沙烏地阿拉伯建立了合作夥伴關係，並於 1944 年共同成立了阿拉伯美國石油公司，即沙烏地阿美石油公司（Aramco）。該財團於 1948 年擴大到包括後來的埃克森公司和美孚公司，從而幫助沙烏地阿拉伯成為世界上最大的石油出口國之一。沙烏地阿美石油公司獨霸沙烏地阿拉伯石油工業長達 30 年之久，後來沙烏地阿拉伯政府透過幾次「贖買」逐步收購了上述四家合作夥伴手中的股權。1980 年，沙烏地阿美石油公司已完全由政府所有。1988 年，沙烏地阿拉伯政府全部接管沙烏地阿美石油公司，並將其更名為沙烏地阿美（Saudi Aramco）。由於沙烏地阿拉伯政府對沙烏地阿美石

第二節
沙烏地阿美石油公司與沙烏地阿拉伯政府：「漸進式」國有化的歷程與影響

油公司的國有化是透過數次購買逐步實現的，不同於其他產油國「一舉成功」的國有化，故生動地稱其為「漸進式」國有化。回顧沙烏地阿美石油公司與沙烏地阿拉伯王室之間的關係（如圖 3-2 所示），總體上可謂十分「和諧」，堪稱產油國與國際石油公司關係的典範。

一、沙烏地阿美石油公司與沙烏地阿拉伯王室「打成一片」

首先，沙烏地阿美石油公司以「宏大敘事」贏得了沙烏地阿拉伯王室和其所在的東部省。沙烏地阿美石油公司成立伊始，就設立了強大的公共關係部（後來也成為沙烏地阿美石油公司的「外交部」），僱傭聘請了一批了解當地的歷史學家、人類學家、公共關係官員及律師，為公司在當地的投資與營運編制「宏大敘事」，建構了公司在沙烏地阿拉伯東部生產作業的「邊疆史詩」。公司的地質學家於 1933 年開始在達蘭一帶找油。在當地貝都因人的幫助下，公司員工（美國人）在探索沙漠尋找財富的過程中遇到了一個個古老落後的部落社會，獲得石油發現並有了銷售收入後，公司在建築、農業機械、醫療、通訊、工業基礎設施等方面主動幫助當地部落，將東部省由原始王國直接帶入 20 世紀。這些均被美國人納入了「宏大敘事」，這一故事是沙烏地阿美石油公司創立的，並最終成功移植了新的西方價值觀。透過這些「宏大敘事」，沙烏地阿美石油公司在沙烏地阿拉伯的唯一外國石油公司特權地位一直無人能撼動。在 1980 年代移交給沙烏地阿拉伯政府之前，沙烏地阿美石油公司一直是沙烏地阿拉伯唯一的外國石油投資者和石油生產商。

透過「宏大敘事」，沙烏地阿美石油公司成功成為沙烏地阿拉伯不可

第三章　美國、沙烏地阿拉伯與沙烏地阿美的「三角關係」

或缺的合作夥伴。從 1930 年代一直到 70 年代，沙烏地阿美石油公司從特許經營（concession，租讓制[15]）開始就精心打造了自己的形象，努力將自己塑造成為沙烏地阿拉伯國家建設的合作夥伴。保持與王室及其背後君主制的良好關係是首要任務。雖然有人不斷質疑沙烏地阿美石油公司的行為主要是為了掩蓋剝削性的公司行為，但這種「宏大敘事」對於沙烏地阿美石油公司與沙烏地阿拉伯君主制的互動至關重要。該公司利用其龐大的公共關係部門來建構沙烏地阿拉伯傳統的敘述，並將公司定位為沙烏地阿拉伯國家建設的必要合作夥伴。沙烏地阿美石油公司透過媒體及其他一切必要手段，充分展示公司在阿拉伯世界的發展，以及在沙烏地阿拉伯利益訴求中的作用。相反的，沙烏地阿拉伯王室欣賞並鼓勵這種敘述，因為它在某種程度上鞏固了王室的統治，以及國王主張不斷擴張的領土要求。

二、沙烏地阿美石油公司與沙烏地阿拉伯王室、英法等國勢力在沙烏地阿拉伯的角力

1940、1950 年代，英國勢力在中東地區依然很強，除了沙烏地阿拉伯，中東其他油氣富集區基本上都被英國和法國掌控。這與沙烏地阿拉伯國王一心想拓展沙烏地阿拉伯領土空間、保護其邊境利益的策略訴求產生了直接的衝突。沙烏地阿美石油公司這一期間周旋於沙烏地阿拉

---

[15] 租讓制是世界上進行石油勘探開發最早使用的一種合約形式。這種形式目前被廣泛地稱授權合約（License Agreement）。由於在這種合約形式下，資源國政府的收益主要來自外國石油公司交納的稅收和礦區使用費，因此也被稱作「稅收／礦區使用費合約」（Tax and Royalty Contract）。早期租讓制合約可追溯到 1901 年英國的阿塞公司在中東波斯（伊朗）簽訂的租讓協定，還可以追溯到更早時期的荷屬東印度的租讓制。

第二節
沙烏地阿美石油公司與沙烏地阿拉伯政府：「漸進式」國有化的歷程與影響

伯、美國和英國之間，確切地說，站在了沙烏地阿拉伯王室一邊，以一己之力幫助沙烏地阿拉伯王室成功遏制了英國勢力在沙烏地阿拉伯的擴張，演繹了一家國際石油公司深度參與國際關係的「神話」。

如前所述，沙烏地阿美石油公司透過「宏大敘事」建立了自己的獨特地位，旨在將公司定位為沙烏地阿拉伯國家建設的不二合作夥伴，幫助公司成為沙烏地阿拉伯發展的催化劑。多年來，沙烏地阿美石油公司實際上也是美國的主要外交代表，這就要求它始終要保持警惕，要求它既要代表沙烏地阿拉伯此類新興國家利益行事，又不能得罪母國和英國這樣的宗主國。隨著冷戰的開始，以及二戰後美國在中東的利益不斷變化，沙烏地阿美石油公司的「私人外交」面臨許多挑戰，有時只能依靠美國政府施加其影響力。

另外，沙烏地阿美石油公司的高層們在沙烏地阿拉伯打了一場「艱難的比賽」，試圖向美國政府施加壓力，安撫英國政府，支持沙烏地阿拉伯王室，並保護其特許經營權。面對沙烏地阿拉伯和英國所控制的殖民地在領土問題上的衝突，美國政府選擇中立，無意去支持沙烏地阿拉伯而嚴重刺激英國。在這種情況下，沙烏地阿美石油公司的作用得以顯現。其作用主要在於，透過其母公司做美國政府的工作，對美國政府施加一定的影響力，說服美國政府在一定程度上支持沙烏地阿拉伯的策略訴求。

沙烏地阿美石油公司的行動產生了作用。乃至1954年，時任英國首相邱吉爾（Winston Churchill）在美國總統艾森豪（Dwight D. Eisenhower）面前抱怨道：「現在，殖民主義已經靠邊站了，取而代之的是『石油主義』，而沙烏地阿美石油公司代表了其最強大、最有影響力的世紀代理人。」

第三章　美國、沙烏地阿拉伯與沙烏地阿美的「三角關係」

　　沙烏地阿美石油公司對沙烏地阿拉伯策略訴求（邊界索賠）的外交支持，加上其高超的「宏大敘事」和修辭策略，超越了公司在沙烏地阿拉伯的「獨立石油代理人」地位。儘管在產油國塑造一個正面的形象是一種企業策略，使公司能夠合法化其經濟、社會和道德角色，但沙烏地阿美石油公司的所作所為顯然不是一家普通外國投資者能夠達到的。除了保護其特許經營權和高額的投資利潤，它還向外界和沙烏地阿拉伯國王表達了這樣一種意圖——只有它才是沙烏地阿拉伯國家建設和對外事務的最佳合作夥伴。

三、沙烏地阿美石油公司在沙烏地阿拉伯的石油合約

　　沙烏地阿美石油公司對沙烏地阿拉伯石油工業的控制，從美國加利福尼亞標準石油公司1938年在沙烏地阿拉伯發現大規模商業產油開始，一直持續到1970年代末，沙烏地阿拉伯政府基本完成對沙烏地阿美石油公司的國有化。

　　一方面，沙烏地阿美石油公司與沙烏地阿拉伯政府簽訂了租讓制石油合約，這決定了石油投資、開發、生產、銷售等環節均控制在沙烏地阿美石油公司手中，甚至是地下石油儲量，作為沙烏地阿美石油公司的資產，均記錄在沙烏地阿美石油公司的財務報表上。沙烏地阿美石油公司與沙烏地阿拉伯政府1933年5月簽訂的租讓制石油合約，其主要條款幾經演變。一開始，只有幾項簡單的約定，比如：

　　（1）由加利福尼亞標準石油公司現行付給沙烏地阿拉伯國王3.5萬英鎊。

第二節
沙烏地阿美石油公司與沙烏地阿拉伯政府：「漸進式」國有化的歷程與影響

(2) 一年半後再付 2 萬英鎊。

(3) 此後每年再付 0.5 萬英鎊的地租費用。

(4) 如果找到石油，則會立即支付 5 萬英鎊的「發現費」，一年後再支付 5 萬英鎊；此外，還有石油銷售的特許權使用分成。

到 1947 年，由於沙烏地阿美石油公司在沙烏地阿拉伯的石油產量已達到 20 萬桶／日以上，公司每年須向王室繳納 1,500 萬美元（礦區使用費和利潤分成的總和），約等於今天的 5 億美元。

到了 1955 年，時年 35 歲的阿卜杜拉・塔里基就任石油礦產事務董事會主席，他是沙烏地阿拉伯首位在西方留學並獲得石油地質專業學位的人士。他不但把沙烏地阿美石油公司的各類統計資料彙集起來提供給沙烏地阿拉伯王室，並且成立了一個專家小組，向租讓制度發起挑戰，和沙烏地阿美石油公司提出談判。

此時，伊朗爭取石油國有化運動和委內瑞拉首倡利潤對半分原則（50：50）獲得勝利，激勵著早已不滿的沙烏地阿拉伯王室。1949 年，利雅德要求修改它與沙烏地阿美石油公司原先簽署的石油租讓協議，與公司實行利潤平分原則。

在美國國務院的壓力之下，沙烏地阿美石油公司在 1950 年 12 月 30 日與伊本・沙烏地國王達成了《利潤共享協議》，由沙烏地阿美石油公司向沙烏地阿拉伯政府繳納所得稅，稅額相當於沙烏地阿美石油公司利潤的 50%。根據這一協議，從 1950 年到 1951 年沙烏地阿美石油公司向沙烏地阿拉伯繳納的款項從 6,600 萬美元增至 1.1 億美元。1951 年 10 月 2 日，雙方又就付給沙烏地阿拉伯 50% 利潤的方式達成協議。在此之前，沙烏地阿美石油公司先扣除向美國政府交納的稅款後，再按比例向沙烏地阿拉伯繳稅。根據新的協議，付給沙烏地阿拉伯 50% 的利潤必須在沙

第三章　美國、沙烏地阿拉伯與沙烏地阿美的「三角關係」

烏地阿美石油公司向美國政府交稅之前付清。這樣就大大增加了沙烏地阿拉伯政府的收入，使之可以做更多的事情，包括投資基礎設施和改善民生。

之後，1957 年沙烏地阿拉伯國王任命阿卜杜赫·塔里基為石油和礦業資源部門的管理者（相當於石油部部長），負責與沙烏地阿美石油公司打交道。也正因為如此，沙烏地阿美石油公司對於塔里基的出現感到非常驚訝和慌張。尤其是當他們發現這個年輕的地質學家還是個狂熱的民族主義者時，對於沙烏地阿拉伯國王任命塔里基參加沙烏地阿美石油公司董事會一事更是百般阻撓。根據 1952 年沙烏地阿拉伯政府與該公司達成的協議，沙烏地阿拉伯有權任命兩名董事參加公司的董事會。

沙烏地阿拉伯政府在這一事務上採取了相當強硬的立場，迫使沙烏地阿美石油公司不得不接受新的阿拉伯董事塔里基。很快，精明的塔里基就從美國人「心不甘情不願」提供的丁點資料數據中，發現沙烏地阿美石油公司逃稅的線索，從而令其向沙烏地阿拉伯政府補交了 1.45 億美元的逃稅款。

幾經變化，調整後的合約條款主要包括：

（1）合約期為 60 年（自 1933 年開始）。

（2）每年，沙烏地阿美石油公司從石油銷售總收入中支付 10% 的「地租」（loyalty，也叫礦費），繳納給沙烏地阿拉伯政府（由沙烏地阿拉伯石油礦產部代為收繳）。

（3）剩下 90% 的石油收入，在沙烏地阿美石油公司扣除所有資本性支出和操作性支出後，所產生的「石油利潤」，按一定稅率向沙烏地阿拉伯政府繳納所得稅後，全部歸沙烏地阿美石油公司所有。

第二節
沙烏地阿美石油公司與沙烏地阿拉伯政府:「漸進式」國有化的歷程與影響

(4) 1950 年以前,沙烏地阿美石油公司與沙烏地阿拉伯政府對石油利潤的分成比例是 75:25,也就是說,沙烏地阿美石油公司拿大頭;1950 年,沙烏地阿拉伯政府參考委內瑞拉與外國石油投資者達成的「50:50」條款,與沙烏地阿美石油公司就石油收入分別重新談判並達成協議,將利潤分成比例提升至 50%。

(5) 地下石油資產為沙烏地阿美石油公司所有,地上資產(石油生產設施包括油井、地面集輸管道、石油處理設施等)歸沙烏地阿拉伯政府所有。

(6) 沙烏地阿美石油公司每年從其年度預算中拿出一定比例(一般低於 3%)的費用,用於培訓沙烏地阿拉伯當地員工,履行業地基礎設施建設責任等。

租讓制石油合約的性質,決定了沙烏地阿美石油公司對沙烏地阿拉伯石油工業具有「絕對控制力」。這種合約模式的特點:一是租讓區域面積大、時間長。當時,租讓區域占沙烏地阿拉伯國土面積的比例高達 74%,也就是說,沙烏地阿美石油公司有權在沙烏地阿拉伯將近四分之三的領土上進行石油勘探和開發。二是在租讓期內,外國石油公司享有在租讓礦區進行石油勘探、開發和生產的專營權(即「特許經營權」),並對礦區內所產石油擁有所有權。三是外國石油公司單獨承擔油氣勘探開發與營運銷售的投資和經營風險。四是外國石油公司在作業經營方面擁有實際的完全管理權。五是產油國收益僅限於礦區使用費(費率固定)和一定比例的利潤油。

另一方面,沙烏地阿美石油公司在資本、技術、管理和人才方面擁有無與倫比的優勢,這使得它在與沙烏地阿拉伯政府打交道的過程中一直占據主導地位,控制著沙烏地阿拉伯油田產量和油價。毫無疑問,沙

第三章　美國、沙烏地阿拉伯與沙烏地阿美的「三角關係」

烏地阿美石油公司的投資資本來自四家母公司股東，在投資與計畫預算的制定上，沙烏地阿拉伯政府由於沒有股份，無法參與投資的決策。在油田生產計畫上，產量的高低取決於前期投資的強度和技術支援的力度。在技術研發和支持上，沙烏地阿美石油公司完全依賴母公司的石油和地質工程師。長期以來，在沙烏地阿美石油公司工作的沙烏地阿拉伯本地員工無法參與沙烏地阿美石油公司技術和生產上的決策過程，因而在對油田產量高低的掌控權上也沒有話語權。在公司管理上，沙烏地阿美石油公司成立以來直到 1983 年 11 月（此後，阿里·納伊米成為公司歷史上首任從沙烏地阿拉伯本土培養起來的總裁），公司的總裁均由美國人擔任，公司董事會成員中，60% 的成員來自四家母公司，公司管理的決策權掌握在美國人手中。最重要的環節──石油銷售和價格制定，也是控制在沙烏地阿美石油公司的手中。長期以來，沙烏地阿美石油公司的四家母公司作為「石油七姊妹」的成員，一直控制著石油價格。

可以說，沙烏地阿美石油公司擁有史翠菊提出的「結構性權力」中的生產和知識權力。1960 年 OPEC 成立之前，國際油價基本上控制在以「石油七姊妹」為代表的國際石油公司手中，而對於沙烏地阿美石油公司來說，其四家母公司均是「石油七姊妹」成員，這就決定了沙烏地阿美石油公司與「石油七姊妹」有著千絲萬縷的連結，「石油七姊妹」的油價政策即可等同於沙烏地阿美石油公司的政策。這一時期，沙烏地阿拉伯石油的產量和銷售價格基本上由沙烏地阿美石油公司決定，沙烏地阿拉伯政府的話語權十分有限。1973 年第一次石油危機之前，隨著 OPEC 影響力的提升，沙烏地阿拉伯等產油大國對全球油氣市場和油價有了一定的話語權，但主動權還是掌握在沙烏地阿美石油公司手中。1973 年石油危機期間及之後，沙烏地阿拉伯和其他阿拉伯產油國動用國家力量，對美

第二節
沙烏地阿美石油公司與沙烏地阿拉伯政府：「漸進式」國有化的歷程與影響

國和西歐、日本等消費大國實施「石油禁運」，導致國際油價持續暴漲。1973 年至 1981 年，國際油價上漲近 20 倍（基準價格，不考慮通貨膨脹和美元的時間價值）。這一時期，沙烏地阿拉伯在與沙烏地阿美石油公司的角力中處於主動地位。1980 年代中期之後，全球油氣市場處於「低景氣」週期，油價大幅下跌，產油國石油收入驟降，相比沙烏地阿美石油公司，沙烏地阿拉伯政府處於被動地位。

四、「漸進式國有化」——沙烏地阿拉伯政府「贖買」沙烏地阿美石油公司的三步驟

1962 年，律師出身、31 歲的艾哈邁德・扎奇・亞瑪尼接替遭解職的塔里基，被費薩爾國王（沙烏地阿拉伯第三任國王，創始國王阿卜杜拉・阿齊茲的第二個兒子）任命為沙烏地阿拉伯第二任石油與礦產大臣。號稱全球石油界「智多星」的亞瑪尼在任上一做就是 24 年，直到 1986 年被當時的國王法赫德解職，遭遇了與他前任相同的命運。

對於亞瑪尼，業界的普遍共識是，他在任期間，讓 OPEC 這個產油國聯盟組織大放異彩，透過談判成功擊敗西方「石油七姊妹」在石油價格上的壟斷地位，從而在 1970、1980 年代的國際石油市場中主導了油價的走勢。他還有另一個突出貢獻，即透過三次「贖買」（或者稱為「帳面資產淨值收購」），成功將原本 100% 屬於美國的沙烏地阿美石油公司，變成了一個 100% 屬於沙烏地阿拉伯政府的國家石油公司，為沙烏地阿美石油公司成功轉型為沙烏地阿美奠定了基礎。於沙烏地阿拉伯而言，亞

第三章　美國、沙烏地阿拉伯與沙烏地阿美的「三角關係」

瑪尼在後者上的貢獻更大、更長遠、更具有策略性。此舉實際上是保住了沙烏地阿拉伯的經濟支柱，也變相支撐了沙烏地阿拉伯君主制政權的穩定性。

（1）1972年，成功實現第一次購買，沙烏地阿拉伯政府獲得沙烏地阿美石油公司25％的股份。早在1968年，亞瑪尼就向沙烏地阿美石油公司的四家母公司（雪佛龍、德士古、埃克森、美孚四家美國公司按照30％：30％：30％：10％的持股比例擁有阿美公司）公開表示，沙烏地阿拉伯政府希望能夠擁有沙烏地阿美石油公司50％的股份。一開始，沙烏地阿美石油公司董事會沒有回應亞瑪尼的提議，四家母公司根本沒把亞瑪尼的話當一回事。而亞瑪尼和當時的國王費薩爾一樣，對此並沒有強勢回應或著急，而是表現得很有耐心，也願意等待，而且是在公開場合、明面上與公司董事會討論這件事。

1972年，經過一系列談判和討價還價，沙烏地阿美石油公司董事會最終「原則上同意沙烏地阿拉伯政府出資購買沙烏地阿美石油公司20％的股份」。對此，亞瑪尼顯然是不滿意的，經過談判，亞瑪尼說服了沙烏地阿美石油公司董事會，同意出售25％的股份給沙烏地阿拉伯，並另附條款，同意沙烏地阿拉伯政府能夠在1981年以前買下最多不超過51％的公司股份。

那麼，這25％的股份到底值多少錢？按照沙烏地阿拉伯問題研究專家艾倫‧沃爾德（Ellen Wald）女士的研究，價值5億美元，但她強調，尚未考證到精確的購買金額。每一次的購買金額，沙烏地阿拉伯政府均視之為關鍵機密，直到現在也未向外界透露。但可以確認的是，沙烏地阿美石油公司董事會以「平價」或「所有者權益（資產減去負債）」的價值向沙烏地阿拉伯政府出售了這25％的股份，沙烏地阿拉伯政府向沙烏地阿

第二節
沙烏地阿美石油公司與沙烏地阿拉伯政府：「漸進式」國有化的歷程與影響

美石油公司母公司支付的購買價格為「帳面資產價值」。

（2）1974年，成功完成第二次購買，沙烏地阿拉伯政府又獲得沙烏地阿美石油公司35%的股份，合計擁有60%的所有權。1974年6月11日，亞瑪尼與沙烏地阿美石油公司的四家股東達成了新的協議，增加沙烏地阿拉伯持有的沙烏地阿美石油公司股份到60%。可以看出，購買的節奏比此前雙方達成的共識還要快。《紐約時報》報導說，這份協議將會追溯到1974年1月1日生效，雙方自然也談好了價碼，但具體數字一直沒有公開。

（3）1976年，成功完成第三次購買，沙烏地阿拉伯政府獲得沙烏地阿美石油公司餘下40%的股份，擁有沙烏地阿美石油公司100%的所有權。1976年3月，經過亞瑪尼與沙烏地阿美石油公司美國股東的5天討論後，公司釋出一則公告，沙烏地阿拉伯政府將會買下沙烏地阿美石油公司剩餘的全部股份，並最終讓沙烏地阿美石油公司完全成為一家沙烏地阿拉伯公司。這次的贖金是多少？外界無從得知。後來據《紐約時報》爆料，沙烏地阿拉伯政府同意向沙烏地阿美石油公司的四家股東們支付15億～20億美元的總額。直到現在，該金額尚未被披露，只是猜測。

儘管1976年就達成協議，但沙烏地阿拉伯政府直到1980年才達成對沙烏地阿美石油公司的完全控股。而當時，沙烏地阿美石油公司在法律上仍然是一家註冊在美國德拉瓦州的美國公司，必須按照美國的法律來營運公司。而且，沙烏地阿拉伯政府完成贖買後，也沒有立即對沙烏地阿美石油公司進行整合，甚至沒有更換沙烏地阿美石油公司的美方CEO。

1988年，變更沙烏地阿美石油公司的註冊地和註冊法律文件等手續全部完成後，沙烏地阿美石油公司正式改名為沙烏地阿美。從沙烏地阿

第三章　美國、沙烏地阿拉伯與沙烏地阿美的「三角關係」

美石油公司最底層成長起來的石油地質專家阿里・納伊米成為沙烏地阿美的第一任總裁。事實上，納伊米 1984 年就開始負責沙烏地阿美石油公司的事務。阿里・納伊米後來成為全球石油界與亞瑪尼齊名的沙烏地阿拉伯石油部長。他 2015 年從部長的位置上退位時，已經 80 歲。

沙烏地阿拉伯政府對沙烏地阿美石油公司的「漸進式」國有化之所以取得成功，原因有以下幾方面：一是美國和沙烏地阿拉伯本就是同盟關係，而且是緊密的盟友，這為沙烏地阿美石油公司股東向沙烏地阿拉伯轉讓沙烏地阿美石油公司清除了政治上的障礙。

二是基於 1970、1980 年代沙烏地阿拉伯的石油權力在崛起而美國的石油權力在衰弱的歷史事實。當時，美國的石油產量達到高峰後不斷下滑，不得不從沙烏地阿拉伯進口更多的石油，加上沙烏地阿拉伯透過 OPEC 在石油市場上的影響力不斷提升，權力結構的平衡被打破，向沙烏地阿拉伯政府轉讓沙烏地阿美石油公司股份也是「順勢而為」的無奈之舉。

三是法理上的原因，因為根據美沙雙方在 1930 年代的「租讓制石油合約」，合約期限是 60 年，也就是說從 1933 年雙方簽訂合約開始，到 1993 年美國股東必須把沙烏地阿美石油公司歸還給沙烏地阿拉伯政府。雖然最後是 1988 年完全歸還，但離 1993 年也就早了 5 年時間，於四家美國股東而言，並不算是巨大損失。

四是將沙烏地阿美石油公司國有化很重要的一點是經營權和所有權的分離。1980 年實現完全贖買，到 1988 年經營權和管理層才完全由沙烏地阿拉伯控制，從開始國有化談判已經過去了 16 年，保證了從總體管理到經營細節的有序銜接。此外，在國有化過程中，美沙同盟關係進一

第二節
沙烏地阿美石油公司與沙烏地阿拉伯政府：「漸進式」國有化的歷程與影響

步密切，逐步建立了「石油美元」的連結等。沙烏地阿美石油公司的所有權雖然轉移了，但美沙兩國石油 —— 美元 —— 安全的連結深化了，美國對沙烏地阿美石油公司的影響力沒有降低。

五是 1970 年代的冷戰背景，特別是蘇聯在中東地區的動作，迫使美資同意轉讓股權、拉攏盟友，也是美國倚重沙烏地阿拉伯、在沙烏地阿美石油公司國有化問題上做出讓步的重要原因。

五、國有化後沙烏地阿美石油公司的獨立性分析

作為全球最大的石油公司，沙烏地阿美擁有遠超其他國際石油巨頭的油氣資源，以及更低的生產成本，且由於沙烏地阿拉伯政府財政收入對石油的高度依賴性，沙烏地阿美與政府的命運緊密相連，但沙烏地阿美的獨立性依然不可忽視。

從沙烏地阿拉伯政府對外簽署石油開採權起，沙烏地阿美就成為國家石油產業強而有力的支柱。二戰結束後沙烏地阿拉伯國際地位的提升與石油大量的出口推動沙烏地阿美進一步擴張。OPEC 的成立與石油石化產業的逐步國有化，沙烏地阿拉伯政府逐漸獲得在國際石油市場的定價權，政府在 1973～1980 年間透過三次購買使沙烏地阿美石油公司逐步實現國有化，並於 1988 年將其更名為沙烏地阿美。伴隨全球化趨勢，沙烏地阿美逐步完善上下游、擴展國際業務，2016 年沙烏地阿拉伯政府宣布將沙烏地阿美所有權轉移至主權財富基金後，2019 年在沙烏地阿拉伯政府的推動下，沙烏地阿美成功上市，成為全世界市值最大的公司之

第三章　美國、沙烏地阿拉伯與沙烏地阿美的「三角關係」

一，沙烏地阿美的未來成為政府「2030 願景」策略布局重要的一部分。

「兩權分離」是現代企業發展的一個重要理論依據，它是指資本所有權（表現為投資者擁有的投入資產權）和資本運作權（表現為管理者經營、運作投資者投入資產權）的分離。也就是說，所有者擁有的資產不是自己管理運作，而是委託他人完成管理運作任務。對國有企業而言，國家僅是一個抽象概念，不能直接從事企業的經營管理，只能採取委託專人經營管理的方式。很顯然，國有企業從一開始就是資本所有權與資本運作權相分離的。也正因為如此，企業相對於國家而言，在經營與運作上保持著相當大的「獨立性」。

沙烏地阿美自誕生之日起，除因 OPEC 限產及特殊政治原因外，其在經營決策與投資方面均保持著較大的獨立性。例如，在 2019 年公司 IPO 上市過程中，在公開募股說明書和相關新聞媒體發布會上，公司高層一再強調公司的獨立運作，淡化與政府之間的相互關聯，以便打消潛在投資者的投資疑慮。

第一，從公司規模實力來看，沙烏地阿美是全球最大的油氣生產公司。以 2019 年的公司資料與全球其他主要油氣公司進行橫向比較，如表 3-1[16] 所示，沙烏地阿美公司的規模實力使其具有了全球影響力，其無與倫比的資源與生產權力，以及對國際油價的控制力，使其在國際石油市場上具有較高的政治地位。

---

[16]　資料來自各石油公司 2019 年年報。

第二節
沙烏地阿美石油公司與沙烏地阿拉伯政府：「漸進式」國有化的歷程與影響

表 3-1　2019 年全球頂級石油公司油氣資源和生產成本比較

公司名稱	油氣探明儲量（億桶）	油氣產量（億桶）	原油探明儲量（億桶）	原油產量（億桶）	原油加工量（億桶）	開採成本（美元／桶）
沙烏地阿美	2561	47.00	1985.69	36.29	23.36	2.8
殼牌	103	13.19	46.57	6.65	9.13	8.95
BP	109	9.46	51.77	4.28	6.21	6.84
美孚	182	14.42	87.28	6.35	17.3	11.51
中國石油	200	15.61	75.23	9.09	12.28	12.11

　　第二，從國際化經營來看，沙烏地阿美的業務布局於全球三大主要能源市場：亞洲、歐洲和美洲。在亞洲，沙烏地阿美各子公司是多個地區能源市場的主要參與者。沙烏地阿美是印度、中國、臺灣、日本、韓國和菲律賓的重要原油供應商。根據統一的區域策略，沙烏地阿美的當地辦公室向沙烏地阿美及其合作夥伴提供行銷和業務組合管理服務等。在歐洲，沙烏地阿美旗下子公司支持多個辦公室，提供多種多樣的服務，包括金融支持、供應鏈管理、技術支援服務及其他各種行政服務。在美洲，沙烏地阿美位於美洲的子公司負責採購物料與服務、提供經濟和政策分析、安排沙烏地阿美或沙烏地阿拉伯煉油公司向美洲煉油商銷售原油的倉儲、運輸及交貨。其中，自 1988 年以來與外商的重大合資專案如表 3-2 所示。

第三章　美國、沙烏地阿拉伯與沙烏地阿美的「三角關係」

表 3-2　1988 年以來沙烏地阿美重大合資專案

時間	1988 年後與外資建立的合資企業
1989	與 Texaco 合資成立北美最大單一站點原油提煉場 Star Enterprises
1991	獲得韓國煉油廠 S-Oil 35%股份
1994	收購菲律賓最大原油精煉廠 Petron 40%股份
1996	收購希臘私人煉油商 Motor Oil Corinth 50%股份及經營子公司
2005	與住友化學公司成立合資企業 Petro Rabigh 各持 50%股份
2011	與陶氏化學組成 Sadara 合資企業
2014	與道爾達公司組成 Satorp 合資企業
2016	與朗盛公司合資成立 Arlanxeo
2017	與殼牌公司合資成立 Sasref 煉油廠公司
2019	與中國盤錦新城集團及中國兵器集團開始組成華錦阿美合資公司

可以看出，沙烏地阿美遠非一家業務均在沙烏地阿拉伯國內的石油公司，而是一家全球化的國家石油公司，其業務結構和管理經營理念與國際石油公司類似，甚至強於一般的國際石油公司。

第三，從公司發展策略來看，沙烏地阿美希望成為以安全、永續且可靠的方式營運的全球領先的綜合能源及化工公司，公司將把加強其上下游業務在全球的競爭地位作為未來的主要策略。例如，公司擬收購沙烏地阿拉伯基礎工業公司（沙比克，SABIC）70%的股權，這將對沙烏地

第二節
沙烏地阿美石油公司與沙烏地阿拉伯政府：「漸進式」國有化的歷程與影響

阿美的下游業務，尤其是化工業務的擴展有著顯著的支持作用，並為公司向原油、煉油產品和天然氣的混合原料供應提供更多機會。

公司未來策略更多的是進行經濟角度的考量，而不是政治考量。首先，公司打算在保持其產量方面世界領先的原油生產商地位的基礎上，根據需求增加產量，公司的儲量、經營能力、閒置產能將對此產生正向作用。其次，公司預計繼續策略性地整合其上下游業務，透過沙烏地阿拉伯國內外的全資及控股煉油廠，以更大的承購量配置本公司的原油，使其在整個煉化產業鏈中獲取更多價值。再次，公司致力於透過原油價格週期向其股東提供可持續且不斷成長的股息。最後，公司打算繼續保持上游碳排放強度的領先地位，使其成為每生產一單位碳氫化合物碳排放最低的公司之一，從而保持其業務的永續發展。

第四，從公司治理角度（決策機制）來看，公司董事會負責公司的整體管理和監督，公司的高級管理層（尤其是 CEO）負責公司的日常經營。沙烏地阿美董事會由 11 人組成，其中獨立董事 5 人，均由非沙烏地阿拉伯籍人士擔任，如表 3-3 所示。

表 3-3　沙烏地阿美公司董事會人員構成

姓名	職位	國籍	狀態
H.E. Yasir O. Al-Rumayyan 盧邁延	Chairman 董事會主席	沙烏地阿拉伯	非獨立
H.E. Ibrahim A. Al-Assaf	Deputy Chairman 副主席	沙烏地阿拉伯	非獨立

第三章　美國、沙烏地阿拉伯與沙烏地阿美的「三角關係」

姓名	職位	國籍	狀態
H.E. Mohammed A. Al-Jadaan	Director 董事	沙烏地阿拉伯	非獨立
H.E. Nabeel M. Al-Amydi	Director	沙烏地阿拉伯	非獨立
H.E. Mohammad M. Al-Tuwaijri	Director	沙烏地阿拉伯	非獨立
Sir Mark Moody-Stuart	董事	英國	獨立
Mr. Andrew N. Liveris	董事	澳洲	獨立
Mr. Andrew F.J. Gould	董事	英國	獨立
Ms. Lynn Laverty Elsenhans	董事	美國	獨立
Mr. Peter L. Cella	董事	美國	獨立
Mr. Amin H. Nasser 阿明·納賽爾	Director, President and Chief Executive Officer	沙烏地阿拉伯	執行董事

　　外籍人士在董事會的存在是沙烏地阿美與其他國家石油公司的一個顯著不同點，大多數國家石油公司的董事有且只能由本國人來擔任，這也是確保沙烏地阿美決策相對獨立的前提。

　　綜上所述，沙烏地阿美的經營是相對獨立的，公司的目標是以盈利為目的，國家政治等其他因素對其的影響是存在的，但並不是主要的。

第三節
沙烏地阿美與美國：
合作與分歧的平衡關係

1936 年以前，沙烏地阿美石油公司只有一個股東（母公司）──加利福尼亞標準石油公司，即後來的雪佛龍公司。此後一直到 1948 年，沙烏地阿美石油公司有兩個股東，加利福尼亞標準石油公司和德克薩斯石油公司（後來的德士古石油公司），雙方各持有沙烏地阿美石油公司 50% 的股份。1948 年以後一直到 1980 年，沙烏地阿美石油公司被沙烏地阿拉伯政府名義上接管的這 30 多年間（真正接管是在 1988 年之後），該公司有四個股東，分別是雪佛龍公司、德士古石油公司、紐澤西標準石油公司（後來的埃克森公司）和紐約標準石油公司（後來的美孚石油公司），前三家公司等額持有沙烏地阿美石油公司 30% 的股份，第四家美孚石油公司持有 10% 的股份。

埃克森、美孚、雪佛龍、德士古這四家石油公司及其前身，均是「石油七姊妹」成員，堪稱美國石油工業「皇冠上的明珠」，也一直是全世界響叮噹的石油巨頭。1990 年代，公司和美孚石油公司「強強合併」，成就了美國第一大石油公司和全球第一大私營石油巨頭；雪佛龍公司和德士古石油公司也成功合併，成為美國第二大石油公司和全球第四大私營石油公司（僅次於埃克森美孚、殼牌和 BP 公司）。

由這四家公司組成聯合體，沙烏地阿美石油公司的實力超群背後是四家超級石油巨頭在支撐，這是由國際石油界慣用的「合資公司」（Joint

第三章　美國、沙烏地阿拉伯與沙烏地阿美的「三角關係」

Operating Company & Joint Venture[17]）和多合作夥伴的公司治理架構所決定的。可以說，沙烏地阿美石油公司從一開始便具備了超級實力。

阿美公司這種獨特的身分和地位，決定了該公司在美國政治經濟體系中的地位，以及其與美國政府的互動方式。沙烏地阿美石油公司與美國政府（母國政府）的關係主要表現為兩方面，一方面沙烏地阿美石油公司在海外的投資與營運相當程度上體現了美國的國家利益；另一方面，作為獨立的私營石油公司，沙烏地阿美石油公司的營運主要是為股東服務並創造價值，不全是為國家服務，沙烏地阿美石油公司保持著相當的獨立性。

一、美國政府對沙烏地阿美石油公司的支持

據學者觀察，國際石油公司（尤其是美國的石油公司），常常與母國政府建立特殊的策略利益聯盟。美國政府和沙烏地阿美石油公司這樣的國際石油公司相互借力，互為對方提供權力來源。國際石油公司影響美國政府採取對自己有利的政策，政府因此成為維護和擴大石油資源、影響產油國政府政策的重要工具。就沙烏地阿美石油公司和美國政府而言，美沙關係可以視為是國家和石油公司在利益上彼此需要、相互滲透的產物。

（1）美國政府會在美國石油公司在沙烏地阿拉伯的利益受到第三方威脅時給予支持。按照 Louis Turner 的發現，二戰期間，由於加利福尼亞標準石油公司和德士古石油公司（沙烏地阿美石油公司的兩個股東）擔心英

---

[17] Joint Venture 或 JV，《美國傳統詞典（雙解）》解釋為「聯合常常由於共同承擔風險或共享專門技術而形成的夥伴關係或聯合大企業」。在 1950 年代末以前，聯合作業的形式很少。二戰前的數十年以及之後的十多年，典型的石油作業是由一家公司在一個租讓區域內，有時甚至是在一個國家內進行的。到了 1960 年代，情況發生了變化，典型的做法是由兩個或更多的公司（彼此成為「夥伴」，Partner）在租讓區塊內進行聯合作業。這種狀況一直延續到現在。

第三節
沙烏地阿美與美國：合作與分歧的平衡關係

國會威脅它們在沙烏地阿拉伯的石油利益，因此向美國政府尋求幫助。儘管沙烏地阿拉伯當時並不屬於美國的「民主盟友」，但美國政府還是在石油公司的遊說下，透過租借法案向沙烏地阿拉伯提供財政援助，並將保護沙烏地阿拉伯放在對美國安全至關重要的位置上。顯然，由於美國對沙烏地阿拉伯有力的外交手段和優厚的財政支援，沙烏地阿美石油公司這兩個股東才得以在1941年後「生存」下來。二戰後，美國政府與沙烏地阿拉伯石油公司延續著這種特殊關係。

(2) 美國政府在美國石油公司併購沙烏地阿美石油公司股份上給予支持。按照 Frank Church 和 Burton I. Kaufman 的研究，典型的案例是紐澤西標準石油公司（埃克森公司前身）和飛馬石油（美孚公司前身）進入沙烏地阿拉伯並分別收購沙烏地阿美石油公司30%的股份。1947～1954年間，美國政府做出了一個關鍵性決定，為五家美國國際石油公司（埃克森、美孚、德士古、海灣和雪佛龍）提供支持，幫助它們有效控制中東的石油供應。其中一個決定就是支持埃克森石油公司和美孚石油公司收購沙烏地阿美石油公司的股份。當時，「石油七姊妹」中，這五家公司均在其中，它們對中東石油的壟斷，對美國其他獨立的中小型石油公司構成不利影響，也不符合公平競爭的企業遊戲規則。因此，埃克森石油公司和美孚石油公司進入沙烏地阿美石油公司的行為引起美國司法部反壟斷部門的介入。但在關鍵時刻，美國政府以對外政策為由，制止了司法部對這兩家公司啟用反壟斷調查。美國對外政策關注的是，幫助美國石油公司實現在沙烏地阿拉伯油田利益的最大化。

(3) 石油和沙烏地阿美石油公司是美國與沙烏地阿拉伯兩國元首或高層會晤時的重大議題。比如，1966年，林登·詹森總統被明確告知，美國當時在海外的最大私有投資企業就是位於沙烏地阿拉伯的沙烏地阿美

第三章　美國、沙烏地阿拉伯與沙烏地阿美的「三角關係」

石油公司，其投資額已高達 12 億美元。在詹生總統、尼克森總統和季辛格（Henry Kissinger）國務卿等美國政要與費薩爾國王後來的會面中，「石油換安全」和「沙烏地阿美石油公司」一直都是雙方的重要議題。

二、沙烏地阿美石油公司對美國政府的支持

顯而易見，四家母公司均為美國一流大石油公司的沙烏地阿美石油公司，其對美國政府的支持是多方面的。

(1) 保障美國的國家能源安全。於美國石油供應和能源安全而言，1970 年代是一個分水嶺。1972 年之前，美國雖為全球第一大石油進口國，但也是全球第一大石油生產國，其主力產區在美國德克薩斯州。1972 年，美國石油產量達到了 5.27 億噸的高峰，美國的國內石油產量依然占據主力地位，是美國能源安全的主要保障力量。1972 年以後，美國國內的石油產量開始走下坡路，美國相應地加大了從沙烏地阿拉伯等國進口石油的力度。如圖 3-3 所示，美國進口沙烏地阿拉伯的原油量從 1973 年的 46.2 萬桶／日，驟增至 1977 年的 137.3 萬桶／日。

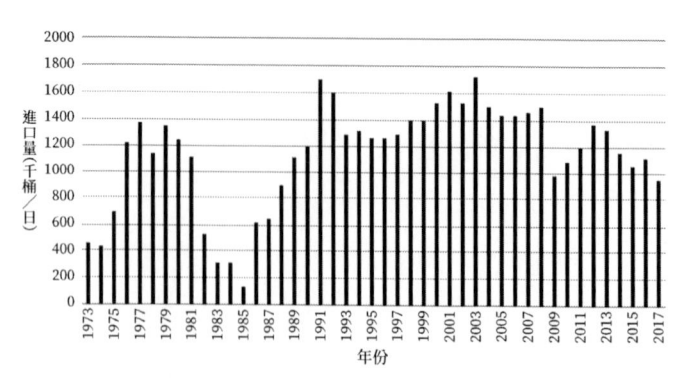

圖 3-3　1973 年至 2017 年美國從沙烏地阿拉伯的日均原油進口量

第三節
沙烏地阿美與美國：合作與分歧的平衡關係

所以，1973年第四次中東戰爭之後，美國更加依賴中東和沙烏地阿拉伯的石油。美國進口沙烏地阿拉伯石油的高點出現在2003年，接近180萬桶／日（9,000萬噸／年），當年也是伊拉克戰爭的爆發之年。作為沙烏地阿拉伯國內唯一的石油生產商，無論是1988年之前的沙烏地阿美石油公司，還是其後的沙烏地阿美，均對保障美國國家能源安全有著不可替代的作用。

正如著名石油策略學者丹尼爾·尤金（Daniel Yergin）所指出的，1972年之後，沙烏地阿拉伯取代了美國德克薩斯州，成為國際原油市場的平衡器（調節器），這意味著利雅德方面擁有足夠的富餘產能以滿足國際原油市場的供求變化。阿拉伯國家集體發起的「石油禁運」將其原油出口量由1973年10月1日的2,080萬桶／日驟減至當年12月15日的1,580萬桶／日。雖然伊朗和伊拉克兩國合計增產60萬桶／日，但這遠不足以填補「石油禁運」造成的供應短缺，市場缺口額達到500萬桶／日，約占全球總產量的10%。不同於1967年的情況，美國不再是免受衝擊的避風港，其國內汽油價格在1973年7月至12月不足半年的時間裡，由2.9美元／加侖跳漲至11.65美元／加侖。巴列維王朝統治下的伊朗是此次石油禁運的最大得益方，不僅沒有參與「石油禁運」，還偷偷地向美國支持的以色列出口了大量原油。

（2）提升美國在沙烏地阿拉伯的經濟和金融影響力。作為20世紀下半葉美國最大的對外實體投資，沙烏地阿美石油公司在沙烏地阿拉伯所生產的石油成了美沙兩國之間規模最大的貿易商品。再加上周邊中東國家，如伊朗等國對美國的石油供應，中東石油成為美國使用美元結算的全球最大宗商品。這相當於將美元的價值與石油掛鉤，「石油美元」由此而來。「石油美元」是1970年代「布列敦森林體系」結束後，美國再次

第三章　美國、沙烏地阿拉伯與沙烏地阿美的「三角關係」

建構的基於全球的金融霸權體系。直到現在，石油依然是美元金融體系的「錨」，尚未有其他的大宗商品能夠挑戰「石油美元」的霸主地位。

（3）輸出美國的價值觀和文化，推動沙烏地阿拉伯更快速地融入美國主導的現代西方世界。高峰時期，沙烏地阿美石油公司在沙烏地阿拉伯東部達蘭地區工作的美籍員工高達 500 人以上，按照國際石油合作管理的慣例，這 500 人相當於 500 個美國家庭。這 500 多人及其家庭住在沙烏地阿拉伯東部地區相對集中的社區裡。隨著美國人和沙烏地阿拉伯當地人的交往，達蘭及達曼周邊地區成為沙烏地阿拉伯最為開放和經濟最為發達的地區。再加上，沙烏地阿美石油公司從沙烏地阿拉伯全國招募當地員工，聘用到公司工作，對當地員工及其家庭的影響，尤其是思想觀念的影響是天翻地覆的。

正如羅伯特・吉爾平（Robert Gilpin）所總結的，美國跨國公司對美國的作用非同小可，至少表現在以下幾方面：一是美國得以在世界市場上維持控制地位的一個主要手段（儘管對外直接投資意味著美國公司要輸出資本和技術，但公司權力的真正核心──金融、研發、管理控制權──仍在美國）。二是美國跨國公司有利於美國的國際收支平衡（跨國公司是賺取外匯的重要角色）。三是跨國公司是美國全球經濟發展的工具和傳播美國自由企業制度思想的途徑。四是可以將跨國公司視為外交工具。但吉爾平還強調，1973 年石油危機之後，跨國公司利益和國家利益的密切結合開始削弱。

三、沙烏地阿美石油公司的
　　私人石油公司特徵和其獨立性

　　雖然是美國四家最大的石油公司透過聯合經營成立的海外實體投資，但沙烏地阿美石油公司歸根到底是一家私營石油企業，因為其母公司均為私有公司。私有公司的性質決定了其最大的動機是為股東創造價值，是高效益永續發展。公司的性質決定了沙烏地阿美石油公司在其發展策略和策略上，既不完全遷就於沙烏地阿拉伯政府，又不完全依賴和屈服於美國政府。

　　孫溯源曾經對國際石油公司在與母國的利益不一致的時候，國際石油公司的政策取向做過詳細的研究分析。在高油價時期，國際石油公司更傾向於回購股票和向股東分紅，以確保股東價值最大化和公司股價上升，而國家石油公司則更多進行勘探開發再投資，以提升石油產量，保障自己國家的能源安全。在低油價時期，國際石油公司更傾向於進行資產組合管理，賣掉一些資產以確保公司淨現金流和投資報酬，而國家石油公司則更多透過向母國申請特殊的保護政策或資金支持來度過難關。

　　具體而言，沙烏地阿美石油公司，作為一家私營的國際石油公司，其決策依據是商業目標而不是政府政策目標。圖 3-4 展示的是沙烏地阿美石油公司與美國政府的關係。當沙烏地阿美石油公司和美國政府目標不一致的時候，沙烏地阿美石油公司的目標往往是商業利益或股東利益，也展現了其獨立性。但需要強調的是，其一，這種獨立性並不妨礙沙烏地阿美石油公司在一定條件下支持美國政府的政策和充當政府政策的工具，但前提是支持政府政策目標有助於公司增加收益；其二，沙烏地阿美石油公司的獨立性不排斥美國政府在政策上給予公司一定的支

第三章　美國、沙烏地阿拉伯與沙烏地阿美的「三角關係」

持,甚至在某種意義上充當沙烏地阿美石油公司的「工具」;其三,沙烏地阿美石油公司需要在沙烏地阿拉伯政府和美國政府之間維持一種微妙的平衡,以確保公司整體利益的最大化,和美國政府、沙烏地阿拉伯政府等區域性利益的最佳化。

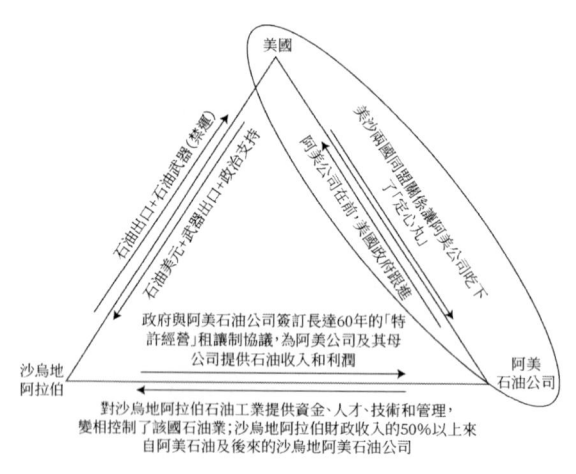

圖 3-4　「三角關係」之阿美與美國政府關係

四、沙烏地阿美的策略

沙烏地阿拉伯政府對沙烏地阿美石油公司實施國有化後,沙烏地阿美石油公司便轉型為沙烏地阿美。此後,沙烏地阿美作為沙烏地阿拉伯唯一的國家石油公司和該國唯一的石油生產商、銷售商,其利益與沙烏地阿拉伯政府高度捆綁在一起。沙烏地阿美的反應與策略,即是沙烏地阿拉伯政府政策的具體展現。1980 年代,沙烏地阿拉伯帶領 OPEC 在價格戰中擊敗了非 OPEC 生產國(蘇聯)的競爭。1986 年,沙烏地阿拉伯透

第三節
沙烏地阿美與美國：合作與分歧的平衡關係

過迅速提升其產量，使得石油價格在六個月內暴跌60%以上。在蘇聯解體之前的幾年裡，油價下跌嚴重損害了蘇聯的石油收入。這在一定程度上是美沙同盟關係和兩國「石油換安全」政策的再次展現。

1990年代以來，平衡石油市場，使生產者和消費者對石油價格都感到「公平」，這是利雅德和沙烏地阿美石油政策的既定目標。最近幾年，沙烏地阿美操控油價的最大努力是阻止美國頁岩油成為全球市場上的「攪局者」和競爭對手。2014年下半年以來，由於供應過剩，沙烏地阿拉伯和OPEC再次面臨限制產量的呼籲。但是，時任沙烏地阿拉伯石油部長、沙烏地阿美董事長的阿里·納伊米（Ali al-Naimi）說服OPEC繼續加足馬力生產（由「限產保價」轉為「增產保市場占有率」）。此舉可謂「一石三鳥」，一是迫使頁岩油、油砂和深水等高成本生產商降低產量；二是削弱了伊朗的經濟實力；三是該政策還對俄羅斯施加了更大的壓力，在2014年烏克蘭危機和克里米亞公投之後，俄羅斯受到了美國和其他國家的制裁。

石油價格隨後跌至每桶30美元以下的低水位。2016年末，沙烏地阿拉伯與俄羅斯一起逆轉了OPEC成員國和其他國家的壓力，迫使它們共同遏制其產量。這項為期六個月的協議於2017年1月生效，後來被稱為「維也納聯盟」。聯合減產產生了立竿見影的效果，到2018年秋季，油價已突破每桶80美元。但在美國的不斷施壓下，沙烏地阿拉伯在年底前增加了石油供應，以平衡和抑制國際油價。此舉一方面是打擊遭受經濟危機的委內瑞拉，另一方面是打擊受到美國新制裁的俄羅斯。

第三章　美國、沙烏地阿拉伯與沙烏地阿美的「三角關係」

第四章
結構性權力理論的實踐與「三角關係」解析

第四章　結構性權力理論的實踐與「三角關係」解析

　　上一章，主要闡述了美國、沙烏地阿拉伯、阿美（沙烏地阿美）石油公司之間的「三角關係」，具體是美國與沙烏地阿拉伯、沙烏地阿拉伯與沙烏地阿美石油公司、美國與沙烏地阿美石油公司這三組關係，筆者分別梳理了每組關係的內涵、特點和階段性發展。在本章中，筆者將從現實主義國際關係理論（「權力決定論」）的視角，引用蘇珊・史翠菊《國家與市場》中的結構性權力理論框架，來建構評估美國、沙烏地阿拉伯、阿美（沙烏地阿美）石油公司「三角關係」結構性權力（石油權力）的層級、要素、權重與標準。

第一節
結構性權力理論的解讀與延伸

「結構性權力」理論的提出者為著名的國際關係和國際政治經濟學學者蘇珊・史翠菊。史翠菊當過英國《經濟學人》和《觀察家報》(The Observer)記者，在倫敦經濟學院教授過國際關係學，後來到英國皇家國際事務研究所擔任高級研究員，1978年起先後在倫敦政治經濟學院、義大利佛羅倫斯的歐洲大學研究生院等院校擔任國際政治經濟學教授。歷任英國皇家國際事務研究所顧問，英國國際問題學會會長，以及總部在美國的國際問題研究會副會長、會長等職。1970年在《外交》雜誌發表〈國際關係學和國際經濟學：相互忽視的案例〉一文，最早明確提出要從政治與經濟相互影響的視角研究國際政治經濟問題，強調尋求一種新的分析世界經濟的方法，代表作便是《國家與市場》(States and Markets)。

《國家與市場》實際上是一本國際政治經濟學著作。書中，史翠菊深入淺出地評價了國際政治經濟學的研究對象、研究範圍、理論基礎和主要流派的觀點，特別是提出了關係和結構性權力的區別，用四個基本結構——安全、生產、金融和知識，以及四個從屬結構——運輸、貿易、能源和福利這種新的模式綜合分析國家與市場的互動關係，剖析國際上紛繁複雜的政治經濟現象，比羅伯特・吉爾平等人的代表作更具理論概括功夫。西方《國際關係理論》雜誌稱讚史翠菊是「國際關係研究領域最有創意的學者」，《國家與市場》這本書「又一次展現了她細緻的分析和新鮮深刻的見解」，《外交》雜誌的書評也認為「讀完此書令人視野忽然開朗」。

第四章　結構性權力理論的實踐與「三角關係」解析

一、結構性權力與關係

《國家與市場》一書認為，在國際政治經濟體系中的權力有兩種——關係和結構性權力，而且，國際體系裡國家之間或企業之間正在進行的競爭中，結構性權力比關係越來越重要。

所謂關係，就是「傳統權力」，也就是甲方靠權力迫使乙方去做或許他本來不想做的事，這種權力展現在對事物過程或結果的控制力上。比如，1940年，德國靠關係迫使瑞典允許德國軍隊穿越它的「中立」領土；再如，1980年代，美國憑藉它對巴拿馬的關係，支配了巴拿馬運河的航行條件。可以看出，所謂關係是一種「絕對性」權力，是權力施動者以絕對權力壓迫權力受動者做他不想做的事情。絕對性權力的背後是霸權，是「同意即生存、不同意即死亡」的強盜邏輯。在國際政治中，關係就是運用軍事政治的強制手段迫使別國就範。

結構性權力，是「形成和決定各種政治經濟結構的權力」且「各國及其政治機構、經濟企業、科學家和專業人士都不得不在這個結構裡活動」。通俗地說，結構性權力就是決定做事方式方法的權力。二戰以來，由於國際體系、國際機制、國際組織的建立和完善，結構性權力主要指確定議事日程的權力和「設計」支配國際政治經濟關係的慣例、規則和國際機制的權力。這是美國學者的觀察和判斷。比如，一國加入由美國當年設計、倡導和建構的WTO，則該國在國際貿易方面必須接受體現美國人意志的結構性權力。

史翠菊的觀點是：結構性權力一是存在於能夠控制人們的安全（即威脅人們的安全，或保護人們的安全，特別是保護人們免受暴力的侵犯）的人那裡；二是存在於能夠決定和支配商品和勞務生產（這是人類生存所

第一節
結構性權力理論的解讀與延伸

必需的)方式的人那裡;三是存在於能夠控制貸款供應和分配的人(機構)那裡,貸款的背後是對金融資本和投資資本的控制;四是存在於掌握知識(包括思想、宗教、哲學等),能夠全部或區域性地限制或決定獲得知識的條件的那些人手裡。這就是史翠菊認為的第一層級結構性權力的四個來源:安全、生產、金融和知識。

史翠菊為什麼會選擇安全、生產、金融和知識作為結構性權力的四大來源?其背後是人類社會對生命、財富、秩序、公正和自由這五大要素的重視和渴望,這五大要素可謂「基本要素」。無論是過去的羅馬帝國還是現在的全球整合下的「地球村」,無論是資本主義社會還是社會主義社會,無論是美國、俄羅斯(蘇聯)還是中國,這五種要素均是最根本的、共性的。不同之處在於社會形態、意識形態,以及這五種要素的先後順序和比例組合不同。這五種要素中的生命(於國家而言,則是民族的存亡)對應史翠菊結構性權力中的「安全」,財富對應「生產和金融」,秩序、公正和自由則可以綜合為「知識」(還可加上「資訊和網路」,由於該書首次出版於 1988 年,那時網路在全球尚未興起)。從這個意義上,史翠菊將安全、生產、金融和知識視為結構性權力的四大來源,則是其對人類基本需求無與倫比的洞察能力。

另外,對於結構性權力,史翠菊特別強調,這四種相互影響的結構來源並非國際體系或全球政治經濟所特有的,在人類中很小的集團,例如家庭或邊遠鄉村的社區中,結構性權力的來源與它在大世界中是一樣的。說到底,這就是對安全的控制、對生產的控制、對貸款的控制,以及對知識、信仰和思想的控制。

如何進一步區分結構性權力和關係?史翠菊認為,四種結構性權力通常碰到的情況是,權力擁有者能夠改變其他人面臨的選擇範圍,又不

第四章　結構性權力理論的實踐與「三角關係」解析

明顯地直接對他們施加壓力，要他們做出某個決定或選擇，而不做出別的決定或選擇。這種權力是不大「看得出的」。這就是權力的「結構性」。只要身處這樣的結構，被執行者就會「自然而然」地按照主導者的意願去做。

史翠菊還舉了一個有趣的例子幫助我們理解結構性權力。當母親或父親說，「如果你是個好孩子，肯努力讀書的話，我們將給你一輛腳踏車作為你的生日禮物」。這個男孩仍可以在努力學習和與朋友玩耍之間自由選擇。但是父母在家庭預算方面的結構性權力，會使孩子在權衡選擇時「自然而然」地偏重於努力讀書。

還有一個更加經典的例子，我們說「這個男人比這個女人有權」，如果理解為「這個男人可以一拳把這個女人打倒在地」，則這個男人擁有的是關係；而大多情況下，在現代社會，該男子在家庭和社會的結構性權力使得男子擁有社會地位、法律和家庭經濟控制權，他無須揚言將不聽話的女人打倒在地就可以對女人頤指氣使了。

可以看出，結構性權力部分來自思想[18]，部分來自強制力量（軍事威懾力），部分來自財富，部分來自對生產要素的分配。

如果有哪位世界級國際關係學者的理論與史翠菊的「結構性權力」有異曲同工之處的話，那就是肯尼斯‧華爾茲（Kenneth Waltz）的「結構現實主義」了。各類行為體身處一個結構或體系之中，除非它退出該體系或置身體系之外，否則就要受到體系的約束，正所謂「人在江湖，身不由己」。如果繼續這種類比的話，「關係」就與漢斯‧摩根索（Hans Morgenthau）的「權力現實主義」相類似了。

---

[18] 最經典的莫過於伊朗伊斯蘭革命中何梅尼的案例。1979 年 1 月，何梅尼在法國，透過錄音帶對伊朗民眾「隔空喊話」，宣傳他的思想，不費一兵一卒，就把伊朗巴列維國王的君主政權推翻了。這樣的例子不勝列舉，歷史上最常見的就是僧侶和賢哲運用知識（思想）的權力來左右國王和將軍。

第一節
結構性權力理論的解讀與延伸

二、四種基本結構與四種次級結構

由安全、生產、金融和知識組成的結構性權力是史翠菊國際政治經濟學理論的精髓。

（1）安全結構。安全結構是由於為人們提供了安全保障而形成的一種權力框架。對安全的關注賦予一些人或集團超常的權力。國際體系中的力量對比變化、意識形態衝突、國家利益衝突、文化和宗教差異、國家間的誤解、預期的改變、生產國際化、謀求絕對安全等，對國際安全結構均會產生重大影響。安全結構對市場的影響，表現為政府以國家安全為由干預市場和改變交易規則。

（2）生產結構。生產結構是由誰決定生產什麼、為誰生產、用什麼方法生產和按什麼條件生產等各種安排的總和。生產結構決定著國際體系的性質和國際體系中的分配形式。生產結構創造財富，國際政治經濟學主要研究誰從生產體系中得到什麼的問題。近 200 年以來生產結構的變化有：第一，以市場為導向的資本主義生產方式在全球占主導地位；第二，生產國際化的出現，也就是全球化，特別是跨國公司推動了生產的國際化。

（3）金融結構。金融結構是支配貸款獲取的各種安排與決定各國貨幣交換條件的所有要素的總和，它包括貸款體系得以建立的政治經濟結構和匯率體系兩個方面。金融具有決定性意義，金融制度創造貸款，貸款控制生產。

（4）知識結構。知識結構決定什麼是知識、怎樣儲存知識，以及由什麼人採用什麼手段根據什麼條件向什麼人傳輸知識。知識權力是微妙的，是潛移默化的，權力的授予常常是自願的。在現代社會，科技發展

第四章 結構性權力理論的實踐與「三角關係」解析

對安全、生產和金融領域具有決定性影響。

如圖 4-1 所示,雖然每種結構都影響著其餘三種,但沒有一種結構可以必然占據主導地位。

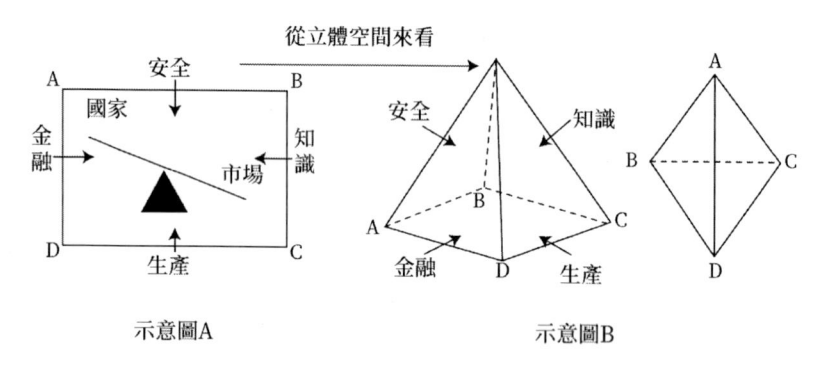

圖 4-1 國際關係結構性權力示意圖

(注:ACD 代表生產結構,ABD 代表安全結構,ABC 代表金融結構,BCD 代表知識結構。)

除了上述安全、生產、金融和知識四種基本的結構性權力,史翠菊在還提出運輸、貿易、能源和福利這四種次級結構性權力,即世界主要跨國運輸體系、貿易體系、能源供應體系、跨國福利和發展體系。這四種次級結構性權力的共同特徵是,它們是安全、生產、金融和知識四種基本結構性權力的輔佐,都受到後者的制約。史翠菊對跨國能源生產與供應的重要性進行了闡述,其核心就是國際石油政治經濟,也就是石油權力在公司、政府和市場中的轉換。

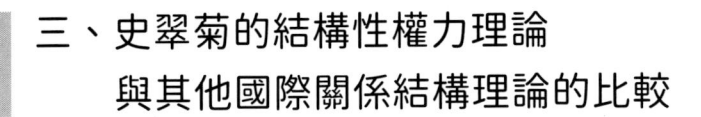

三、史翠菊的結構性權力理論與其他國際關係結構理論的比較

史翠菊主張透過結構來闡述國際問題,她認為除了從體系和行為體的角度出發,還應當從世界政治經濟的基本結構出發來分析問題。史翠菊將生產、金融和知識結構放到與安全結構同等重要的位置,其理論突破了傳統國際政治理論以安全為核心的瓶頸,也反映了其對世界政治經濟現狀的深刻認知,即經濟在國家外交政策中的地位逐漸上升,長期決定國家權力的軍事力量逐步讓位於經濟力量。

如表4-1所示,如果有哪位世界級國際關係學者的理論與史翠菊的「結構性權力」有異曲同工之處的話,那就是肯尼斯·華爾茲的「結構現實主義」了。就研究方法而言,結構現實主義開創了人、國家和體系三個立體層次的深度研究方式,注重研究國際政治中的整體問題;結構性權力的四大基本結構則剖析了這三個立體層次的剖面,注重研究國際政治中的細部問題。

表4-1 不同國際關係理論流派對「結構」解讀的比較

	華爾滋 (結構現實主義)	基歐漢與奈伊 (新制度自由主義)	溫特 (建構主義)	史翠菊 (結構性權力理論)
結構的定義	國家間權力的分布	同意華爾滋對結構的定義	強調社會結構,其要義是擁有知識和文化	國與國之間、政府與人民之間、國家與市場之間的相互關係框架
結構的性質	物質性	物質性	觀念性	物質性

第四章　結構性權力理論的實踐與「三角關係」解析

	華爾滋（結構現實主義）	基歐漢與奈伊（新制度自由主義）	溫特（建構主義）	史翠菊（結構性權力理論）
結構的類別	單極、兩極、多極	同意華爾滋對結構的分類	霍布斯文化、洛克文化、康德文化	安全、生產、金融、知識
結構中的行為體	主要是國家	個人、國家、國際組織、跨國公司	主要是國家	個人、國家、國際組織、跨國公司
結構與國家行為的關係	國際體系的結構決定國家的國際行為	同意華爾滋的觀點	國際體系的結構與國家行為之間存在雙向建構的關係	權力透過四大結構對國家行為產生影響
研究角度	國際政治	國際政治、新制度經濟學	國際政治、哲學、社會學	國際政治經濟學

　　從表4-1可以看出，國際關係學界對結構的認知是有所差異的，史翠菊不同程度地借鑑了其中部分理論的觀點，這些觀點對結構性權力理論的形成有著重要的推動作用，史翠菊的結構性理論是在前面三者基礎上的創新。需要強調的是，前面三者均是美國國際關係流派的主要代表，史翠菊則代表了美國以外的一種聲音，史翠菊身為英國學派的代表，其結構性權力理論是相對全面和中立地解釋國際政治經濟現象的理論。史翠菊對國際關係、國際政治經濟學，以及對國際石油公司在「公司、政府、市場」三者關係中的深度分析，使得本書選擇將結構性權力理論作為研究分析阿美（沙烏地阿美）石油公司、沙烏地阿拉伯、美國之間「三角關係」的理論依據。

第二節
「三角關係」的階段性演變分析

雖然沙烏地阿美石油公司 1933 年就進入沙烏地阿拉伯勘探開發石油，但美國、沙烏地阿拉伯、沙烏地阿美石油公司真正展現出「三角關係」還是在 1945 年。

沙烏地阿拉伯和美國的「所有關係」都始於 1945 年 2 月 14 日（正好是情人節，因此，國際關係學界有人將美國與沙烏地阿拉伯的關係稱為「夫妻關係」，亦有人說是「父子關係」）那天，兩國在埃及地中海海域軍艦上的那場歷史性會面。會面的雙方分別是時任美國總統羅斯福和被稱作「伊本·沙烏地」的現代沙烏地阿拉伯王國開國君主阿卜杜·阿齊茲國王。這場會面不僅建立起雙方領導人之間的私人友誼，還最終在美國提供安全保障換取沙烏地阿拉伯石油供應這一基石上，建立起了延續至今的兩國同盟關係。自此以後的數十年時間裡，美國與沙烏地阿拉伯關係中天然存在的各種矛盾和缺陷一直得到歷任美國總統和沙烏地阿拉伯國王的合力管控。

一、「三角關係」的階段性劃分

美國作為發達消費國、全球唯一超級大國，其關注點在全球安全、美國國家安全、能源安全、國際金融、石油美元、多雙邊關係等。重大的國際國內事件往往是石油權力及「三角關係」的轉換點。此類事件包括

第四章　結構性權力理論的實踐與「三角關係」解析

但不限於 1945 年美沙建立「石油換安全」同盟關係、1973 年若干重大事件（第一次石油危機、美國放棄「布列敦森林體系」）、1979 至 1980 年若干重大事件（伊朗伊斯蘭革命、美國伊朗使館人質危機等）、1989 年冷戰結束、1990 年波斯灣戰爭、1991 年蘇聯解體、2003 年伊拉克戰爭、2008 年全球金融危機、2012 年前後美國頁岩革命成功等。

沙烏地阿拉伯作為發展中產油大國、全球強勢出口國，在「三角關係」轉換方面，其關注點在於對石油產量和價格的掌控、對美國的石油出口以換取美國的安全保護、石油收入的保障及對其石油工業的掌控等。因此，歷次國際油價漲落和過往國有化運動往往是石油權力及「三角關係」的轉換點。此類事件包括但不限於 1950 年代委內瑞拉、伊朗國有化運動對沙烏地阿拉伯石油政策的影響，1960 年 OPEC 的成立及其作用的發揮，1973 年沙烏地阿拉伯領銜發起的對美國和西方國家的「石油禁運」，1970 年代沙烏地阿拉伯對沙烏地阿美石油公司「漸進式」的國有化，1990 年代委內瑞拉國有化，2008 年前後「石油峰值論」的應對，歷次世界石油市場出現重大供需關係失衡導致的油價起伏，2016 年以來沙烏地阿拉伯與俄羅斯的「維也納聯盟」等。

沙烏地阿美石油公司作為美國四家私人石油巨頭成立的合資公司、美國 1960、1970 年代對外最大的單一投資實體及沙烏地阿拉伯唯一的石油生產商，在「三角關係」轉換方面其關注點主要是市場、資金、技術和管理的變革創新等，此類因素包括但不限於 1970 年代以前「石油七姊妹」控制石油生產和價格、歷次石油工業重大技術突破，沙烏地阿拉伯王室和石油部長的風格和政策，美國的外交政策、稅收政策及能源政策變化、石油公司的重大兼併收購行為等，均是重要影響因素。

綜合以上影響沙烏地阿美石油公司、沙烏地阿拉伯、美國三個行為

體的不同因素，以及這些因素的共同之處，筆者認為 1973 年第一次石油危機是一個分水嶺，1989 年前後是第二個分水嶺，2010 年前後是第三個分水嶺。因此，將二戰以來沙烏地阿美石油公司、沙烏地阿拉伯和美國「三角關係」的演變大體分為四個大的階段：

第一階段是二戰後至 1973 年第一次石油危機時期。

第二階段是 1973 年至 1991 年波斯灣戰爭、冷戰結束、蘇聯解體時期。

第三階段是 1990 年至 2010 年全球金融危機、美國頁岩革命成功時期。

第四階段是 2010 年以來去全球化與美國能源獨立重新整合的時期。

二、每一階段的細分 —— 基於領導力的變化

上述四個大的階段確認後，每一階段大約有 20 年的時間，期間，「三角關係」及石油權力的變化依然受到其他一些因素的影響。特別是領導力因素在「三角關係」中的影響不可忽視。也就是說，美國和沙烏地阿拉伯的國家元首，沙烏地阿拉伯的歷任石油大臣，以及沙烏地阿美石油公司的董事長及總裁，他們的價值觀、視野、領導力在處理「三角關係」過程中有著不可替代的作用。

二戰以來，歷屆美國總統分別是：富蘭克林·羅斯福（Franklin Roosevelt, 1933～1945）、哈利·杜魯門（Harry Truman, 1945～1953）、德懷特·艾森豪（Dwight Eisenhower, 1953～1961）、約翰·甘迺迪（John Kennedy, 1961～1963）、林登·詹森（Lyndon Johnson, 1963～1969）、

第四章　結構性權力理論的實踐與「三角關係」解析

理查‧尼克森（Richard Nixon, 1969～1974）、傑拉德‧福特（Gerald Ford, 1974～1977）、吉米‧卡特（Jimmy Carter, 1977～1981）、隆納‧雷根（Ronald Reagan, 1981～1989）、喬治‧布希（George H. W. Bush, 1989～1993）、比爾‧柯林頓（Bill Clinton, 1993～2001）、喬治‧W. 布希（George Walker Bush, 2001～2009）、巴拉克‧歐巴馬（Barack Obama, 2009～2017）、唐納‧川普（Donald Trump, 2017～2021），共14位總統。

二戰以來，歷任沙烏地阿拉伯國王一共有7位，分別是：

(1) 阿卜杜拉‧阿齊茲‧伊本‧沙烏地（Abdulaziz Ibn Saud）1932年9月22日～1953年11月9日（簡稱伊本‧沙烏地國王）；

(2) 薩烏德‧本‧阿卜杜勒阿齊茲‧阿勒沙烏地（Saud bin Abdulaziz Al Saud）1953年11月9日～1964年11月2日（簡稱薩烏德國王）；

(3) 費薩爾‧本‧阿卜杜勒阿齊茲‧阿勒沙烏地（Faisal bin Abdulaziz Al Saud）1964年11月2日～1975年3月25日（簡稱費薩爾國王）；

(4) 哈立德‧本‧阿卜杜勒阿齊茲‧阿勒沙烏地（Khalid bin Abdulaziz Al Saud）1975年3月25日～1982年6月13日（簡稱哈立德國王）；

(5) 法赫德‧本‧阿卜杜勒阿齊茲‧阿勒沙烏地（Fahd bin Abdulaziz Al Saud）1982年6月13日～2005年8月1日（簡稱法赫德國王）；

(6) 阿卜杜拉‧本‧阿卜杜勒阿齊茲‧阿勒沙烏地（Abdullah bin Abdulaziz Al Saud）2005年8月1日～2015年1月23日（簡稱阿卜杜拉國王）；

(7) 薩勒曼‧本‧阿卜杜勒阿齊茲‧阿勒沙烏地（Salman bin Abdulaziz Al Saud）2015年1月23日至今（簡稱薩勒曼國王）。

同時，在沙烏地阿拉伯，通曉石油業務、並能夠代表國家和王室與外界打交道的部長，他們在參與和塑造「三角關係」方面也有著重要作

第二節 「三角關係」的階段性演變分析

用。二戰以來，包括一開始負責與外國公司談判的財政部部長在內，歷任沙烏地阿拉伯石油及礦產資源大臣一共有 7 位，分別是：

(1) 阿卜杜拉・蘇萊曼（Abd Allah al Sulaiman），人稱「阿卜杜拉長老」，1957 年以前代表國王全權負責沙烏地阿拉伯石油對外合作事務。1933 年，他代表沙烏地阿拉伯王室和 Socal 代表 Lloyd N. Hamilton 在吉達的王宮簽署了特許權協議。蘇萊曼是沙烏地阿拉伯歷史上最著名的財政部部長之一，當時沙烏地阿拉伯石油對外政策制定和合約談判簽署均由他負責。

(2) 阿卜杜拉・塔里基（Abdullah Tariki），人稱「紅色長老」，1957 年至 1963 年擔任沙烏地阿拉伯首任石油部部長，是一位典型的專家型官員，系第一個獲得西方石油專業學位的沙烏地阿拉伯人。塔里基以沙烏地阿拉伯堅定的民族主義者和石油智囊而揚名國內外。他最大的歷史功績就是和時任委內瑞拉石油部長阿方索規劃成立了 OPEC。

(3) 艾哈邁德・扎奇・亞瑪尼（Ahmed Zaki Yamani）。亞瑪尼是沙烏地阿拉伯第二任石油部部長，1963 年至 1986 年在任，是在任時間最長、影響力最大的一位石油部部長，在任期間經歷了 1973 年第一次石油危機、1979 年伊朗革命和第二次石油危機等重大事件。

(4) 希沙姆・納澤爾（Hisham Mohieddin Nazer）。納澤爾於 1986 年 12 月至 1995 年 8 月任沙烏地阿拉伯第三任石油與能源礦產大臣。

(5) 阿里・納伊米（Ali Naimi）。納伊米 15 歲前後就在沙烏地阿美石油公司當學徒，後來得到公司的資助，1964 年獲得美國史丹佛大學的水文地理學和地質學碩士學位，創造了沙烏地阿拉伯人在 5 年內獲得學士、碩士學位的佳績。1995 年，納伊米被國王阿卜杜拉任命為沙烏地阿拉伯石油與能源礦產大臣，成為該國第四任石油部部長，直至 2016 年初卸任。納伊米一做就是 20 年，成為沙烏地阿拉伯歷史上乃至全球石油

第四章　結構性權力理論的實踐與「三角關係」解析

界,能夠與亞瑪尼相媲美的最有權勢的石油部部長。

(6)哈立德·法利赫(Khalid Al-Falih)。2016年接替納伊米擔任沙烏地阿拉伯石油大臣,兼沙烏地阿美董事長。2019年9月被王儲穆罕默德·賓·沙爾曼解職。

(7)阿卜杜拉阿齊茲·薩勒曼(Abdulaziz Salman)。2019年9月至今,為王儲穆罕默德·薩勒曼同父異母的兄弟。

二戰以來,領銜沙烏地阿美石油公司及後來沙烏地阿美的掌門人(公司總裁及董事長,董事長一般由沙烏地阿拉伯石油與能源礦產大臣兼任)有9位,其中前5位是沙烏地阿美石油公司的總裁,均是美國籍人士。他們分別是:

(1)弗雷德·戴維斯(Fred Davies)。美國地質學家,1922年加入加利福尼亞標準石油公司(Socal),1930年代幫助公司在中東發現了大量石油資源,1940年代就任沙烏地阿美石油公司總裁。戴維斯是一個「直覺與努力兼備」的石油勘探者,不停地尋找著一切未來能在商業上帶來效益的產油跡象。

(2)弗雷德·摩爾(Fred Moore)。1950年代擔任沙烏地阿美石油公司總裁。特別是1950年,摩爾和戴維斯代表沙烏地阿美石油公司與沙烏地阿拉伯王室就石油收入和利潤的分成比例進行了多輪的困難談判,並最終做出讓步。1950年12月,沙烏地阿美石油公司與沙烏地阿拉伯王室達成了後來為人熟知的《1950年12月協議》,這份協議的細節很多年後才被公布於世。協議表明,沙烏地阿美石油公司基本上是把原本應該交給美國的稅款交給了沙烏地阿拉伯(也就是現在所謂的「避免雙重徵稅」)。此協議從根本上改變了石油特許協議的本質,將其變成了與沙烏地阿拉伯王室之間收益「五五分」的協議,為此付出代價的是美國國庫。這樣,

沙烏地阿拉伯王室獲得的各項費用包括礦區使用費、租金、關稅、20％的「十月稅」，加上「12月27日五成稅」，實際收入名義上超過沙烏地阿美石油公司的同期收入。

(3)托馬斯・巴格（Thomas Barger）。美國地質學家，1938年前後首批到達沙烏地阿拉伯的勘探人員，幫助加利福尼亞標準石油公司在沙烏地阿拉伯尋找石油。巴傑在1960年代擔任沙烏地阿美石油公司總裁、執行長和董事會主席，1969年退休。其在任時，沙烏地阿拉伯國王是薩烏德，沙烏地阿拉伯宮廷政治鬥爭相當激烈（主要是薩烏德國王和費薩爾王儲之間的爭鬥）。但1960年代也是沙烏地阿美石油公司石油開發的關鍵時期。當時油價相對較低且穩定，在托馬斯・巴格的引領下，沙烏地阿美石油公司在沙烏地阿拉伯境內又獲得了幾個重大發現。1963～1965年，公司的地質學家發現了幾個主要的近海油田，以及一個延伸入波斯灣的陸上油田。1967年，又有3個近海油田被發現。最重要的發現是在1968年，沙烏地阿美石油公司終於在沙烏地阿拉伯「空曠的四分之一」魯卜哈利沙漠發現了石油。

(4)弗蘭克・榮格斯（也譯為「瓊格斯」）。1970年代擔任沙烏地阿美石油公司總裁和執行長。他在任期間，沙烏地阿拉伯國王是費薩爾。

(5)約翰・凱爾貝爾。沙烏地阿美石油公司最後一位美籍CEO。

1980年代以來，沙烏地阿美的總裁均由該公司培養起來的沙烏地阿拉伯籍人員擔任，共有4位，他們都是精通石油產業的專業人士。他們分別是：

(1)阿里・納伊米（Ali Naimi, 1984～1995）。

(2)阿卜杜拉・朱馬赫（Abdullah Jum'ah, 1995～2009）。朱馬赫1968年加入沙烏地阿美石油公司。2006年11月，來自全球22家大石油公司

第四章　結構性權力理論的實踐與「三角關係」解析

的高階主管在沙烏地阿拉伯參加主題為「石油公司的未來」的國際會議，會議的重點議題之一是石油公司的人力資源管理。總裁朱馬赫在會上進行了演說，題目是「像投資重大專案一樣投資人力資源」。

（3）哈立德・法利赫（Khalid Al-Falih, 2009～2015），從美國德州A&M大學畢業後，法利赫1979年加入沙烏地阿美石油公司，一做就是30年。2009年，法利赫升任沙烏地阿美CEO。在執掌這家全球最大國家石油公司7年之後，2016年，法利赫順利接替納伊米，成為沙烏地阿拉伯的石油大臣，兼任沙烏地阿美的董事長。

（4）阿明・納瑟爾（Amin H. Nasser, 2015年至今）。納瑟爾1982年畢業於沙烏地阿拉伯法赫德石油與礦業大學的石油工程專業，後來獲得美國哥倫比亞大學高級管理學位。2015年9月，納瑟爾接替法利赫任沙烏地阿美CEO。

筆者圍繞沙烏地阿拉伯歷任國王，提出如下進一步細分的辦法：

「三角關係」第一階段：二戰後至1973年第一次石油危機之前。這一階段，於沙烏地阿拉伯而言，經歷了伊本・沙烏地、薩烏德和費薩爾三任國王，可以細分為三個子階段；同時，沙烏地阿拉伯經歷了塔里基和亞瑪尼兩任石油部長；於美國而言，經歷了羅斯福、杜魯門、艾森豪、甘迺迪、詹森和尼克森六任美國總統；於沙烏地阿美石油公司而言，經歷了戴維斯、摩爾和巴傑三任公司CEO。

「三角關係」第二階段：1973年石油危機爆發至1991年波斯灣戰爭、冷戰結束、蘇聯解體時期。這一階段，於沙烏地阿拉伯而言，經歷了費薩爾、哈立德和法赫德三任國王，可以細分為三個子階段；同時，沙烏地阿拉伯經歷了亞瑪尼、納澤爾兩任石油部長；於美國而言，經歷了尼克森、福特、卡特、雷根、布希五位美國總統；於沙烏地阿美石油

第二節
「三角關係」的階段性演變分析

公司和沙烏地阿美而言,經歷了榮格斯、凱爾貝爾、納伊米三位公司管理者。

「三角關係」的第三階段:1991年至2015年前後全球金融危機、美國頁岩革命成功時期。這一階段,於沙烏地阿拉伯而言,經歷了法赫德、阿卜杜拉兩任國王,可以細分為兩個子階段;同時,沙烏地阿拉伯經歷納澤爾、納伊米兩任石油部長;於美國而言,經歷了布希、柯林頓、小布希、歐巴馬四位美國總統;於沙烏地阿美而言,經歷了納伊米、朱馬赫和法利赫三位公司CEO。

「三角關係」的第四階段:2015年以來,去全球化與美國能源獨立重新整合的時期。這一階段,於沙烏地阿拉伯而言,經歷了薩勒曼國王;同時,沙烏地阿拉伯經歷了法利赫和薩勒曼兩任石油部長;於美國而言,經歷了歐巴馬、川普兩位美國總統;於沙烏地阿美而言,經歷了納瑟爾這位公司CEO。

本章將重點基於上述「三角關係」的四個主要階段和九個子階段,利用史翠菊的「結構性權力」理論,來分析「三角關係」中結構性權力的轉換。

第三節
從理論到數據：
「三角關係」中的結構性權力層級與數理分析

本書研究的核心是「三角關係」中的石油權力及其轉換。結合史翠菊的理論，本書將採用安全、生產、金融、知識這四個基本結構性權力和「能源」這個次級結構性權力等五個層次，來分析沙烏地阿美石油公司、沙烏地阿拉伯、美國「三角關係」中的石油權力及其轉換。

在具體方法上，本書將採用數理分析的手段，分「三步」：第一步，為每個層次（或「影響因素」）賦予一定的權重；第二步，在每個層次，探討和深究美國、沙烏地阿拉伯、沙烏地阿美石油公司的影響力，並賦予一定的評分；第三步，測算「三角關係」中三個行為體各自的綜合得分，最終對三個行為體的「綜合石油權力」進行評估。

一、每個層次對應的權重分配

此前的同類文獻尚未有採用數理分析和權重分配的方法，對結構性權力進行量化評價的，本研究屬於首次嘗試。在上述五個層次的權重分配上，「能源」這個層次的權重將得到突顯。本書採用 50：50 的權重分配法，即對安全、生產、金融、知識這四個基本維度一共賦予 50% 的權重，對能源這個次級結構的層次賦予另外 50% 的權重。至於為何是 50：50 的權重分配法，而不是其他分配方法，主要基於以下幾點考慮。

第三節
從理論到數據：「三角關係」中的結構性權力層級與數理分析

一是直覺使然。本書討論的結構性石油權力評價維度實際上包含兩個部分，一部分是史翠菊提出的安全、生產、金融、知識層級，這是國家層面和世界經濟層面的權力結構，是超越狹義「石油權力」的權力結構。這一維度的權力將對結構性石油權力發揮「格局性、方向性、約束性」作用。另一部分是國際石油政治經濟學界討論的普遍意義上的石油權力，對應史翠菊提出的「能源」這一次級權力結構，狹義上的石油權力包括 6 個子權力。因此，在直覺上，當我們探討如何劃分這兩部分的權重分配時，往往是採取 50：50 的分配法。

二是經驗使然。筆者從事企業管理、石油公司策略研究和國際石油政治研究已有 15 年的時間，權重分配和量化分析事實上是一個管理學問題。結構性石油權力的影響因素取決於兩個方面，一方面是超越石油權力的國家和國際關係的層級，另一方面是狹義石油權力本身的層級，相當於影響結構性石油權力的外因和內因。依據作者的工作經驗，應視外因和內因發揮均等作用，故在權重分配上採取 50：50 的方法。

三是比較使然。這就涉及權重分配的「結構性」問題。權重分配的均衡往往是第一選擇。在本次結構性石油權力影響影子權重分配上，其實有兩種方案：一種是本書採取的 50：50 的方法；另一種是，包括史翠菊的安全、生產、金融、知識四個基本權力結構和狹義石油權力涵蓋的四個子權力，一共十個方面，可以分別賦予 10% 的權重。比較這兩種方案，顯然第一種方案更理性，更具權重分配的專業性。

若進行權重的進一步細分，於四個基本結構層次而言，史翠菊在《國家與市場》一書中多次強調「安全」維度的決定性作用和影響力。她指出：「政治經濟學中的安全結構就是由於某些人為另一些人提供安全防務而形成的一種權力框架。保護者，即提供安全的人，獲得某種權力，

第四章　結構性權力理論的實踐與「三角關係」解析

使他們得以決定、也許還能限制其他人面臨的選擇範圍。在運用這種權力時，提供安全的人也為自己在財富的生產或消費方面取得了優惠，並在社會關係方面取得了特權。因此，安全結構必然會對經濟中誰得到什麼產生影響。誰也不能忽視安全結構」。因此，在進一步的權重分配上，本書並沒有採取對這四個基本權力維度平均分配權重（每個層級 12.5%）的方法，而是對「安全」維度適當提升其重要性，賦予其 20% 的權重，其餘 30% 的權重由其他三個權力結構平均分配，即生產、金融和知識的層級各被賦予 10% 的權重。

對於「能源」這一次級權力結構而言，在本書第一章的第二節闡述石油權力時，將石油權力細分為 6 個子權力。即能源（石油）權力由資源（供應）權力、市場（需求）權力、運輸（管道）權力、定價權力、技術與管理權力、金融權力 6 種子權力（二級權力），本書對「能源」賦予 50% 的權重，在這 6 個子權力上做平均分配。也就是說，上述每個子權力因素，賦予其權重均為 8.33%。

同時，筆者發現，6 個子權力要素中，資源（供應）權力實際上是「生產」這一基本結構層級中的一部分，故將資源權力要素的 8.33% 權重附加到生產層級上，整合後，生產層級的權重確定為 18.33%。同理，技術與管理權力要素實際上是知識這一基本結構層級的一部分，故將知識層級的權重調整為 18.33%。石油金融權力要素是金融這一基本結構層級的一部分，故將金融基本結構層級的權重調整為 18.33%。

上述七個要素的由來，可以進一步透過表 4-2 來加以說明。

第三節 從理論到數據：「三角關係」中的結構性權力層級與數理分析

表4-2 本書結構性石油權力的七個要素

石油權力的分類	石油權力的要素	
史翠菊：國際體系中的結構性權力	第一層級：安全、生產、金融和知識	第二層級：運輸體系（海運和空運）、貿易、能源（石油）和福利
許勤華：石油權力	6個子權力： 資源（供應）權力、市場（需求）權力、輸送（管道）權力、定價權力、技術與管理權力、金融權力	
本書的劃分	5個層級：安全、生產、金融、知識和能源 其中能源包括6個子權力：資源（供應）權力、市場（需求）權力、輸送（管道）權力、定價權力、技術與管理權力、金融權力 **合併5個層次和6個子權力後得到以下7個要素：** 安全、生產、金融、知識、市場（需求）權力、運輸（管道）權力、定價權力	

綜上所述，包括「能源」維度項下剩餘的3個子權力要素在內，對於每一個行為體的綜合石油權力，可以採用7個要素進行評估，這7個要素及其權重分別是：安全（20%）、生產（18.33%）、金融（18.33%）、知識（18.33%）、市場（需求）權力（8.33%）、運輸（通道）權力（8.33%）、定價權力（8.33%）。

圖4-2是7個要素及其權重的示意圖。

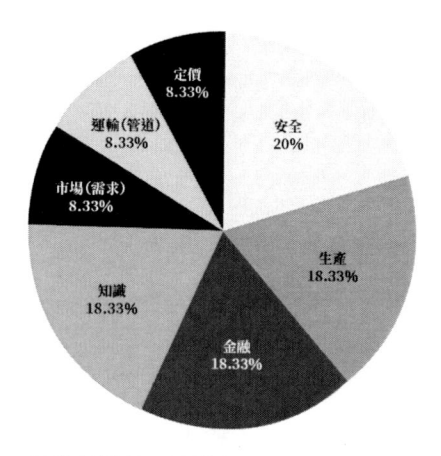

第四章　結構性權力理論的實踐與「三角關係」解析

圖 4-2　評估結構性石油權力的 7 個要素及其權重分配

二、七個評估要素的影響因素及分數確定

本書將二戰以來美國、沙烏地阿拉伯、沙烏地阿美石油公司「三角關係」的演變細分為四個主要階段和九個次要階段。顯而易見，這 7 個評估要素對於每一行為體而言，在每一個階段的得分均是不同的。但在分析這 7 個要素的影響力時，其評估標準應該是一致的。同時，由於這些項目的影響因素太多，難以量化評估，故本書將採用定性的分析和判斷。

（1）對於「安全」要素，擬採用的評估標準是美國對沙烏地阿拉伯的軍售情況、美國對沙烏地阿拉伯的安全支援情況；沙烏地阿拉伯對美國石油供應高低情況（能源安全也是「安全」的一部分，採用沙烏地阿拉伯對美國石油出口量占美國當年石油進口總量的比例）；沙烏地阿拉伯在中東抵制蘇聯勢力滲透發揮的作用；沙烏地阿美石油公司對美沙「石油換安全」自主策略上的「橋梁作用」運作情況。

第三節
從理論到數據:「三角關係」中的結構性權力層級與數理分析

(2) 對於「生產」要素,按照史翠菊對「生產結構」的解釋,更多側重於跨國公司的生產,既側重於在母國生產,又有全球化的生產與營運。這裡擬採用的評估標準是對石油勘探與生產的控制力究竟在哪個行為體手中,若進一步分析,可以採用「生產營運在地化」來進行評估。

(3) 對於「金融」要素,擬採用的評估標準是,「三角關係」中三個行為體各自的金融(貨幣、貸款、資本、期貨交易、保險等)影響力對其他兩個行為體的作用。於美國而言,更多是指「石油美元」、紐約商品交易所的石油交易、美國對沙烏地阿拉伯的政府借款、美國對其跨國公司的資金支援和貸款等;於沙烏地阿拉伯而言,更多是指「石油美元」、沙烏地阿拉伯對美國的反向投資、沙烏地阿拉伯王室的財富對美國的影響力等,還包括沙烏地阿拉伯王室與沙烏地阿美石油公司在石油收入和利潤上的分配;於沙烏地阿美石油公司及沙烏地阿美而言,更多是指沙烏地阿美石油公司對沙烏地阿拉伯的投資和資金影響力,以及沙烏地阿美後來對美國的反向投資。

(4) 對於「知識」要素,擬採用的評估標準是,除了人們正常理解的知識,還包括意識形態、宗教信仰、資訊與網路等。於美國而言,主要是指其在意識形態、資訊、媒體、網路、油氣產業標準等方面的影響力、控制力;於沙烏地阿拉伯而言,主要是指其在阿拉伯世界中的宗教影響力,對阿拉伯產油國的影響力,在 OPEC 中的控制力;於沙烏地阿美石油公司及沙烏地阿美而言,更多是指其在沙烏地阿拉伯石油勘探開發、生產、加工、運輸、銷售等全產業鏈上的專業技術和經營管理能力。

(5) 對於「市場」要素,這裡的「市場」更多是從需求面的角度分析,比如消費能力、消費市場開發等。擬採用的評估標準是,美國的國內石油消費市場對沙烏地阿拉伯石油的吸引力,美國、沙烏地阿拉伯、沙烏

第四章　結構性權力理論的實踐與「三角關係」解析

地阿美石油公司在全球油氣市場的影響力，沙烏地阿拉伯國內勘探開發市場對沙烏地阿美石油公司的吸引力等。

（6）對於「運輸」要素，主要是指對運輸管道的影響力。擬採用的評估標準是，對管道（海運和陸上管道運輸）的影響力，包括通道安全（關鍵要道的安全力量投射）、運輸過程中突發事件的應急處置、運輸中的保險、管道輸送的自動控制系統等。

（7）對於「定價」要素，擬採用的評估標準是，對於油價的影響力。按照著名石油策略學者丹尼爾・尤金的觀點，影響油價的因素有很多，但「靈活型生產者」的影響力最大。因此，是否成為全球石油市場公認的「靈活型生產者」，將是評估其「定價」能力的主要依據。從歷史上看，1950、1960年代的美國德克薩斯鐵路委員會、冷戰時期的蘇聯、1970年代之後的沙烏地阿拉伯，以及2015年以來的美國頁岩油生產商和「維也納聯盟」中的俄羅斯，都可成為「靈活型生產者」。

關於每個要素的分數，將採用10分制，每個要素的最高得分為10分。同時，擬設定每個要素的起始得分為3分，而非0分，這是按照企業管理中業績考核「關鍵績效指標」（KPI）得分確定的國際慣例而設定的，其道理是對於每一個要素，每一個行為體（美國、沙烏地阿拉伯或阿美石油）在該要素上的「權力」（影響力）或多或少都存在，不可能絕對為零。

最後，在評價每一個行為體在每一子階段的綜合結構性權力時，其方法是：算出每一個要素的評估分數（得分 × 權重），7個要素的評估分數之和便是該行為體在這一階段的總得分。不妨將這種結構性權力綜合得分稱為「結構性權力指數」。

第五章
「三角關係」中
結構性權力評估及量化分析

第五章 「三角關係」中結構性權力評估及量化分析

上一章系統梳理了史翠菊的結構性權力理論，根據該理論，石油權力屬於結構性權力；分析確立了二戰以來「三角關係」所經歷的四個主要階段和九個子階段，以及劃分每一階段的依據；同時，研究確立了評估各行為體每一階段的結構性石油權力的五個層級、七個要素，並設定了每個要素的權重及其評估分數的範圍。

本章將圍繞上述九個子階段，邀請8位研究國際關係、中東石油政治、中東石油經濟和沙烏地阿拉伯問題的專家，按照所設立的方法（數理分析）和評估標準，對美國、沙烏地阿拉伯、沙烏地阿美石油公司及沙烏地阿美這三個行為體在每一個子階段的結構性權力指數進行評估給分，每項要素的分數取這8位專家給分的計算平均值，並在此基礎上進行加權後，測算三個行為體各自的結構性權力指數。

第一節
第一階段：
二戰後至 1973 年第一次石油危機前

上一章提到，二戰後至 1973 年第一次石油危機以前，這一階段於沙烏地阿拉伯而言，經歷了伊本‧沙烏地、薩烏德和費薩爾三任國王，可以細分為三個子階段；同時，沙烏地阿拉伯經歷了掌管石油對外合作的阿卜杜拉‧蘇萊曼財政部部長，以及塔里基和亞瑪尼兩任石油部長；於美國而言，經歷了羅斯福、杜魯門、艾森豪、甘迺迪、強生和尼克森六任美國總統；於沙烏地阿美石油公司而言，經歷了戴維斯、摩爾和巴傑三任公司總裁。

一、第一子階段：1945 年至 1953 年

這一階段，於沙烏地阿拉伯而言是伊本‧沙烏地身為立國之父掌權的 8 年，這期間也是阿卜杜拉‧蘇萊曼這位財政部部長、「阿卜杜拉長老」全權代表國王與美國石油公司打交道的 8 年；於美國而言，經歷了羅斯福和杜魯門兩位總統；於沙烏地阿美石油公司而言，則是戴維斯和摩爾帶領沙烏地阿美石油公司在沙烏地阿拉伯開疆闢土的時期。

就這一階段面臨的世界政治經濟格局和整體環境而言，有以下幾個大事件：一是 1946 年進入美國和蘇聯冷戰，短短幾年便形成了兩個平行的以美國為代表的資本主義陣營和以蘇聯為領頭羊的社會主義陣營，於沙烏地阿拉伯而言，實施積極的「反蘇政策」，堅決依靠在美國這棵大

第五章 「三角關係」中結構性權力評估及量化分析

樹下,是其外交政策的核心。二是 1947 年聯合國透過巴勒斯坦分治方案,1948 年以色列在巴勒斯坦土地上建立國家,第一次中東戰爭爆發。三是 1948 年美國首次成為原油淨進口國,能源安全問題開始安排進會議議程。四是 1948 年 4 月,美國正式啟動為期四個財政年度的「馬歇爾計畫」,致使歐洲對美國跨國公司的原油生產和美國控制的中東石油的依賴度在增加,全球的石油生產中心也開始由美洲(北美地區的美國,南美地區的墨西哥、委內瑞拉)地區向中東地區轉移。五是「石油七姊妹」牢牢控制著全球石油的生產、運輸、加工和銷售,牢牢掌控著石油價格。六是 1951 年發生的伊朗石油危機,伊朗時任首相穆罕默德·摩薩台強行從英國石油公司(BP)手中接管伊朗石油工業,引發沙烏地阿美石油公司對沙烏地阿拉伯王室國有化國內石油資產的擔憂。

七個評估要素的評價如下:

(1)關於「安全」要素的評價和評分:這一時期,美國與沙烏地阿拉伯達成同盟協議,共同維護戰後中東地區的和平穩定,美國為沙烏地阿拉伯提供安全「保護傘」,換取沙烏地阿拉伯向美國開放國內油氣領域。美國還要求獲得達蘭空軍基地的使用權,用於美軍執行在中東地區的軍事行動,而沙烏地阿美石油公司的前身 —— 加利福尼亞標準石油公司早在 1933 年就進入沙烏地阿拉伯市場。1945 年 2 月,羅斯福與伊本·沙烏地會見結束兩週後,沙烏地阿拉伯向納粹德國和日本正式宣戰,這一舉動最終為沙烏地阿拉伯贏得了聯合國的一個席位。但 1947 年及 1948 年的巴勒斯坦分治及以色列立國,以及杜魯門政府的「背信棄義」,違反羅斯福總統做出的「不支持以色列在巴勒斯坦建立國家」的承諾,選擇支持巴勒斯坦分治和以色列立國。沙烏地阿拉伯王室儘管對此表示堅決反對,但面對國家在財政和安全上對沙烏地阿美石油公司和美國政府的

第一節
第一階段：二戰後至 1973 年第一次石油危機前

「絕對依賴」，只得妥協。這也表明，沙烏地阿拉伯這一時期奉行的是現實主義外交政策，沒有因為巴勒斯坦等政治和宗教問題和美國翻臉。綜上所述，這一時期，在「安全」要素考量上，「三角關係」中的權力大小依次是美國、沙烏地阿美石油公司和沙烏地阿拉伯，8 位專家在該要素上對這三個行為體賦予的平均分數分別是 9.375 分、6.625 分和 5.125 分。

（2）關於「生產」要素的評價和評分：這一時期，沙烏地阿拉伯境內的石油勘探開發運輸和加工銷售等全產業鏈，幾乎全部控制在沙烏地阿美石油公司手中。這期間，沙烏地阿美石油公司在沙烏地阿拉伯的勘探與生產突飛猛進，原油產量基本上是每年都提升一個階層；沙烏地阿美石油公司在沙烏地阿拉伯建起了第一座大型煉油廠——Ras Tanura 煉油廠，修建了一條當時世界上最長的「阿拉伯石油管道」，將沙烏地阿拉伯的原油運抵地中海，其中 20% 的運輸量供應美國海軍軍部；更為重要的是，在美國政府的支持下，另外兩家美國石油巨頭（埃克森和美孚）購買了沙烏地阿美石油公司部分股份，沙烏地阿美石油公司的股東由美國的兩巨頭變為四大石油巨頭，這四個巨頭也是「石油七姊妹」成員。當然，由於整個產業鏈均在沙烏地阿拉伯國土上進行，身為地主國，特別在租地和當地政府、民眾支持方面，沙烏地阿拉伯依然有一定的話語權。參照第四章設定的評價標準，在「生產」要素的考量上，「三角關係」中的權力大小依次是沙烏地阿美石油公司、美國和沙烏地阿拉伯，8 位專家在該要素上對這三個行為體賦予的平均分數分別是 9.625 分、7.5 分和 5.875 分。

（3）關於「金融」要素的評價和評分：這一時期，「布列敦森林體系」尚在建構初期，美國在全球的金融霸權尚未完全建立，對沙烏地阿拉伯的金融影響力有限；但沙烏地阿美石油公司的資金實力和對沙烏地阿拉伯的投資是這一時期金融權力的展現；同時，沙烏地阿拉伯作為一個主

第五章　「三角關係」中結構性權力評估及量化分析

權國家，在與外國投資者在石油收入和利潤的分配上，有了較強的談判能力。這期間最為典型的就是 1950 年 12 月，沙烏地阿拉伯與沙烏地阿美石油公司達成石油利潤「五五分」的協議，此舉大大增強了沙烏地阿拉伯王室和國家的財力，為後續整個國家的基礎設施建設和發展奠定了物質基礎。當然，在這一時期的石油收入和利潤的分配上，沙烏地阿拉伯政府還處於劣勢，大頭還是為沙烏地阿美石油公司所有。因此，在「金融」要素的考量上，「三角關係」中的權力大小依次是沙烏地阿美石油公司、美國和沙烏地阿拉伯，8 位專家在該要素上對這三個行為體賦予的平均分數分別是 8.5 分、7.625 分和 4.875。

（4）關於「知識」要素的評價和評分：這一時期，沙烏地阿拉伯身為阿拉伯世界中的主要大國，開始在國際舞臺上嶄露頭角。實際上，1945 年的那個情人節，美沙兩國元首首次碰面時，討論的核心是巴勒斯坦問題，這說明美國對沙烏地阿拉伯在阿拉伯和伊斯蘭世界中的影響力足夠重視。這一時期，作為信奉伊斯蘭宗教激進主義——瓦哈比派的宗教國家，對蘇聯這樣的「無神論」國家充滿敵意，而這恰恰是美國所歡迎的。這一時期，沙烏地阿美石油公司在沙烏地阿拉伯石油工業全產業鏈領域的技術和管理上擁有絕對的優勢，後來成為沙烏地阿美首任 CEO 的阿里·納伊米這一時期還在沙烏地阿美石油公司當學徒。但據納伊米在其回憶錄《石油先生》（*Out of the Desert*）裡所述，1945 年，已經有 8,000 多名沙烏地阿拉伯人在沙烏地阿美石油公司工作，是兩年前在職人數的 5 倍，這說明沙烏地阿拉伯當地僱員在沙烏地阿美石油公司已開始發揮影響力。綜上所述，在「知識」要素的考量上，「三角關係」中的沙烏地阿美石油公司、美國和沙烏地阿拉伯各有千秋，但影響力大小依次是沙烏地阿美石油公司、美國和沙烏地阿拉伯，8 位專家在該要素上對這三個

第一節
第一階段：二戰後至 1973 年第一次石油危機前

行為體賦予的平均分數分別是 8.875 分、8.25 分和 5.5 分。

（5）關於「市場」要素的評價和評分：這一時期，美國自 1948 年起轉變為石油淨出口國，「馬歇爾計畫」的實施使得歐洲的經濟和能源需求開始復甦，美歐的消費市場對沙烏地阿拉伯這樣的產油國展示了較強的吸引力；同時，沙烏地阿美石油公司及其四個股東在美國和歐亞石油消費市場上也具有較強的話語權，其行銷業務已呈現全球化布局；另外，沙烏地阿美石油公司在沙烏地阿拉伯市場上的獨家開發地位不斷鞏固。因此，這一時期，在「市場」要素的考量上，「三角關係」中的權力大小依次是美國、沙烏地阿美石油公司和沙烏地阿拉伯，8 位專家在該要素上對這三個行為體賦予的平均分數分別是 9 分、7.625 分和 5.25 分。

（6）關於「運輸」要素的評價和評分：這一時期，冷戰的鐵幕緩緩落下，美國開始在全球海上運輸的咽喉要道部署軍事力量，美國在沙烏地阿拉伯石油出口和運輸安全上的影響是決定性的；同時，全長 1,700 多公里的「阿拉伯石油管道」完工並開始運作，從東到西穿越沙烏地阿拉伯全境，在保障管道的陸路安全輸送上，沙烏地阿拉伯當地的力量不可忽視；另外，在保障管道按計畫足額輸出上，沙烏地阿美石油公司也展示了其影響力。在「運輸」要素考量上，8 位專家對美國、沙烏地阿拉伯和沙烏地阿美石油公司這三個行為體賦予的平均分數分別是 8.625 分、6 分和 7.25 分。

（7）關於「定價」要素的評價和評分：這一階段，原油的定價權掌握在以「石油七姊妹」為代表的國際石油巨頭手中，作為其中四巨頭在沙烏地阿拉伯的投資與營運實體，石油價格的漲落也展現了沙烏地阿美石油公司的意志和利益。當然，考慮到以美元牌價，美國的貨幣政策對原油價格也有一定的影響。因此，在「定價」要素考量上，「三角關係」中的權力大小依次是沙烏地阿美石油公司、美國、沙烏地阿拉伯，8 位專家

第五章 「三角關係」中結構性權力評估及量化分析

對這三個行為體賦予的平均分數分別是 8.75 分、7 分和 4.375 分。

綜合評估，1945 年至 1953 年期間，美國、沙烏地阿拉伯和沙烏地阿美石油公司在「三角關係」中結構性權力指數分別是 8.211、5.305 和 8.242。顯而易見，這一階段，石油權力的大小依次是沙烏地阿美石油公司、美國、沙烏地阿拉伯。具體可參見表 5-1。

表 5-1 第一子階段結構性權力指數測算表

階段	沙烏地阿拉伯國王與石油大臣	美國總統	沙烏地阿美石油公司總裁	「安全」要素（權重：20%）			「生產」要素（權重：18.33%）			「金融」要素（權重：18.33%）			「知識」要素（權重：18.33%）		
				美國	沙烏地阿拉伯	沙烏地阿美石油公司	美國	沙烏地阿拉伯	沙烏地阿美石油公司	美國	沙烏地阿拉伯	沙烏地阿美石油公司	美國	沙烏地阿拉伯	沙烏地阿美石油公司
				9.375	5.125	6.625	7.500	5.875	9.625	7.625	4.875	8.500	8.250	5.500	8.875
第一子階段（1945～1953）	伊本・沙烏地國王＆蘇萊曼財政部長	羅斯福、杜魯門	戴維斯、摩爾	「市場」要素（權重：8.33%）			「運輸」要素（權重：8.33%）			「定價」要素（權重：8.33%）			結構性權力指數		
				美國	沙烏地阿拉伯	沙烏地阿美石油公司	美國	沙烏地阿拉伯	沙烏地阿美石油公司	美國	沙烏地阿拉伯	沙烏地阿美石油公司	美國	沙烏地阿拉伯	沙烏地阿美石油公司
				9.000	5.250	7.625	8.625	6.000	7.250	7.000	4.375	8.750	8.211	5.305	8.242

第一節
第一階段：二戰後至 1973 年第一次石油危機前

二、第二子階段：1953 年至 1964 年

這一階段，於沙烏地阿拉伯而言是薩烏德身為國王掌權的 11 年，這期間主要是阿卜杜拉・塔里基這位「紅色長老」擔任沙烏地阿拉伯首任石油大臣，他是一位典型的專家型官員；於美國而言，經歷了艾森豪和甘迺迪兩位總統；於沙烏地阿美石油公司而言，則是托馬斯・巴格擔任公司 CEO，在他的引領下，公司相繼在沙烏地阿拉伯取得重大石油發現。

就這一階段面臨的全球和地區性政治經濟格局變化而言：一是美蘇爭霸和冷戰加劇，並於 1962 年在加勒比海地區發生了一場震驚世界的古巴飛彈危機。二是 1955 年爆發的越南戰爭，成為二戰以後美國參戰人數最多、影響最重大的戰爭，越戰對亞洲乃至全球的國際政治產生了深遠的影響。三是 1963 年美國總統甘迺迪在達拉斯遇刺身亡。四是 1956 年爆發的蘇伊士運河危機，埃及總統納塞爾奪回蘇伊士運河的控制權，遭到以色列和英國、法國三國的軍事報復攻擊，也稱「第二次中東戰爭」。蘇伊士運河危機極大地改變了中東地區的地緣政治格局，一戰以來英法兩國長期控制中東的態勢得到遏制。五是 1950、1960 年代此起彼落的發展中國家民族解放運動，廣大開發中國家在主權和政治上走向獨立。六是伊拉克、葉門等沙烏地阿拉伯周邊的一些國家擺脫殖民或君主統治[19]，沙烏地阿拉伯面臨的地緣政治格局有所變化。當然，於結構性石油權力而言，對其影響較大的還是第七個外部變化，即 1960 年在巴格達成立的 OPEC，至此，沙烏地阿拉伯作為全球石油市場上的「靈活型生產

---

[19] 1958 年 7 月 14 日，以阿卜杜勒・卡里姆・卡塞姆為首的「自由軍官組織」推翻費薩爾王朝，成立伊拉克共和國；1963 年 2 月 8 日，阿拉伯復興社會黨推翻卡塞姆，建立以該黨為主的政權，但由黨外人士阿里夫（Abdul Salam Arif）擔任總統。1959～1963 年，英國先後將葉門南部的六個蘇丹國拼湊成「南阿拉伯聯邦」，之後原為皇家殖民地「亞丁」也宣布加入。1962 年，北葉門發生革命，建立阿拉伯葉門共和國，成為阿拉伯第一個擺脫殖民統治宣告獨立的國家。

第五章　「三角關係」中結構性權力評估及量化分析

者」,開始發揮其在 OPEC 中的領導作用。

這一時期的中東局勢,可以用「四種相互重疊的鬥爭」來概括:美蘇冷戰格局下的地緣政治影響力競爭;多種阿拉伯民族主義力量與英國、法國兩大舊殖民主義勢力的鬥爭;阿拉伯——以色列衝突;不同阿拉伯國家為爭奪阿拉伯世界領導權的鬥爭,號稱「阿拉伯冷戰」。

七個評估要素的評價如下:

(1)關於「安全」要素的評價和評分:這一時期,由於沙烏地阿拉伯第二任國王薩烏德的無能和奢侈揮霍,其領導下的沙烏地阿拉伯在綜合國力和影響力上,在阿拉伯世界均有所下降,這種情況下沙烏地阿拉伯在安全上更加依賴美國。1955 年 11 月,國王薩烏德尋求美國的支持,希望後者為沙烏地阿拉伯軍隊提供為期五年的軍事訓練合作,該項目與美軍在達蘭的空軍基地續約協議相掛鉤,以期在美國支持下實現沙烏地阿拉伯軍隊的現代化改造。時任美國總統德懷特·艾森豪決意在蘇聯和中國的周邊搭建起一張網,阻遏社會主義不斷擴張的威脅,因此同意了這一要求。「在美國人眼中,達蘭空軍基地對美國在中東地區的防衛至關重要。」這時美國身陷越戰泥沼,而且經歷了古巴飛彈危機這一重大事件,其整體實力和對全球的霸權有所衰弱。同時,流血政變在埃及、伊拉克、敘利亞和伊朗大行其道,中東亂局加劇,外部的形勢讓沙烏地阿拉伯王室感到擔心,擔心被納賽爾帶零的強勢埃及給推翻,從而進一步擴大了對美國的安全依賴。例如,1963 年年中,在埃及空軍頻繁襲擾沙烏地阿拉伯邊境城鎮後,甘迺迪政府信守承諾,派出由八架 F100D 噴射戰鬥機、六架 KB-50 空中加油機組成的飛行中隊和逾 500 名軍事人員前往沙烏地阿拉伯,分別部署在達蘭和吉達兩地執行作戰任務。與此同時,沙烏地阿拉伯的內部權力交接完成得簡單且順

第一節
第一階段：二戰後至 1973 年第一次石油危機前

利，王儲費薩爾公開表示對哥哥薩烏德國王的忠誠。雖然，在 1961 年以後，國王和王儲的矛盾公開化，但薩烏德確實難以成為一名合格的沙烏地阿拉伯國王。最終，薩烏德於 1965 年被迫下臺，並流亡異國。這期間，沙烏地阿拉伯的權力鬥爭也導致沙烏地阿拉伯的政局出現一定程度的動盪。

這一時期，沙烏地阿美石油公司依然牢牢控制著沙烏地阿拉伯的石油工業，但其在地化腳步開始加快，開始著手培養一些沙烏地阿拉伯本地的工程師、地質師，並把他們送到美國學習。後來成為沙烏地阿美首任 CEO 和沙烏地阿拉伯石油大臣的納伊米就是其中的一員。

綜上所述，這一時期，在「安全」要素的考量上，「三角關係」中的權力大小依次是美國、沙烏地阿美石油公司和沙烏地阿拉伯，8 位專家在該要素上對這三個行為體賦予的平均分數分別是 9.125 分、6.625 分和 5.25 分。

(2)關於「生產」要素的評價和評分：這一時期，由於沙烏地阿拉伯首任石油部部長（當時稱為石油和礦物資源局局長）阿卜杜拉·塔里基的強勢作風，沙烏地阿美石油公司在沙烏地阿拉伯石油工業生產營運上的絕對控制力有所減弱。塔里基是全球石油界的知名人物，主要是因為他在 1960 年與委內瑞拉石油部部長阿方索共同創立了 OPEC。當時塔里基潛心研習委內瑞拉和墨西哥石油國有化運動和模式，並試圖將其照搬到沙烏地阿拉伯，此舉遭遇沙烏地阿美石油公司的強烈抵制。

激進的國有化方式行不通，塔里基就採用「引入競爭對手」的辦法，引進其他外國投資者，試圖平衡沙烏地阿美石油公司的控制力。例如，1958 年，塔里基安排一家由多家公司組成的日本財團在沙烏地阿拉伯與科威特邊境的所謂「中立區」近海獲取海上鑽探權；1954 年，沙烏地阿

第五章 「三角關係」中結構性權力評估及量化分析

拉伯人認定他們有權組建自己的國家船運公司，並使用自己的油輪運輸沙烏地阿美石油公司的石油；1959 年，沙烏地阿美石油公司的董事會首次接受 2 名沙烏地阿拉伯人，一位是沙烏地阿拉伯前駐英國大使，另一位就是塔里基。

這一時期，身為沙烏地阿美石油公司的 CEO，托馬斯·巴格對沙烏地阿拉伯人的「進攻」行為感到憂心忡忡，他偶爾會跟時任王儲費薩爾抱怨，認為塔里基「瘋狂地服從於政治與意識形態的行為動機」。當然，沙烏地阿美石油公司對沙烏地阿拉伯石油生產依然具有絕對控制力，正如本書第二章所述，1958 年，沙烏地阿美石油公司的原油日產量突破 100 萬桶；截至 1962 年年底，沙烏地阿美石油公司累計生產原油突破 50 億桶大關。

在「生產」要素的考量上，「三角關係」中的權力大小依次是沙烏地阿美石油公司、美國和沙烏地阿拉伯，8 位專家在該要素上對這三個行為體賦予的平均分數分別是 8.75 分、7 分和 6.25 分。

(3) 關於「金融」要素的評價和評分：這一時期，「布列敦森林體系」在資本主義世界逐步完善，美國的金融霸權在強化。1950 年代後期至 60 年代初期，以美元計價的原油掛牌價一直處於低迷狀態（相對固定的石油價格和長期供貨合約，這也是與蘇聯地區出口的石油削價競爭的結果），石油金融權力仍控制在美國和國際石油公司手中。同時，薩烏德國王掌權期間，對國家財政管理不善，造成財政赤字高企，變相削減了沙烏地阿拉伯的金融實力。另外，這一時期，由於沙烏地阿美石油公司在沙烏地阿拉伯陸續加大勘探開發力道，並發現一批新的油田，在資金投入上有所增加，此舉進一步提升了沙烏地阿美石油公司的資產和資金實力。

第一節
第一階段：二戰後至 1973 年第一次石油危機前

因此，在「金融」（貸款）要素的考量上，「三角關係」中的權力大小依次是美國、沙烏地阿美石油公司和沙烏地阿拉伯，8 位專家在該要素上對這三個行為體賦予的平均分數分別是 9.25 分、7.75 分和 5.5 分。

(4)關於「知識」要素的評價和評分：這一時期，由於國王薩烏德的執政能力有限，加上其對激進而純粹的伊斯蘭傳統瓦哈比教義的重視和推廣程度不夠，沙烏地阿拉伯在阿拉伯國家的宗教影響力和綜合實力有所下降。與此同時，這一時期，沙烏地阿拉伯周邊的國家，如埃及、伊拉克、葉門、伊朗等民族革命風生水起，世俗化和民主化腳步加速，導致美國在支持自由民主和扶持沙烏地阿拉伯這樣的君主制政體上處於兩難境地，沙烏地阿拉伯在意識形態等方面面臨的外部壓力加大。當然，為了對抗蘇聯，沙烏地阿拉伯依然在中東地區的意識形態和教義輸出上發揮著重要作用。另外，在參與沙烏地阿拉伯石油工業生產營運方面，由於塔里基的強勢，更多的沙烏地阿拉伯人開始在沙烏地阿美石油公司中擔任初級和中級技術與管理職位，沙烏地阿拉伯在「石油知識」上的能力逐步上升。

綜上所述，在「知識」要素的考量上，「三角關係」中的影響力大小依次是沙烏地阿美石油公司、美國和沙烏地阿拉伯，8 位專家對這三個行為體賦予的平均分數分別是 8.875 分、8 分和 6.125 分。

(5)關於「市場」要素的評價和評分：這一時期，美國的原油消費節節攀升，再加上越南戰爭正如火如荼地進行，在對美國海外軍隊供油方面，沙烏地阿美石油公司扮演著越來越重要的作用。同時，這一時期，沙烏地阿拉伯已成為全球重要的石油出口國，其產量的 90% 左右均供出口，美國、西歐和日本等國家的市場對沙烏地阿拉伯有著強大的吸引力，是沙烏地阿美石油公司的主要客戶。需要強調的是，按照國際石油

第五章 「三角關係」中結構性權力評估及量化分析

合作慣例,沙烏地阿美石油公司的原油主要透過其股東公司進行銷售,也就是說,加利福尼亞標準石油公司、德士古石油公司、埃克森石油公司和美孚石油公司四家公司在全球的行銷網路,為沙烏地阿美石油公司的石油出口和銷售提供支撐。另外,在塔里基的民族主義傾向影響下,沙烏地阿美石油公司在沙烏地阿拉伯市場上的獨家開發地位不斷受到挑戰,不斷有外國投資者進入沙烏地阿拉伯石油市場。

這一時期,在「市場」要素考量上,「三角關係」中的權力大小依次是美國、沙烏地阿美石油公司和沙烏地阿拉伯,8 位專家在該要素上對這三個行為體賦予的平均分數分別是 8.625 分、7.625 分和 6.25 分。

(6) 關於「運輸」要素的評價和評分:這一時期,美蘇兩個超級大國在全球發生激烈對抗,全球海上石油運輸的風險增加,美國由於將部分策略和軍事力量投射到越南戰場上,其在全球關鍵水域和運輸咽喉要道的掌控能力有所下降;同時,由於埃及在蘇伊士運河危機中獲得重大勝利,包括沙烏地阿拉伯在內的阿拉伯國家在保障管道的陸路安全輸送上繼續保持著相當的影響力;另外,在保障管道按計畫足額對外輸出上,沙烏地阿美石油公司也繼續保持其影響力。

在「運輸」要素考量上,「三角關係」中的權力大小依次是美國、沙烏地阿美石油公司和沙烏地阿拉伯,8 位專家對這三個行為體賦予的平均分數分別是 8.25 分、6.625 分和 6 分。

(7) 關於「定價」要素的評價和評分:這一階段,原油的定價權繼續掌握在以「石油七姊妹」為代表的國際石油巨頭手中,但隨著 OPEC 在 1960 年成立,阿拉伯產油國和委內瑞拉等拉美國家的產油國開始聯合對抗,試圖削弱「石油七姊妹」對油價和市場的壟斷。OPEC 旨在透過消除有害的、不必要的價格波動,確保國際石油市場上石油價格的穩定,保

第一節
第一階段：二戰後至 1973 年第一次石油危機前

證各成員國在任何情況下都能獲得穩定的石油收入，並為石油消費國提供足夠、經濟、長期的石油供應。其宗旨是協調和統一各成員國的石油政策，並確定以最適宜的手段來維護它們各自和共同的利益。當然，當時的 OPEC 尚處於成立初期，各產油國尚未形成相對統一的石油政策，OPEC 的力量有限。

綜上所述，在「定價」要素的考量上，「三角關係」中的權力大小依次是沙烏地阿美石油公司、美國、沙烏地阿拉伯，8 位專家對這三個行為體賦予的平均分數分別是 8.375 分、7 分和 5.625 分。

綜合評估，在 1953 年至 1964 年這一階段，美國、沙烏地阿拉伯和沙烏地阿美石油公司在「三角關係」中結構性權力指數分別是 8.259、5.815 和 7.861，石油權力的大小依次是美國、沙烏地阿美石油公司、沙烏地阿拉伯。具體可參見表 5-2。相比於上一階段，美國在「三角關係」中的石油權力超越沙烏地阿美石油公司上升到第一位，且得分比上一階段的 8.211 分有所提升，這主要是「布列敦森林體系」發揮作用，美國的金融權力顯著提升的原因。沙烏地阿美石油公司的石油權力降為第二，其得分比上一階段的 8.242 分有顯著下降，主要是時任石油部長塔里基的強勢，以及 OPEC 成立等因素，導致沙烏地阿美石油公司的生產權、定價權有所下降。沙烏地阿拉伯的石油權力得分比上一階段明顯上升，主要是其在「生產」、「知識」和「市場」方面的權力有所提升。當然，在整體結構性權力方面，這一時期，沙烏地阿拉伯離沙烏地阿美石油公司、美國還有不小差距。

第五章 「三角關係」中結構性權力評估及量化分析

表 5-2　第二子階段結構性權力指數測算表

階段				「安全」要素（權重：20%）			「生產」要素（權重：18.33%）			「金融」要素（權重：18.33%）			「知識」要素（權重：18.33%）		
	沙烏地阿拉伯國王與石油大臣	美國總統	沙烏地阿美石油公司總裁	美國	沙烏地阿拉伯	沙烏地阿美石油公司	美國	沙烏地阿拉伯	沙烏地阿美石油公司	美國	沙烏地阿拉伯	沙烏地阿美石油公司	美國	沙烏地阿拉伯	沙烏地阿美石油公司
				9.125	5.250	6.625	7.000	6.250	8.750	9.250	5.500	7.750	8.000	6.125	8.875
第二子階段（1953～1964）	薩烏德國王&阿卜杜拉・塔里肯石油部部長	艾森豪、甘迺迪	托馬斯・巴格	「市場」要素（權重：8.33%）			「運輸」要素（權重：8.33%）			「定價」要素（權重：8.33%）			結構性權力指數		
				美國	沙烏地阿拉伯	沙烏地阿美石油公司	美國	沙烏地阿拉伯	沙烏地阿美石油公司	美國	沙烏地阿拉伯	沙烏地阿美石油公司	美國	沙烏地阿拉伯	沙烏地阿美石油公司
				8.625	6.250	7.625	8.250	6.000	6.625	7.000	5.625	8.375	8.259	5.815	7.861

三、第三子階段：
1964年至1973年第一次石油危機前

　　這一階段，於沙烏地阿拉伯而言是費薩爾身掌管國王權力的10年，這期間主要是全球石油界的「智多星」亞瑪尼擔任沙烏地阿拉伯石油大臣，他在任期間，沙烏地阿拉伯的石油權力得到了實質性的提升；於美國而言，經歷了強生和尼克森兩位總統；於沙烏地阿美石油公司而言，則是托馬斯·巴格和弗蘭克·榮格斯擔任公司CEO。這一階段，也是阿美石油生產能力和沙烏地阿拉伯石油產量成長最快的十年，從1965年的210萬桶／日，成長至1973年的770萬桶／日，成長近4倍。

　　這一時期，全球政治經濟態勢如下：一是美國在資本主義世界經濟中的地位相對下降；美蘇軍事力量對比出現不利於美國的變化，蘇聯的軍事實力不斷提升；美國與西歐、日本之間的矛盾加深；中國等第三世界國家力圖擺脫超級大國的控制，中蘇關係惡化。另外，1960年代末70年代初，工業國大都進入經濟高速成長時期，資本主義世界的石油需求量從1960年近1,900萬桶／日，增加至1972年的4,400萬桶／日。需求的迅速成長，改變了長期以來全球石油供過於求的局面。

　　二是就中東局勢而言，最主要的事件是1967年爆發的第三次中東戰爭（又稱「六日戰爭」），以色列率先對埃及、敘利亞和約旦發起攻擊。僅此一戰，以色列占領了埃及控制的加沙地帶和西奈半島、約旦控制的約旦河西岸和耶路撒冷舊城、敘利亞的戈蘭高地共6.5萬平方公里的土地，數十萬阿拉伯平民逃離家園淪為難民，成為中東局勢至今仍不可收拾的根源，至今無法和平。「六日戰爭」是中東戰爭中最具歷史意義的轉捩點之一，也是20世紀軍事史上最具有壓倒性結局的戰爭之一。

第五章 「三角關係」中結構性權力評估及量化分析

三是於全球石油市場而言,這一時期,沙烏地阿拉伯的石油產量占全球總產量的比例從 1965 年的 7.1％上升至 1973 年的 13.1％,當時全球原油掛牌價在 1970 年前的十年均保持在 1.80 美元／桶,1971 年、1972 年和 1973 年的平均石油價格略有上升,分別為 2.24 美元／桶、2.48 美元／桶和 3.29 美元／桶。另外一個值得關注的現象是,1960 年代末和 70 年代初對美國國內石油工業而言是一道分水嶺,其富餘產能全部用盡。

這一時期,還要特別提到兩個人,一位是沙烏地阿拉伯國王費薩爾(費薩爾・本・阿卜杜勒阿齊茲・阿勒沙烏地),另一位是費薩爾一手提拔起來的時任沙烏地阿拉伯石油大臣亞瑪尼(艾哈邁德・扎奇・亞瑪尼),這兩位對沙烏地阿拉伯在「三角關係」結構性權力上的提升發揮了巨大作用。費薩爾國王堪稱現代沙烏地阿拉伯的「總設計師」,他身上至少有「早慧的兒童」、沙烏地阿拉伯的「季辛格」、宮廷鬥爭的勝利者、現代沙烏地阿拉伯的「總設計師」等標籤。

說他是「早慧的兒童」,是指費薩爾在年僅 12 歲的時候,就受命前往倫敦,代表沙烏地阿拉伯出席英國、法國等同盟國瓜分鄂圖曼土耳其帝國的國際會議。說他是沙烏地阿拉伯的「季辛格」,他實際上是伊本・沙烏地的外交使者,是沙烏地阿拉伯外交政策的制定者、實施者,費薩爾的突出貢獻還在於,他是沙烏地阿拉伯與美國間「特殊關係」的操盤手。他 1943 年對華盛頓的訪問為美沙同盟關係奠定了基石;他直接參與談判促成了美國租借達蘭空軍基地的合作協議。說他是宮廷鬥爭的勝者,是指身為王儲的他,長期與當時的國王薩烏德不和,並於 1964 年在沙烏地阿拉伯宗教神職人員「烏里瑪」(Ulema)的支持下,「逼迫」薩烏德退位,自己順利上位。說他是現代沙烏地阿拉伯的「總設計師」,是指費薩爾一

第一節
第一階段：二戰後至1973年第一次石油危機前

手打造了現代沙烏地阿拉伯王國的政治制度。他將同父異母的兄弟，如哈立德、法赫德、阿卜杜拉、蘇爾坦和薩勒曼等人，安排在內閣的關鍵職位上，構成了一個極為強勢的官僚體系，使得沙烏地阿拉伯「兄終弟及」的權力接替機制得以延續半個多世紀；同時，他大膽推進國內改革，以石油財富支撐「伊斯蘭主義」在全球的擴張。

亞瑪尼是沙烏地阿拉伯第二任石油部部長，1963年至1986年在任，是在任時間最長、影響力最大的一位石油部部長。任職期間，他利用多種策略，進一步加強對OPEC的控制，領導了震驚世界的1973石油危機，將國際油價短期內提升了4倍，導致整個資本主義世界經濟體系在1970年代末陷入停滯性通貨膨脹的惡性循環。時任美國國務卿季辛格親赴中東與亞瑪尼進行談判。國際石油界形容他是全球能源政治經濟圈中的「智多星」。他身上的標籤很多，其中關鍵的有沙烏地阿拉伯王儲（費薩爾）的心腹、溫和的親美派、「石油武器」的使用者等。說他是溫和的親美派，實際上是指沙烏地阿拉伯政府定下的方針——在OPEC內部、在石油問題上採取耐心和溫和的態度，以換取華盛頓的支持。這就是亞瑪尼身為石油大臣必須遵循的方針。他擁護這個方針，而且是忠實的執行者。這使得亞瑪尼在OPEC內外被公認為親美的溫和派。

七個評估要素的評價如下：

(1) 關於「安全」要素的評價和評分：這一時期，沙烏地阿拉伯繼續依賴美國的安全保護。1967年6月的第三次中東戰爭，埃及、敘利亞等阿拉伯國家徹底失敗，沙烏地阿拉伯有了「唇亡齒寒」的感覺，加上蘇聯對埃及等阿拉伯國家的拉攏，沙烏地阿拉伯周邊的安全形勢複雜化。另外，因為第三次中東戰爭阿拉伯國家吃了大虧，阿爾及利亞、敘利亞、伊拉克等阿拉伯石油生產國也發起了對西方國家的「石油禁運」，但成效

第五章 「三角關係」中結構性權力評估及量化分析

不彰,只持續了短短 4 天,主要是因為沙烏地阿拉伯並未追隨。「石油換安全」依然是沙烏地阿拉伯的主旋律。即便是在此次禁運的高潮期,費薩爾國王也祕密地承諾向美國供應軍事與航空用油,以應對其在越南和亞洲其他地區的戰爭行動。費薩爾知道中斷沙烏地阿拉伯的石油供應,美國的軍事將會陷入嚴重的困難,並希望將損害降下來以緩和美沙關係。費薩爾還在國內發生反美抗議的情況下,向沙烏地阿美石油公司在沙烏地阿拉伯境內的員工承諾保證其安全。但第三次中東戰爭和石油禁運取得了一個「意外」的結果,就是英國不得不決定在 1971 年前完全撤出蘇伊士運河東岸地區。這一決定徹底終結了英國作為重要域外大國在海灣地區的影響力。

1967 年前後,費薩爾國王曾暗示詹森總統,希望詹森政府能夠像 1956 年的艾森豪那樣施壓以色列,迫使以色列撤出非法占領的巴勒斯坦土地。但隨著時間的流逝,費薩爾終於意識到這個想法有多麼的不切實際,並最終自 1969 年開始親自倡導組建泛伊斯蘭和泛阿拉伯的聯盟進行反擊。1969 年,尼克森入主白宮,費薩爾召見美國駐沙烏地阿拉伯大使,請其代為轉達並敦促尼克森政府在調解阿拉伯國家和以色列間紛爭時採取更為平衡的做法。與此同時,這一時期,美國的石油生產能力逐步見頂,隨著沙烏地阿拉伯對美國的石油出口量不斷攀升,美國在能源安全和「廉價石油」上對沙烏地阿拉伯的倚重加大。

這一時期,在「安全」要素考量上,美國、沙烏地阿美石油公司和沙烏地阿拉伯的平均得分分別是 8.75 分、6.125 分和 6 分。

(2)關於「生產」要素的評價和評分:這一時期,沙烏地阿拉伯在全球石油生產端(供給端)的分量逐步加重,產量翻了好幾倍,其背後是沙烏地阿美石油公司與沙烏地阿拉伯政府的密切配合,原因是沙烏地阿拉

第一節
第一階段：二戰後至 1973 年第一次石油危機前

伯國王費薩爾身為對美外交的開創者，有意願處理好與美國的關係，石油大臣亞瑪尼在忠實地執行這費薩爾的政策，對沙烏地阿美石油公司採取溫和的立場，而不是像其前任那樣採取激進的民族主義政策。另外一個值得關注的現象是，1960 年代末和 70 年代初對美國國內石油工業而言是一道分水嶺，其富餘產能全部用盡，美國石油供給端的分量在下降，但其巨大影響力猶在。綜上所述，在「生產」要素的考量上，8 位專家對「三角關係」中美國、沙烏地阿拉伯、沙烏地阿美石油公司這三個行為體賦予的平均分數分別為 7.125 分、6.875 分和 7.875 分。

　　(3)關於「金融」要素的評價和評分：這一時期，沙烏地阿美石油公司對沙烏地阿拉伯的金融和投資影響力依然巨大，1966 年，費薩爾訪問美國，約見時任總統詹森。詹森被明確告知，美國當時在海外的最大私有投資企業就是位於沙烏地阿拉伯的沙烏地阿美石油公司，其投資額已高達 12 億美元。這一時期，尼克森上臺執政後，於 1971 年放棄了「布列敦森林體系」，隨著石油逐步成為兼具策略性和商業性的全球大宗商品，「石油美元體系」開始建構。美國為美元找到了石油這個新的「錨」，期望繼續得以維持美元在全球的霸權。這一時期，在費薩爾的領導和亞瑪尼的執行下，沙烏地阿拉伯的石油財富開始快速成長，國家有了國際收支順差，開始出現「石油美元」盈餘。因此，在「金融」要素的考量上，「三角關係」中的權力大小依然是美國、沙烏地阿美石油公司和沙烏地阿拉伯，8 位專家在該要素上對這三個行為體賦予的平均分數分別是 8.875 分、7.625 分和 6.375 分。

　　(4)關於「知識」要素的評價和評分：這一時期，沙烏地阿拉伯在「三角關係」中的知識權力顯著提升，在石油部長亞瑪尼的領導下，開始對沙烏地阿美石油公司及其資產實施「漸進式」國有化。1972 年，沙烏地

第五章　「三角關係」中結構性權力評估及量化分析

阿拉伯政府成功實現第一次對沙烏地阿美石油公司資產的「贖買」，政府獲得沙烏地阿美石油公司25%的股份。國有化的背後是沙烏地阿拉伯本地人對石油工業上下游產業鏈的技術和管理能力的提升。另外，這一時期，隨著沙烏地阿拉伯的石油財富顯著增加，費薩爾開始在國內外資助清真寺和宗教設施的建設，推動伊斯蘭教在全球擴張。在「知識」要素的考量上，8位專家對「三角關係」中美國、沙烏地阿拉伯、沙烏地阿美石油公司三個行為體賦予的平均分數分別是8分、6.625分和8.375分。

（5）關於「市場」要素的評價和評分：這一時期，隨著美國石油進口量的成長，美國作為全球市場中心、消費中心的地位在逐步增強；隨著歐洲和日本對石油需求的迅速成長，歐洲和日本對沙烏地阿拉伯這樣的阿拉伯產油國產生了巨大吸引力，歐洲和日本的市場權力在加強。這一時期，隨著沙烏地阿拉伯政府實施對沙烏地阿美石油公司「漸進式」的國有化，沙烏地阿美石油公司在沙烏地阿拉伯的市場權力在下降。在「市場」要素考量上，8位專家對「三角關係」中美國、沙烏地阿拉伯、沙烏地阿美石油公司三個行為體賦予的平均分數分別是8分、6.5分和7.25分。

（6）關於「運輸」要素的評價和評分：這一時期，在「運輸」要素的考量上，「三角關係」中的權力大小依次是美國、沙烏地阿拉伯和沙烏地阿美石油公司，8位專家對這三個行為體賦予的平均分數分別是8分、6.5分和6.375分。

（7）關於「定價」要素的評價和評分：這一階段，從1964年至1970年，依然採用國際石油巨頭確定的牌價，即1.8美元／桶，這說明以「石油七姊妹」為代表的國際石油公司在定價上依然具有控制力。1971年至1973年，由國際石油公司把控的標價機制被打破，OPEC開始在石油市

第一節
第一階段：二戰後至 1973 年第一次石油危機前

場供需和價格機制確定上發揮更大影響力。另外,「石油美元」體系開始產生作用。因此,在「定價」要素的考量上,8 位專家對「三角關係」中美國、沙烏地阿拉伯、沙烏地阿美石油公司這三個行為體賦予的平均分數分別是 7 分、6.125 分和 7.5 分。

綜合評估,在 1964 年至 1973 年這一階段,美國、沙烏地阿拉伯和沙烏地阿美石油公司在「三角關係」中結構性權力指數分別是 8.065、6.436 和 7.361,詳細數字可見表 5-3。這一階段,結構性石油權力的大小次序與上一階段相同,依次是美國、沙烏地阿美石油公司、沙烏地阿拉伯。但可以看出,相比於上一階段,沙烏地阿拉伯的石油權力上升最快,與沙烏地阿美石油公司越來越接近,其主要原因是沙烏地阿拉伯國王費薩爾的領導力,在穩定沙烏地阿拉伯政局和沙烏地阿拉伯政體後,開始向全球傳播伊斯蘭主義;此外,還得益於亞瑪尼這位傑出石油部長的執行力和管理能力,沙烏地阿拉伯在全球石油市場的地位不斷提升,國家石油財富不斷增加。相比於上一階段,沙烏地阿美石油公司的石油權力下降顯著,主要原因在於,在「生產」、「知識」、「定價」等要素上,沙烏地阿美石油公司已向沙烏地阿拉伯政府讓渡了部分權力。另外,相比於上一階段,美國的結構性石油權力有所下降,主要是因為其「市場」權力有所下降,其金融權力和生產權力相對沙烏地阿拉伯而言也在下降。

第五章 「三角關係」中結構性權力評估及量化分析

表 5-3 第三子階段結構性權力指數測算表

階段				「安全」要素（權重：20%）			「生產」要素（權重：18.33%）			「金融」要素（權重：18.33%）			「知識」要素（權重：18.33%）		
	沙烏地阿拉伯國王與石油大臣	美國總統	沙烏地阿美石油公司總裁	美國	沙烏地阿拉伯	沙烏地阿美石油公司	美國	沙烏地阿拉伯	沙烏地阿美石油公司	美國	沙烏地阿拉伯	沙烏地阿美石油公司	美國	沙烏地阿拉伯	沙烏地阿美石油公司
				8.750	6.000	6.125	7.125	6.875	7.875	8.875	6.375	7.625	8.000	6.625	8.375
第三子階段（1964～1973）	費薩爾國王&亞瑪尼石油部部長	詹森、尼克森	托馬斯・巴格、榮格斯	「市場」要素（權重：8.33%）			「運輸」要素（權重：8.33%）			「定價」要素（權重：8.33%）			結構性權力指數		
				美國	沙烏地阿拉伯	沙烏地阿美石油公司	美國	沙烏地阿拉伯	沙烏地阿美石油公司	美國	沙烏地阿拉伯	沙烏地阿美石油公司	美國	沙烏地阿拉伯	沙烏地阿美石油公司
				8.000	6.500	7.250	8.000	6.000	6.375	7.000	6.125	7.500	8.065	6.436	7.361

第二節
第二階段：
第一次石油危機至蘇聯解體期間

按照第四章的界定標準，本階段指 1973 年 10 月第一次石油危機爆發，至 1991 年 12 月 25 日前蘇聯解體。這一階段，於沙烏地阿拉伯而言，經歷了費薩爾、哈立德和法赫德三任國王，可以細分為三個子階段；同時，沙烏地阿拉伯經歷了亞瑪尼和納澤爾兩任石油部長；於美國而言，經歷了尼克森、福特、卡特、雷根和老布希五任美國總統；於沙烏地阿美石油公司和沙烏地阿美公司而言，經歷了榮格斯、凱爾貝爾、納伊米三任公司總裁。

一、第四子階段：
1973 年 10 月第一次石油危機爆發至
1975 年 3 月費薩爾國王去世

這一時期雖然短暫，但這一時期的石油政治問題引起了全世界的關注。最主要的事件就是阿拉伯產油國相互結盟，對美國、西歐和日本等西方國家發起了一次前所未有的「石油禁運」，致使國際油價在短短幾個月內上漲了 4 倍左右，直接導致美國等西方國家在經濟上陷入停滯性通貨膨脹，在能源安全上面臨極大考驗。「石油武器」由此而來。這一時期的石油問題也是西方主流國際政治經濟學界和石油地緣政治、能源策

第五章 「三角關係」中結構性權力評估及量化分析

略學界研究得最多的。

1973年10月爆發的第四次中東戰爭和隨後以沙烏地阿拉伯為首的阿拉伯產油國向西方國家發起的「石油禁運」，堪稱20世紀最大的「石油事件」。1973年夏，費薩爾國王便將「石油禁運」的警告由祕密轉向公開。在接受《新聞週刊》(News Week)的採訪時，他明確表示，「如果美國繼續支持以色列對阿拉伯世界的攻擊行為，沙烏地阿拉伯政府將把其石油資源作為政治武器（予以還擊）」。緊接著，接替1970年逝世的納賽爾的埃及新任總統安瓦爾‧沙達特(Anwar Sadat)、敘利亞總統哈菲茲‧阿薩德於1973年8月訪問利雅德。這兩位領導人向沙烏地阿拉伯透露，已準備好聯合向以色列發起反攻，希望得到費薩爾的明確支持，特別是在美國繼續支持以色列的情況下動用「石油禁運」這一武器。費薩爾表示同意，並要求沙達特要盡可能地將延長戰事，以便讓「石油禁運」這一武器發揮出最大效用。對此，沙達特在他本人的回憶錄中這樣寫道，「費薩爾國王是一位能夠永遠保持冷靜的傑出領導人，也是我們永遠的真誠朋友」。

1973年10月17日，阿拉伯石油輸出國組織(Organization of Arab Petroleum Exporting Countries, OAPEC)成員國的石油部長們齊聚科威特，並集體宣布立即削減原油產量和出口量的5%，以報復美國向以色列提供支持。同時，OAPEC的宣告還指出，如果美國不調整其支持以色列的外交政策，每滿30天就再次削減產量和出口量的5%。作為這一決定的倡議者，沙烏地阿拉伯政府於第一時間將產量削減了10%。[20]

1973年10月19日，尼克森總統宣布向以色列提供總價值22億美元的緊急軍事援助。次日，沙烏地阿拉伯立即切斷了其對美國、荷蘭、

---

[20] 值得注意的是，1967年那次石油禁運的發起國——伊拉克，卻拒絕參與這次集體行動。巴格達方面辯稱，石油禁運僅僅是一種姿態，實際成效不彰。時任伊拉克領導人薩達姆‧海珊實際上上調了該國的原油產量和出口量，在石油禁運期間狠狠賺了一大筆。

第二節
第二階段：第一次石油危機至蘇聯解體期間

葡萄牙、南非和羅德西亞（Rhodesia，如今的辛巴威）的全部原油出口作為報復，以示對這些國家支持以色列的嚴重不滿。對此，著名石油策略專家丹尼爾·尤金的《石油世紀》一書中記載了這樣一個情節：

10月20日星期天凌晨兩點，季辛格啟程去莫斯科執行一項停火計劃。他在飛機上聽到更為震驚的消息。作為對美國援助以色列的報復，沙烏地阿拉伯不是逐漸限產，而是馬上停止向美國出口石油。其他阿拉伯國家也已經或正在這樣做。石油武器現在完全投入戰鬥——用季辛格的話來說，這是「政治詐欺」武器。戰後30年來的石油秩序已經徹底崩潰。沙烏地阿美石油公司的一位董事會高層聽到此消息時說：「對於禁運的可能性，我連想都沒有想過。我只想，如果戰爭爆發，假如美國與以色列站在同一邊，美國在阿拉伯國家的石油資產肯定會被國有化。」

至1973年12月，OAPEC再次在科威特舉行部長級會議，決定將原油產量削減25%。受此影響，國際油價暴漲，引發了美國國內嚴重恐慌，全國所有加油站外等待加油的車輛都大排長龍。在這一特殊時期，亞瑪尼作為石油大臣常常出現在大眾視野中，但顯然，費薩爾才是政策的最終決定者。「石油禁運」對於美國經濟造成的消極影響是破壞性的：1973～1975年間，國內生產總值下跌6%；1970年代後期，國內通膨率飆升至兩位數。這種破壞性的影響直至「石油禁運」結束後相當長的時間內仍然未能消弭。

以上就是這一期間震驚世界的第四次中東戰爭和費薩爾發動的「石油禁運」。但尤金先生也強調，如果時間回溯到1972年夏天，諸如沙達特等阿拉伯世界的各種人物大聲疾呼要使用「石油武器」來實現他們的政治和經濟目標時，費薩爾是表示明確反對的。費薩爾當時預測，美國在1985年以前並不真正依賴阿拉伯灣（波斯灣）的石油，美國不大可能因

第五章 「三角關係」中結構性權力評估及量化分析

削減石油供應而受到影響。促使費薩爾的態度發生轉變的是，中東石油出人意料地提前成為必不可少的供應來源。尤其是沙烏地阿拉伯一躍成為補足包括美國在內的各國石油短缺的供應者。美國對沙烏地阿拉伯等海灣國家的嚴重石油依賴提前到了 1973 年，而非此前預估的 1985 年。1973 年，沙烏地阿拉伯這個沙漠王國終於成了足以左右全世界的產油國。它在世界石油總出口量所占的比例迅速增加，從 1970 年的 13％增加到 1973 年的 21％，並且仍在繼續成長。1973 年 7 月，沙烏地阿拉伯平均日產原油 840 萬桶，比 1972 年 7 月平均日產量 540 萬桶增加了 62％。

這一時期，特別是在整個中東的軍事衝突，持續數月的石油危機，加上水門案和十月戰爭，造成了整個世界的混沌。當然，尼克森這一時期主動緩和與中國的關係，開始了對中國的「破冰之旅」，在相當程度上緩解了美中這兩個大國長期以來的敵對關係。而這一時期的「石油禁運」和「石油武器」在相當程度上改變了當時世界石油體系的權力格局。專家認為，1973 年 10 月中東戰爭中 OAPEC 對美國和荷蘭等國的「石油禁運」，事實上是冷戰以來中東產油國對西方特別是美國主導的世界石油遊戲規則挑戰的高潮。

這一時期，七個評估要素的評價如下：

(1) 關於「安全」要素的評價和評分：這一時期，埃及的納賽爾總統已經去世，納賽爾時期的埃及堪稱阿拉伯世界的領頭羊，主動向蘇聯靠攏，並試圖推翻沙烏地阿拉伯的王室統治，對沙烏地阿拉伯造成巨大壓力。沙達特時期的埃及相對溫和，「阿拉伯冷戰」緩和，沙烏地阿拉伯面臨的來自本地區的安全壓力下降，對美國的安全依賴也就相應下降。另外，美蘇冷戰和對抗中，蘇聯的力量，尤其是軍事實力逐步趕上美國，蘇聯在中東等全球策略要地開始展開攻勢，美國在中東面臨來自蘇聯的

第二節
第二階段：第一次石油危機至蘇聯解體期間

壓力增加。於美國而言，一方面是尼克森政府這一時期在該地區推行的是「雙支柱」策略，即將沙烏地阿拉伯和伊朗這兩個地區大國視為同等策略合作夥伴，向兩國提供規模相仿的軍事等方面的支援，並依靠兩國維持整個地區的政治經濟秩序和安全穩定局勢；另一方面是需要安撫沙烏地阿拉伯和伊朗，鼓勵沙烏地阿拉伯增加「廉價石油」的產量，以便滿足美國能源安全和遏制蘇聯石油過多滲透進入資本主義國家消費市場。當時，沙烏地阿拉伯和伊朗的關係不是中東地區的主要矛盾之一，這與現在不同。

這一時期，在「安全」要素的考量上，8位專家對美國、沙烏地阿拉伯和沙烏地阿美石油公司評分的平均值分別是8.5分、6.875分和6.125分。

(2)關於「生產」要素的評價和評分：這一時期，如第三章所闡述，沙烏地阿拉伯政府對沙烏地阿美石油公司發起了第二次「贖買」。1974年6月11日，亞瑪尼與沙烏地阿美石油公司的四家股東達成了新的協議，將沙烏地阿拉伯持有的沙烏地阿美石油公司股份增加到60%。這意味著，在所有權層面，沙烏地阿拉伯政府已經達成對沙烏地阿美石油公司的控制，但在生產營運管理方面，關鍵技術和管理層職位依然要靠美國人。

這裡有必要解釋一下，1974年10月至次年2月，沙烏地阿拉伯政府是如何說服（逼迫）沙烏地阿美石油公司接受沙烏地阿拉伯政府的立場，並對美國實施禁運的呢？按照艾倫・沃爾德的分析，1973年，沙烏地阿拉伯政府禁運的對象實際上是沙烏地阿美石油公司，以及沙烏地阿美石油公司管理層的祖國——美國。沙烏地阿美石油公司擁有一切——油井、輸油管道、煉油設施、油輪——並且控制著所有物流（供應鏈）。說

第五章 「三角關係」中結構性權力評估及量化分析

到底,沙烏地阿拉伯政府當時只擁有沙烏地阿美石油公司25%的股份,除了威脅在港口和邊境實施軍管,沙烏地阿拉伯沒有任何控制權。況且,沙烏地阿拉伯政府也一直明確表示不會對自己的石油合作夥伴使用武力。所以,對於沙烏地阿美石油公司完全配合地主國政府去對自己的祖國實施禁運,這的確有些令人費解。關鍵還是在費薩爾的旨意下,亞瑪尼以其「三寸不爛之舌」說服了沙烏地阿美石油公司去配合沙烏地阿拉伯。據時任沙烏地阿美石油公司總裁榮格斯回憶,1973年10月21日,亞瑪尼打電話給他,告知沙烏地阿拉伯政府決定對銷往美國和美國某些盟友的石油實施禁運。榮格斯記得自己當時對亞瑪尼說,他「不認為他們能夠做到這一點」。而亞馬爾則冷冷地說:「哦,我們能做到。我們已經討論過了。我們能做到,因為你們會做到。」後來的事實證明,沙烏地阿美石油公司確實做到了,出人意料地滿足了沙烏地阿拉伯的要求,而且是100%滿足。

綜上所述,在「生產」要素的考量上,沙烏地阿拉伯已經占據主導地位,8位專家對「三角關係」中美國、沙烏地阿拉伯、沙烏地阿美石油公司這三個行為體賦予的平均分數分別為7.125分、7.875分和7.125分。

(3) 關於「金融」要素的評價和評分:這一時期,沙烏地阿拉伯石油工業的投資仍然來自沙烏地阿美石油公司;同時,「石油美元」在全球尚未形成規模,美國處於原有金融霸權體系被新的體系替代的轉換期,整體金融霸權有所下降。在「金融」要素的考量上,「三角關係」中的權力大小依然是美國、沙烏地阿美石油公司和沙烏地阿拉伯,這一時期,8位專家在該要素上對這三個行為體賦予的平均分數分別是7.875分、7.375分和6.75分。

(4) 關於「知識」要素的評價和評分:這一時期,如前所述,沙烏地

第二節
第二階段：第一次石油危機至蘇聯解體期間

阿拉伯完成了對沙烏地阿美石油公司股份的第二次「購買」，沙烏地阿拉伯人對國內石油工業從上游勘探開發、中游運輸到下游加工銷售等全產業鏈的掌控能力逐漸增強，沙烏地阿美石油公司對更多的關鍵技術和管理職位進行「在地化」。同時，這一時期在費薩爾的領導下，沙烏地阿拉伯的「軟實力」在整個阿拉伯世界不斷上升，埃及等國家的綜合實力則在下降。在「知識」要素的考量上，8 位專家對「三角關係」中美國、沙烏地阿拉伯、沙烏地阿美石油公司三個行為體賦予的平均分數分別是 8 分、7.375 分和 7.875 分。

（5）關於「市場」要素的評價和評分：這一時期，1973 年至 1975 年，沙烏地阿拉伯的石油年產量分別是 3.84 億噸、4.3 億噸和 3.59 億噸；同期，美國的石油產量分別是 5.15 億噸、4.91 億噸和 4.69 億噸，美國的產量已處於下行階段，其 20 世紀的產量高峰出現在 1970 年，為 5.33 億噸。這三年，美國從沙烏地阿拉伯進口的原油量分別是 2,310 萬噸、2,190 萬噸和 3,505 萬噸，分別占美國當年石油進口總量的 7.25%、7.1% 和 11.1%。「石油禁運」導致石油供不應求，使得沙烏地阿拉伯的市場權力在上升。這一時期，在「市場」要素的考量上，8 位專家對「三角關係」中美國、沙烏地阿拉伯、沙烏地阿美石油公司三個行為體賦予的平均分數分別是 7.625 分、7.625 分和 6.875 分。

（6）關於「運輸」要素的評價和評分：這一時期，特別是沙烏地阿拉伯揮舞「石油武器」期間，沙烏地阿拉伯控制了其石油出口和海上貿易的流向，控制了有關對外輸出的石油終端設施和港口碼頭等設施。當然，在海運方面，還得依賴美國在全球各水域和關鍵要道上的軍事控制力。在「運輸」要素的考量上，「三角關係」中的權力格局與上一階段基本上是相似的，權力大小依次是美國、沙烏地阿拉伯和沙烏地阿美石油公

第五章 「三角關係」中結構性權力評估及量化分析

司，8 位專家對這三個行為體賦予的平均分數分別是 8.25 分、6.875 分和 6.25 分。

（7）關於「定價」要素的評價和評分：這一時期的定價權讓渡給了以沙烏地阿拉伯、伊朗為首的 OPEC 成員國。1973 年 10 月在科威特召開的 OPEC 會議上，OPEC 很快就定下了價格，單方面決定將原油牌價提升 70%，達到每桶 5.11 美元／桶。決定一經公布，亞瑪尼告訴其他國家的石油部部長：「這是我期待已久的一個時刻。時機終於到了。我們是自有商品的主人。」

1973 年 11 月 23 日，「石油禁運」期間，OPEC 再次舉行會議，制定了一個能夠反映市場情況的新油價，結果是在伊朗石油部部長阿穆澤加爾的力主下，牌價又一次被調高至 11.65 美元／桶，短短兩個月不到，油價翻了好幾倍。1974 年和 1975 年，石油的平均價格分別為 11.58 美元／桶和 11.53 美元／桶。當然，作為沙烏地阿美石油公司，並不反對 OPEC 大幅提升原油掛牌價，其石油收入和利益在成倍成長，其背後母公司的利潤也在快速成長。以至於，隨著美國消費者遭到汽油價格飆升的打擊越來越大，沙烏地阿美石油公司的股東公司的美方管理階層被叫到國會聽證會現場接受質詢，要求他們對這次席捲整個工業世界的大規模能源危機做出解釋和交代。因此，這一時期，定價權掌握在沙烏地阿拉伯、伊朗這類 OPEC 重要玩家手中。

在「定價」要素的考量上，8 位專家對「三角關係」中美國、沙烏地阿拉伯、沙烏地阿美石油公司這三個行為體賦予的平均分數分別是 7 分、8.25 分和 6.625 分。

綜合評估，在 1973 年至 1975 年這一階段，美國、沙烏地阿拉伯和沙烏地阿美石油公司在「三角關係」中結構性權力指數分別是 7.821、

第二節
第二階段：第一次石油危機至蘇聯解體期間

7.303 和 6.972，詳細數字可見表 5-4。這一階段，石油權力的結構性變化比較大。最突出的變化是沙烏地阿拉伯的石油權力快速上升，大大超過了沙烏地阿美石油公司，與美國的石油權力接近。這一階段，特別是沙烏地阿拉伯等阿拉伯產油國對西方實施「石油禁運」和使用「石油武器」，導致美國和西歐、日本的經濟發展出現困境，沙烏地阿拉伯成功迫使美國對其讓渡更多策略利益或變相在安全上做出更多保護。這一時期，沙烏地阿拉伯的石油權力處於「巔峰」，令全球側目。相比於上一階段，沙烏地阿美石油公司的石油權力顯著下降，公司一度服從於沙烏地阿拉伯政府的安排，配合沙烏地阿拉伯政府發起了對自己母國（美國）的制裁。從現實主義國際關係理論視角看，這一點也解釋得通，即便是實力最強的跨國公司，在面對地主國這一主權國家強大壓力的時候，也不得不做出讓步。另外，相比於上一階段，美國的結構性石油權力進一步下降，其背後是這一時期美國在全球霸權的相對衰弱，以及其在世界石油體系中地位的下降。

表 5-4　第四子階段結構性權力指數測算表

階段	沙烏地阿拉伯國王與石油大臣	美國總統	沙烏地阿美石油公司總裁	「安全」要素（權重：20%）		「生產」要素（權重：18.33%）			「金融」要素（權重：18.33%）			「知識」要素（權重：18.33%）		
				美國	沙烏地阿拉伯	沙烏地阿美石油公司	美國	沙烏地阿拉伯	沙烏地阿美石油公司	美國	沙烏地阿拉伯	沙烏地阿美石油公司	美國	沙烏地阿拉伯	沙烏地阿美石油公司
				8.500	6.875	6.125	7.125	7.875	7.125	7.875	6.750	7.375	8.000	7.375	7.875

第五章　「三角關係」中結構性權力評估及量化分析

第四子階段（1973～1975）	尼克森、福特	榮格斯	「市場」要素（權重：8.33%）			「運輸」要素（權重：8.33%）			「定價」要素（權重：8.33%）			結構性權力指數		
費薩爾國王&亞瑪尼			美國	沙烏地阿拉伯	沙烏地阿美石油公司	美國	沙烏地阿拉伯	沙烏地阿美石油公司	美國	沙烏地阿拉伯	沙烏地阿美石油公司	美國	沙烏地阿拉伯	沙烏地阿美石油公司
			7.625	7.625	6.875	8.250	6.875	6.250	7.000	8.250	6.625	7.821	7.303	6.972

二、第五子階段：1975 年至 1982 年

費薩爾於國王 1975 年 3 月被刺殺，沙烏地阿拉伯石油權力的「巔峰時刻」能否延續？這一階段，於沙烏地阿拉伯而言是哈立德國王掌權的 7 年，但哈立德有著嚴重的心臟病，其健康存在嚴重問題。毫無疑問，疾病極大地影響了哈立德的執政能力。絕大多數時間裡，王國的日常行政事務都交由時任王儲法赫德打理，這給予了後者在沙烏地阿拉伯國內日益增強的影響力。這一時期，亞瑪尼繼續擔任沙烏地阿拉伯的石油部部長。於美國而言，則經歷了福特、卡特和雷根三位總統，福特時期的國務卿仍為季辛格。於沙烏地阿美石油公司而言，則是到了負責沙烏地阿拉伯石油工業生產經營管理的後期，這一階段的 CEO 是榮格斯和凱爾貝爾，凱爾貝爾是沙烏地阿美石油公司最後一位 CEO，他的任職一直到 1988 年（1984 年至 1988 年，納伊米雖然也是沙烏地阿美石油公司的總裁，但主要工作還是協助凱爾貝爾）。

第二節
第二階段：第一次石油危機至蘇聯解體期間

就這一階段美國、沙烏地阿拉伯、沙烏地阿美石油公司「三角關係」面臨的外部環境而言，堪稱最為動盪的 7 年，主要有五件大事直接對「三角關係」產生影響，而且這五件大事在不到兩年的時間裡接連發生。

一是 1979 年伊朗爆發了震驚世界的「伊斯蘭革命」。1979 年 1 月 16 日，伊朗巴列維國王經不起國內此起彼落的抗議浪潮，選擇離開伊朗逃亡，持續了近 55 年的巴列維王朝倒臺（中間出現過 1953 年被摩薩台政府短暫推翻後復辟），宗教領袖艾哈邁德·穆薩維·何梅尼上臺，並與美國交惡，伊朗由此從美國的策略盟友轉變為策略對手。於沙烏地阿拉伯而言，君主制政體在伊朗如此快速地土崩瓦解大大出乎沙烏地阿拉伯王室的預料，使得王室感受到君主制政體面臨的巨大威脅。

二是同樣在 1979 年初，埃及不顧其他阿拉伯國家的反對，單方面與以色列媾和。早在 1977 年 11 月，埃及總統沙達特就前往耶路撒冷與以色列總理直接會面，並在以色列議會發表演講，這導致阿拉伯國家內部發生了分裂，敘利亞、伊拉克、阿爾及利亞、利比亞和南葉門指責埃及總統尋求私下與以色列單獨媾和，而沙烏地阿拉伯當時的反應相對溫和，不願意與埃及鬧僵。沙達特最終於 1979 年 3 月在華盛頓與以色列正式締結了和平協定。在「大義」和「底線原則」面前，沙烏地阿拉伯最終選擇和大多數阿拉伯國家站在一起，包括沙烏地阿拉伯在內的幾乎所有阿拉伯國家都切斷了與埃及的外交關係，關閉了在開羅的外交使館。哈立德國王做出與開羅和華盛頓決裂的選擇，這符合沙烏地阿拉伯王室在阿以衝突問題上的一貫政策立場。上述這兩件大事均「戲劇性地」動搖了沙烏地阿拉伯與美國盟友關係的根基，使得美沙關係出現重大裂痕。

三是 1979 年 11 月，麥加大清真寺被宗教狂熱分子占領，哈立德被迫下令動用軍隊和殺傷性武器攻進大清真寺，以重新奪回伊斯蘭教聖

第五章 「三角關係」中結構性權力評估及量化分析

地。這件事使得沙烏地阿拉伯王室元氣大傷，最後在法國特種部隊的協助下，以死亡近 1,000 人的代價，奪回了大清真寺。

四是在麥加大清真寺血腥事件爆發後不久，蘇聯於 1979 年 12 月入侵阿富汗，開啟了長達十年的阿富汗戰爭。蘇聯入侵阿富汗時，所有親美的阿拉伯國家均認為蘇聯是「醉翁之意不在酒」，導致沙烏地阿拉伯等國在國家安全上不得不向美國進一步靠攏。

五是 1980 年 9 月，伊拉克入侵伊朗，開始了長達八年的「兩伊戰爭」。「兩伊戰爭」使得中東地區的地緣政治格局發生重大變化，迫於伊拉克強大的軍事實力，沙烏地阿拉伯又不得不主動向美國靠攏。

這一時期，七個評估要素的評價如下：

(1)關於「安全」要素的評價和評分：這一時期，一方面，由於埃及「一意孤行」與以色列達成和平協議，導致阿拉伯世界繼 1950、1960 年代「阿拉伯冷戰」後，陷入新的分裂。一邊是阿拉伯兄弟，另一邊是美國及美國力挺的以色列，這令沙烏地阿拉伯左右為難，但最終還是堅守「道義原則」，與阿拉伯國家的立場保持一致。而這動搖了美沙關係的根基，美沙的盟友關係在弱化。另一方面，面對伊朗巴列維王朝被迅速推翻而給沙烏地阿拉伯帶來的恐懼，面對蘇聯入侵阿富汗，以及伊拉克入侵伊朗造成的地區地緣政治格局的改變，沙烏地阿拉伯的國家安全形勢急遽惡化，不得不更加倚重美國。

1978 年，沙烏地阿拉伯成功從美國購得一批 F-15 戰鬥機，以提升自身的國防能力。這一時期，卡特總統針對中東局勢表達了美國的強硬立場。1980 年 1 月 23 日，卡特在國情咨文中提出一項對海灣地區的政策宣告：「外部勢力攫取控制波斯灣地區的任何企圖，都將被視為是對美國根本利益的進攻。對於這種進攻，美國將使用包括軍事力量在內的任何

第二節
第二階段：第一次石油危機至蘇聯解體期間

必要手段，予以擊退。」這就是著名的「卡特主義」。卡特主義的發表，表明美國決心提升對其在海灣地區盟友的保護能力。另外，這一時期，沙烏地阿拉伯的原油產量進一步上升，1976年至1981年的6年間，沙烏地阿拉伯對美國的原油出口量平均達到124.1萬桶／日（年均6,200萬噸），是費薩爾時期的兩倍以上，沙烏地阿拉伯成為美國在中東的最大石油出口國，在能源安全保障上對美國的影響力不斷提升。

這一時期，在「安全」要素的考量上，美國、沙烏地阿拉伯和沙烏地阿美石油公司這一時期的專家評分平均分數分別是9.125分、7.25分和6.125分。

(2)關於「生產」要素的評價和評分：這一時期，沙烏地阿拉伯和美國的石油產量已經不相上下。1976年至1981年，美國平均年產石油4.73億噸，且逐年下降；而沙烏地阿拉伯的年均產量為4.72億噸，處於上升期，其1980年和1981年的產量甚至超過了5億噸。在保障美國及其西歐、東亞地區盟國的石油供應上，沙烏地阿拉伯的作用不可替代。這一時期，如第三章所闡述，沙烏地阿美石油公司依然在沙烏地阿拉伯石油工業生產經營管理的各個環節上發揮重要作用，而且一直保持著與沙烏地阿拉伯政府的良好關係，沙烏地阿拉伯政府也成功避免了發生在委內瑞拉、伊拉克、伊朗那種因「快速國有化」導致國際石油公司和產油國「翻臉」的做法，而是採取「漸進式」國有化的方式。

1976年，沙烏地阿拉伯政府對沙烏地阿美石油公司成功實現第三次「贖買」，獲得沙烏地阿美石油公司剩下的40%股份，至此，沙烏地阿拉伯政府擁有沙烏地阿美石油公司100%的所有權。但經營管理權仍在沙烏地阿美石油公司管理層和其背後四家母公司手中。相比1973年至1975年的費薩爾時期，這一時期沙烏地阿拉伯政府與沙烏地阿美石油公司的

第五章　「三角關係」中結構性權力評估及量化分析

關係無疑要好很多。

綜上所述，在「生產」要素的考量上，沙烏地阿拉伯已經占據主導地位，8 位專家對「三角關係」中美國、沙烏地阿拉伯、沙烏地阿美石油公司這三個行為體賦予的平均分數分別為 7.625 分、8.5 分和 7.25 分。

(3)關於「金融」要素的評價和評分：這一時期，油價居高不下，1974 年至 1978 年，國際油價在 11.5 美元／桶至 14 美元／桶的高油價區間徘徊，已經是 1973 年平均油價的四倍左右；而 1979 年至 1982 年，由於伊朗伊斯蘭革命造成第二次石油危機等原因，油價急遽攀升到 30 美元／桶以上（若以 2018 年的美元價格計算，相當於 110 美元／桶），甚至在 1980 年達到了近 37 美元／桶的平均價格。高油價加上高產量，使得沙烏地阿美石油公司和沙烏地阿拉伯的財富呈爆發式成長。正如丹尼爾‧尤金所說，「石油輸出國整體石油收入從 1972 年的 230 億美元，上升到 1977 年的 1,400 億美元」、「這些剎那間成了暴富和肯定做夢都沒有想到如此悠閒的石油輸出國開始實施一些令人眼花撩亂的花錢計畫：工業化、基礎設施、津貼、奢侈品、武器、投資美國」。在「石油美元」的支持下，沙烏地阿拉伯實施了加快基礎設施建設、擴大對教育體系的投入等一系列快速現代化的措施，雖然此舉衝擊了沙烏地阿拉伯傳統社會，帶來了一些問題，但整個社會整體而言保持穩定。沙烏地阿拉伯的石油財富也支撐了其在「石油美元」體系中的地位，意味著其金融權力的顯著提升。

因此，在「金融」要素的考量上，8 位專家對美國、沙烏地阿美石油公司和沙烏地阿拉伯三個行為體賦予的平均分數分別是 7.875 分、7.125 分和 6.875 分。

(4)關於「知識」要素的評價和評分：這一時期，世界石油體系的知識中心依然在美國，國際石油公司在北海地區和阿拉斯加地區發現了

第二節
第二階段：第一次石油危機至蘇聯解體期間

大型油田，這在相當程度上滿足了英國、挪威能源供應的需求，彌補了美國石油產量的遞減。這些成就的取得得益於國際石油公司在深海勘探開發和特殊環境地帶石油開發的技術日趨成熟。相對於沙烏地阿拉伯等產油國，國際石油公司繼續掌控著全球先進的石油勘探、開採與加工技術。而且，為規避阿拉伯國家對美國等西方先進國家實施「石油武器」帶來的風險，先進國家於1974年成立國際能源署（IEA）。1970年代末至1980年代初，IEA開始發揮作用，統一協調和推動各石油消費大國加強石油策略儲備，尋求多邊合作，建立合作機制，在一定程度上對抵銷了OPEC的強勢和壟斷石油生產為發達消費國帶來的挑戰。

因此，在「知識」要素的考量上，國際石油公司和美國等發達消費國的權力在擴大。在該要素的考量上，8位專家對「三角關係」中美國、沙烏地阿拉伯、沙烏地阿美石油公司三個行為體賦予的平均分數分別是8分、7分和7.875分。

(5)關於「市場」要素的評價和評分：這一時期，由於油價高漲，加上美國經濟狀況不佳，美國的石油消費整體處於下降階段，石油消費量由1977年的8.88億噸，下降到1982年的6.94億噸。這變相降低了美國市場對沙烏地阿拉伯等石油出口大國的影響力。這一時期，在「市場」要素的考量上，8位專家對「三角關係」中美國、沙烏地阿拉伯、沙烏地阿美石油公司三個行為體賦予的平均分數分別是7.25分、7.375分和6.875分。

(6)關於「運輸」要素的評價和評分：這一時期，各種重大突發事件導致石油運輸面臨更大的不確定性和風險。美國在全球關鍵水域和運輸要道投入更多的軍事力量，以保證管道的暢通。沙烏地阿拉伯在原油出口與貿易運輸上對美國更加依賴。這一時期，跨阿拉伯半島的石油管道保持安全平穩運行。另外，沙烏地阿拉伯建立起了自己的油輪船隊，在

第五章 「三角關係」中結構性權力評估及量化分析

石油運輸方面逐步有了話語權。這一階段,在「運輸」要素的考量上,8位專家對「三角關係」中美國、沙烏地阿拉伯和沙烏地阿美石油公司這三個行為體賦予的平均分數分別是 8.5 分、6.875 分和 6 分。

(7)關於「定價」要素的評價和評分:這一時期,國際石油市場一直保持著較高的水準,沙烏地阿拉伯等 OPEC 成員國繼續對油價的起落保持控制力和影響力。期間,國際政治經濟重大事件的出現,如伊朗伊斯蘭革命和「兩伊戰爭」,對油價也產生了重要影響,特別是到了 1981 年,油價已經接近 40 美元/桶。1978 年 9 月,伊朗的石油產量保持在 450 萬桶/日。兩個月後,產量下降到每天僅 100 萬桶。到 1979 年 1 月,伊朗的港口已經完全沒有石油輸出了。全球油價飆升,沙烏地阿拉伯迅速將產量從 850 萬桶/日,提升至 1,050 萬桶/日,以彌補供應不足的部分。1982 年,油價開始長期緩慢下跌。同年,哈立德國王因突發心臟病逝世。綜上所述,在「定價」要素的考量上,8 位專家對「三角關係」中美國、沙烏地阿拉伯、沙烏地阿美石油公司這三個行為體賦予的平均分數與上一階段保持不變,分別是 7.125 分、8 分和 6.5 分。

綜合評估,在 1975 年至 1982 年這一階段,美國、沙烏地阿拉伯和沙烏地阿美石油公司在「三角關係」中結構性權力指數分別是 8.038、7.451 和 6.872,詳細數字可見表 5-5。這一階段,石油權力的結構性與上一階段相比,有所回調。美國的結構性權力指數有所回升,一方面是因為美國加強了對中東地區策略力量的投入,其主要象徵是「卡特主義」的發表,保持美國在中東地區地緣政治格局上的控制力;另一方面是因為面對這一時期接二連三的重大國際政治事件,沙烏地阿拉伯在安全等方面加深了對美國的依賴,突顯了美國仍處於結構性權力的中心地帶。這一階段,沙烏地阿拉伯的結構性權力與費薩爾時期相比略有上升,主要

第二節
第二階段：第一次石油危機至蘇聯解體期間

是因為石油生產和出口的「量價齊升」，使得沙烏地阿拉伯的石油經濟和金融權力有所增加，但其在國際政治和阿拉伯國家、伊斯蘭世界的影響力上不如費薩爾時期。這一階段，沙烏地阿美石油公司的石油權力結構性指數相比上一階段略有下降，這主要是因為沙烏地阿美石油公司的所有權已交給沙烏地阿拉伯政府，但沙烏地阿拉伯石油工業的生產經營管理權仍在公司管理層和四家母公司股東手中。

表 5-5　第五子階段結構性權力指數測算表

階段	沙烏地阿拉伯國王與石油大臣	美國總統	沙烏地阿美石油公司總裁	「安全」要素（權重：20%）			「生產」要素（權重：18.33%）			「金融」要素（權重：18.33%）			「知識」要素（權重：18.33%）		
				美國	沙烏地阿拉伯	沙烏地阿美石油公司	美國	沙烏地阿拉伯	沙烏地阿美石油公司	美國	沙烏地阿拉伯	沙烏地阿美石油公司	美國	沙烏地阿拉伯	沙烏地阿美石油公司
				9.125	7.250	6.125	7.625	8.500	7.250	7.875	7.125	6.875	8.000	7.000	7.875
第五子階段（1975～1982）	費薩爾國王&亞瑪尼	尼克森、福特	榮格斯	「市場」要素（權重：8.33%）			「運輸」要素（權重：8.33%）			「定價」要素（權重：8.33%）			結構性權力指數		
				美國	沙烏地阿拉伯	沙烏地阿美石油公司	美國	沙烏地阿拉伯	沙烏地阿美石油公司	美國	沙烏地阿拉伯	沙烏地阿美石油公司	美國	沙烏地阿拉伯	沙烏地阿美石油公司
				7.250	7.375	6.875	8.500	6.875	6.000	7.125	8.000	6.500	8.038	7.451	6.872

三、第六子階段：1982 年至 1991 年

這一階段的關鍵字就是「轉折」。於沙烏地阿拉伯而言，是法赫德國王執政時期，是亞瑪尼擔任石油部長的最後一個階段，1986 年以後，納澤爾接替亞瑪尼擔任石油部長，沙烏地阿拉伯的石油政策處於轉折期。於美國而言，這一階段則是雷根和布希擔任總統，是雷根總統在國內大力施行自由主義市場經濟和實施「星球大戰」計畫的關鍵期。這一階段也是沙烏地阿美石油公司轉變為沙烏地阿美的轉折期，是公司執行長由美國人變為沙烏地阿拉伯人的轉折期。

這一時期就全球政治經濟態勢而言，更是二戰以來以美蘇爭霸和冷戰為主旋律的國際政治經濟體系的重大轉折期。1989 年 11 月 9 日，柏林圍牆倒塌，象徵著冷戰的結束；1991 年 12 月 25 日，蘇聯解體，國際秩序由兩極世界變為一超獨大。當然，1980 年代是美蘇兩個超級大國的緩和期，當時，經濟全球化已初現端倪，美國、日本和西歐在世界經濟舞臺上堪稱「三足鼎立」。這一時期的世界石油體系中，蘇聯的石油產量一度超過沙烏地阿拉伯和美國，躍居世界第一，並一度與 OPEC 產油國搶占歐洲的消費市場。蘇聯的「石油攻勢」與其「冷戰攻勢」具有策略一致性。蘇聯竭力造成缺少能源的西歐國家對它的石油供應的依賴性，並以此作為施加政治影響的工具。

就中東地區局勢而言，「兩伊戰爭」正熱，沙烏地阿拉伯不得不選邊站，支持伊拉克與伊朗作戰。實際上，在哈立德國王病逝後，沙烏地阿拉伯與伊朗、阿拉伯與波斯、遜尼派與什葉派，成為沙烏地阿拉伯面對的最緊迫且嚴峻的挑戰。另外，1990 年 8 月，伊拉克入侵科威特，爆發了震驚世界的波斯灣戰爭，導致了第三次石油危機。波斯灣戰爭拉近了

第二節
第二階段：第一次石油危機至蘇聯解體期間

美國和沙烏地阿拉伯的關係。為確保國家安全，法赫德國王不顧「烏理瑪」（Ulama，伊斯蘭教學者）等國內反對勢力，對美國做出重大讓步，允許美國在沙烏地阿拉伯部署飛彈和美國軍隊。實際上，美國向沙烏地阿拉伯派遣了一支 20 萬人的軍隊，作為「沙漠盾牌」行動的一部分，連續 5 個月保衛沙烏地阿拉伯，以防伊拉克入侵。

這一時期，油價開始下跌。在經濟衰退影響需求的同時，美國阿拉斯加北坡油田、墨西哥灣油田和歐洲北海油田生產的石油開始進入國際石油市場。OPEC 在 1981 年和 1983 年多次減產，以延緩油價下跌。這一時期，全球石油市場的一個新的特點是沙烏地阿拉伯的「靈活型生產者」和「生產調節者」的作用愈加突顯。1983 年 5 月的 OPEC 會議上，亞瑪尼豪邁地宣傳，沙烏地阿拉伯已成為全球石油市場的「生產調節者」。「生產調節者」背後的理論依據是，強大的石油生產者能夠透過增加或減少自身產量來影響市場。

同時，這一階段的前幾年，即 1988 年以前，沙烏地阿美石油公司實現了所有權和經營權的分離，所有權歸沙烏地阿拉伯政府，經營權仍在沙烏地阿美石油公司的美方員工手中。接替榮格斯任 CEO 後，凱爾貝爾成為沙烏地阿美石油公司最後一任 CEO。自從 1980 年成為一家沙烏地阿拉伯公司，沙烏地阿美石油公司的聲望不斷成長，也受到沙烏地阿拉伯人民更多的尊敬。

這一時期，七個評估要素的評價如下：

(1)關於「安全」要素的評價和評分：這一時期，受「兩伊戰爭」和波斯灣戰爭的影響，沙烏地阿拉伯在安全上更加依賴美國的保護。與此同時，美國從沙烏地阿拉伯進口的原油量銳減，一方面是由於美國國內經濟衰退導致消費量降低，1980 年代，美國石油消費量在 7.5 億噸左右徘

第五章　「三角關係」中結構性權力評估及量化分析

徊，比 1977 年的 8.88 億噸少了 1.3 億噸；另一方面是由於阿拉斯加等新興油田出產，美國的石油對外依存度降低。這一時期，在「安全」要素的考量上，美國、沙烏地阿拉伯和沙烏地阿美石油公司的得分分別是 9.25 分、7.25 分和 6.125 分。

（2）關於「生產」要素的評價和評分：這一時期，沙烏地阿拉伯已經是名副其實的全球石油市場的「靈活型生產者」。1983 年至 1990 年，沙烏地阿拉伯的年均石油產量下降至 2.48 億噸，不到 1980 年 5.06 億噸的一半；直至 1991 年，產量才恢復到 4 億噸以上。而且，1986 年以後，油價已經跌至 20 美元／桶以下，不到 1980 年前後的一半。這一時期，沙烏地阿拉伯在生產上的主要策略是「限產保價」。同時，美國因阿拉斯加大油田開始生產，美國的石油產量有所提升，從 1983 年的 4.83 億噸，成長到 1986 年的 4.98 億噸。這一時期，沙烏地阿拉伯與沙烏地阿美石油公司的生產權力有所下降，美國的生產權力有所上升。因此，在「生產」要素的考量上，8 位專家對「三角關係」中美國、沙烏地阿拉伯、沙烏地阿美石油公司這三個行為體賦予的平均分數分別為 7.875 分、8 分和 6.5 分。

（3）關於「金融」要素的評價和評分：這一時期，由於國際油價和沙烏地阿拉伯的石油產量出現「雙雙下降」，沙烏地阿拉伯的「石油美元」規模驟降，沙烏地阿拉伯等石油輸出國在「石油美元體系」中的影響力有所下降，但武器交易依然活躍，成了沙烏地阿拉伯石油美元的主要出路。「石油美元」透過武器交易、投資美國等方式源源不斷迴流到美國，美國的金融霸權有所加強。綜上所述，在「金融」要素的考量上，8 位專家對美國、沙烏地阿拉伯和沙烏地阿美石油公司三個行為體賦予的平均分數分別是 8.75 分、7.875 分和 7.125 分。

第二節
第二階段：第一次石油危機至蘇聯解體期間

(4)關於「知識」要素的評價和評分：這一時期，沙烏地阿拉伯對沙烏地阿美石油公司完成了國有化，經營權自 1984 年以納伊米擔任公司總裁，開始逐步向沙烏地阿拉伯人轉移。當然，即便在 1988 年沙烏地阿美石油公司轉變為沙烏地阿美、納伊米正式擔任公司 CEO 後，沙烏地阿美石油公司原班人馬及其股東依然對沙烏地阿拉伯石油工業保有強大的影響力。「國有化」後，沙烏地阿美石油公司的 2,000 名美國工作人員中，仍有 1,700 名留在原來的職位上。沙烏地阿拉伯境內巨型的石油與天然氣輸配系統、電網、石油管道、煉油廠及石油化工聯合企業均是四家股東公司設計建設的。在「知識」要素的考量上，8 位專家對「三角關係」中美國、沙烏地阿拉伯、沙烏地阿美石油公司三個行為體賦予的平均分數分別是 7.75 分、7.5 分和 7.625 分。

(5)關於「市場」要素的評價和評分：這一時期，全球油氣市場處於景氣週期下行階段，美國由於阿拉斯加等油田的開發和增產，對沙烏地阿拉伯、墨西哥、加拿大、委內瑞拉的進口量下降，意味著美國國內市場力量在上升。1982 年至 1990 年，沙烏地阿拉伯出口到美國的原油平均只有 64.1 萬桶／日（年均 3,200 萬噸左右），比 1976 至 1981 年的 124 萬桶／日幾乎少了一半。這一時期，沙烏地阿拉伯和沙烏地阿美石油公司對外出口石油還面臨著蘇聯廉價石油的激烈競爭。當然，這一時期，1984 年，加利福尼亞標準石油公司以 134 億美元收購「石油七姊妹」之一、美國排名第六的海灣石油公司。此次收購為當時美國歷史上最大的併購案，從此，「石油七姊妹」變成了六姊妹。收購大大增強了加利福尼亞標準石油公司（雪佛龍）的實力。沙烏地阿美石油公司藉助其四家石油巨頭母公司，依然擁有相當強的市場開發能力。

這一時期，在「市場」要素的考量上，8 位專家對「三角關係」中美

第五章 「三角關係」中結構性權力評估及量化分析

國、沙烏地阿拉伯、沙烏地阿美石油公司三個行為體賦予的平均分數分別是 7.875 分、7.375 分和 7.25 分。

（6）關於「運輸」要素的評價和評分：這一時期，沙烏地阿拉伯原油外輸和出口量下降，且由於波斯灣戰爭，原油輸出運送遭遇更大挑戰，需要更加依賴美國在全球原油貿易管道、關鍵水域的保護。另外，這一時期，美蘇關係進一步緩和，蘇聯的綜合實力和在全球貿易運輸航道上的影響力逐步下滑，美國對重要運輸（海運和陸運）通道的管控力度亦有所下降。與此同時，由於銷售模式的緣故，沙烏地阿美石油公司主要依賴四家母公司進行全球運輸與銷售，儘管 1988 年以後被沙烏地阿拉伯政府接管，但沙烏地阿美石油公司的運輸權力這一時期基本上維持不變。

在「運輸」要素的考量上，「三角關係」中的權力大小依次是美國、沙烏地阿拉伯和沙烏地阿美石油公司，8 位專家對這三個行為體賦予的平均分數分別是 8.375 分、7.375 分和 6.375 分。

（7）關於「定價」要素的評價和評分：這一時期，國際油價從 1982 年的 33.0 美元／桶，降至 1988 年的 14.9 美元／桶，除了 1990 年爆發的波斯灣戰爭推動國際油價有所上揚，漲至 20 美元／桶以上外，這一時期堪稱全球石油市場的「低迷期」。雖然沙烏地阿拉伯在發揮其「靈活型生產者」角色，努力實施「限產保價」策略，但在度過 1970 年代和「黃金時代」後，OPEC 和沙烏地阿拉伯對油價的影響力在下降。還需要強調的是，1983 年，紐約商業交易所（NYMEX）上市 WTI（美國西德克薩斯中質原油）原油期貨；而後在 1988 年，倫敦洲際交易所（ICE）上市布蘭特（Brent）原油期貨。這兩種主流原油期貨品種和其背後的定價機制，逐步成為全球最為權威的「基準價格」。原油期貨交易的本質是「發現價格」，發現一個反映市場供需關係和人們普遍預期的價格。自從 WTI 和布蘭特

第二節
第二階段：第一次石油危機至蘇聯解體期間

期貨價格誕生以來，一直成為全球主流的基準價格。石油的金融屬性進一步加強，OPEC 在定價上的影響力進一步下降。

在「定價」要素的考量上，8 位專家對「三角關係」中美國、沙烏地阿拉伯、沙烏地阿美石油公司這三個行為體賦予的平均分數分別是 7.75 分、7.375 分和 6.125 分。

綜合評估，在 1982 年至 1991 年這一階段，美國、沙烏地阿拉伯和沙烏地阿美石油公司在「三角關係」中結構性權力指數分別是 8.317、7.578 和 6.765，詳細數字可見表 5-6。這一階段，美國的結構性權力指數進一步提升，主要是美國在安全、定價、金融等方面的權力進一步回升所致。這一階段，由於中東地區石油地緣政治格局動盪，突顯沙烏地阿拉伯的重要性，其結構性石油權力有所上升。這一階段，由於所有權和經營權進一步移交沙烏地阿拉伯政府，沙烏地阿美石油公司的石油權力有所下降，但沙烏地阿美石油公司依然保持著對沙烏地阿拉伯石油工業強大的影響力。

表 5-6　第六子階段結構性權力指數測算表

階段	沙烏地阿拉伯國王與石油大臣	美國總統	沙烏地阿美石油公司總裁	「安全」要素（權重：20%）			「生產」要素（權重：18.33%）			「金融」要素（權重：18.33%）			「知識」要素（權重：18.33%）		
				美國	沙烏地阿拉伯	沙烏地阿美石油公司	美國	沙烏地阿拉伯	沙烏地阿美石油公司	美國	沙烏地阿拉伯	沙烏地阿美石油公司	美國	沙烏地阿拉伯	沙烏地阿美石油公司
				9.250	7.250	6.125	7.875	8.000	6.500	8.750	7.875	7.625	7.750	7.500	7.625

第五章 「三角關係」中結構性權力評估及量化分析

第六子階段（1982～1991）	法赫德國王＆亞瑪尼、納澤爾	雷根、布希	納伊米	「市場」要素（權重：8.33%)			「運輸」要素（權重：8.33%)			「定價」要素（權重：8.33%)			結構性權力指數		
				美國	沙烏地阿拉伯	沙烏地阿美石油公司	美國	沙烏地阿拉伯	沙烏地阿美石油公司	美國	沙烏地阿拉伯	沙烏地阿美石油公司	美國	沙烏地阿拉伯	沙烏地阿美石油公司
				7.875	7.375	7.250	8.375	7.375	6.125	7.750	7.375	6.125	8.317	7.578	6.765

第三節
第三階段：1991 年至 2015 年

本階段指 1991 年 12 月 25 日蘇聯解體，至 2015 年 1 月沙烏地阿拉伯阿卜杜拉國王去世、薩勒曼國王執政，差不多 15 年的時間。這一階段，於沙烏地阿拉伯而言，經歷了法赫德、阿卜杜拉兩任國王，可以細分為兩個子階段；同時，沙烏地阿拉伯經歷了納澤爾、納伊米兩任石油部長；於美國而言，經歷了布希、柯林頓、小布希、歐巴馬四位美國總統；於沙烏地阿美而言，經歷了納伊米、朱馬赫和法利赫三位公司 CEO。

一、第七子階段：1991 年至 2005 年

這一階段是沙烏地阿拉伯法赫德國王名義上繼續執政的階段，直到 2005 年 8 月 1 日法赫德去世。事實上，1995 年，法赫德國王就得了中風，臥病在床，失去了執政能力。據美聯社報導，探望者透露，法赫德當時連與他握手的人是誰都認不出來了。他從那時起成了沙烏地阿拉伯名義上的統治者，實際上的領導人是其弟阿卜杜拉王儲。

這一時期，影響美國、沙烏地阿拉伯、沙烏地阿美「三角關係」的最大外部事件莫過於「911 事件」了。2001 年 9 月 11 日，基地組織悍然對美國本土發動的恐怖襲擊震驚了全世界。同時，這場襲擊也威脅到美國與其在中東和伊斯蘭世界最為久遠的盟友關係。在 19 名參與襲擊的恐怖分子中，竟然有 15 人擁有沙烏地阿拉伯國籍，並聽命於同樣來自沙烏地

第五章 「三角關係」中結構性權力評估及量化分析

阿拉伯的基地組織首領奧薩瑪・賓・拉登（Osama bin Laden）。事實上，賓・拉登策劃的恐怖襲擊是蓄意破壞美國與沙烏地阿拉伯間的雙邊關係，刻意選擇攻擊世貿中心、五角大樓和國會等具有重大經濟和政治影響的目標建築物。

「911事件」的發生，使得美國的全球策略發生重大改變，由原先的遏制中國、俄羅斯等新興大國的崛起，轉向結成全球最廣泛的反恐聯盟，共同打擊恐怖主義，以及打擊阿富汗和伊拉克這樣支持恐怖主義的國家。美國分別於2001年10月7日和2003年3月20日發動了阿富汗戰爭和伊拉克戰爭，使得這兩個國家遭遇滅頂之災。另外，由於參與「911事件」襲擊的恐怖分子絕大多數來自沙烏地阿拉伯，使得沙烏地阿拉伯「跳到黃河也洗不清」，也使得美沙同盟關係降至歷史的最低點。本書第三章也闡述了「911事件」對美沙關係的巨大傷害。的確，沙烏地阿拉伯因其公民在恐怖襲擊中扮演的角色而受到強烈抨擊，但沒有任何證據能夠證明沙烏地阿拉伯王室或者政府有意向襲擊者提供任何幫助。就連美國政府的「911事件」報告及直到2016年才解禁公開的「二十八頁報告」中，都沒有恐怖分子與沙烏地阿拉伯政府有關聯的證據。

這一時期，特別是1990年代，在柯林頓總統執政時期，美國的中東政策主要有兩條線：一條線是全力以赴促成以色列與阿拉伯鄰國達成全面的最終和平協議。在柯林頓不遺餘力的推動下，1993年8月20日以色列總理拉賓（Yitzhak Rabin）和巴勒斯坦解放組織主席阿拉法特（Yasser Arafat）在挪威首都奧斯陸祕密會面後達成和平協議。9月13日，雙方在美國白宮草坪簽署了《臨時自治安排原則宣言》，被認為是巴以和平進程中的里程碑。但在協議簽署後兩年，拉賓遭以色列極端分子刺殺，其後巴勒斯坦極端勢力連續發動針對以色列的襲擊事件，街頭衝突逐漸演變

第三節
第三階段：1991年至2015年

成雙方的武裝對抗，奧斯陸協議的執行遭無限期擱置。另一條線是對伊拉克和伊朗採取「雙重遏制」策略，對伊拉克實施全面制裁，僅允許「石油換食品」項下對伊拉克民眾的人道主義援助；對伊朗則實施「對伊朗制裁法案」，強化了對伊朗的能源和金融制裁。

這一時期，沙烏地阿拉伯在全球石油市場的占比進一步擴大，中亞與俄羅斯地區的產油國伴隨著蘇聯解體，處於百廢待興的狀態，無法像蘇聯那樣在石油出口方面與沙烏地阿拉伯等阿拉伯產油國競爭。這一時期，沙烏地阿拉伯成為全球第一大產油國，石油年產量在4億～5億噸之間徘徊，2005年達到5.16億噸；美國的石油年產量已降至4億噸以下，到2005年已降至3.09億噸。但這一時期全球石油市場處於低景氣週期，油價走入下跌趨勢，並維持在較低的水位。1998年，全年油價水準只有12.7美元／桶，屬於歷史低點；1999年以後，油價開始反彈；到2005年，油價已達54.5美元／桶。

這一時期，全球石油界的一大動向是國際石油公司之間掀起了風起雲湧的「併購」狂潮，其結果就是從叱吒風雲的「石油七姊妹」到「全球五巨頭」。其中最為突出的，就是沙烏地阿美石油公司四家母公司之間的合併。1998年12月1日，埃克森石油公司與美孚石油公司宣布合併。埃克森石油公司出價737億美元的現金和股權，同時接管美孚石油公司近200億美元的債務，交易總價達910億美元。此舉使得埃克森美孚石油公司成為世界上最大的私營石油公司和全球財富500大第三大公司（1999年度）。此舉創造了有史以來全球油氣市場上交易額最大的併購案。

2000年10月15日，就在埃克森石油公司宣布與美孚石油公司合併並將位居「老二」的雪佛龍石油公司遠遠甩在後面的時候，不甘落後的雪佛龍石油公司宣布以450億美元的價格收購德士古石油公司，此舉使

第五章 「三角關係」中結構性權力評估及量化分析

得雪佛龍石油公司緊緊咬住埃克森美孚石油公司而穩居美國第二大石油公司的位置。同時，此舉也使得雪佛龍石油公司當年成為全球第四大上市石油公司，總市值約為 950 億美元，合併後的公司名為 Chevron Texaco。2005 年 5 月 9 日，雪佛龍德士古石油公司宣布放棄德士古的名字，重新回到雪佛龍的名字。德士古仍然是雪佛龍石油公司旗下的品牌。20 世紀末至 21 世紀初的國際石油公司間的併購屬於「強強聯手」，強者更強，其跨國影響力和石油權力也顯著增強。

這一時期，沙烏地阿美開始在全球石油舞臺上嶄露頭角。作為沙烏地阿拉伯政府 100% 擁有的公司，沙烏地阿美是不是失去了獨立性，變成了一家純粹的國家石油公司，變成了沙烏地阿拉伯王室的「附屬」和「搖錢樹」？「三角關係」是否轉變為美沙雙邊關係？答案是否定的。在建立沙烏地阿美的過程中，政府確實一度想要介入。首任 CEO 阿里・納伊米回憶起與沙烏地阿拉伯財政部之間的一輪特別困難的談判。「他們想要的是，」他說，「把沙烏地阿美石油公司的所有收入都歸財政部所有，他們會發放費用給我們。」他說，「不可能。收入歸我們所有，我們從利潤中付給你們特許費、稅金和分紅。我們不能讓收入直接歸你們所有。」而且，沙烏地阿美花了 2 年時間才說服沙烏地阿拉伯政府接受納伊米的主張。納伊米進一步回憶道，「國王對我們的看法表示理解」。對於沙烏地阿美而言，讓公司與政府保持距離「是有道理的」。可以看出，作為脫胎於沙烏地阿美石油公司的沙烏地阿美，其外表是一家國家石油公司，但其內在是一家擁有國際大石油公司特質和經營管理體系的公司，而且保持相對的獨立性。因此，這一階段美國、沙烏地阿拉伯、沙烏地阿美的「三角關係」依然存在。

這一時期，七個評估要素的評價如下：

第三節
第三階段：1991 年至 2015 年

(1)關於「安全」要素的評價和評分：這一時期，由於「911 事件」的影響，美沙關係出現重大裂痕，自 1967 年第三次中東戰爭、1973 年第一次石油危機之後，美沙關係再次跌入新的歷史低點。幸運的是，美國沒有找到沙烏地阿拉伯政府支持襲擊美國世貿大廈和五角大樓的恐怖分子的證據（事實上估計也沒有），否則，沙烏地阿拉伯有可能陷入萬劫不復的深淵。美沙關係這一時期的惡化，導致沙烏地阿拉伯在國家安全上面臨重大挑戰。而且，這一時期，美國發起了阿富汗戰爭和伊拉克戰爭，推翻了塔利班及其創始人穆拉·歐瑪（Mullah Omar），也推翻了宿敵海珊。當時，美國在中東屬於「絕對控制者」。

值得一提的是，波斯灣戰爭之後，美國在利雅德附近建立並使用了蘇丹王子空軍基地，以監管在伊拉克設立的禁飛區。之後，美國還利用這個基地協調了 2001 年對阿富汗的襲擊及 2003 年入侵伊拉克的行動。當時，阿卜杜拉王儲（實際的執政者）允許美國在 2003 年從蘇丹王子空軍基地發動空襲，前提條件是美國人要在戰爭結束後收拾好行囊永遠離開。另外，這一時期，特別是柯林頓時期，由於全球化和美國經濟的持續繁榮，美國對能源的需求不斷提升，進一步增加了來自沙烏地阿拉伯的石油進口，變相提升了沙烏地阿拉伯和沙烏地阿美在能源安全上對美國的影響力。1991年至 2005 年，美國從沙烏地阿拉伯的年均石油進口量超過 7,000 萬噸（145 萬桶／日），占美國同期進口石油總量的 17.6%，沙烏地阿拉伯穩居美國第一大石油出口國地位，2003 年一度達到 8,000 萬噸以上。

綜上所述，這一時期，在「安全」要素的考量上，美國、沙烏地阿拉伯和沙烏地阿美的得分分別是 9.625 分、6.875 分和 5.75 分。

(2)關於「生產」要素的評價和評分：這一時期，沙烏地阿拉伯處於全球石油生產的中心位置，年均產油 4.4 億噸；美國同期年均產油 3.65

第五章 「三角關係」中結構性權力評估及量化分析

億噸,阿拉斯加油田的產量已逐步下滑;俄羅斯同期年均產油與美國相當,也是 3.65 億噸。在「生產」要素的考量上,8 位專家對「三角關係」中美國、沙烏地阿拉伯、沙烏地阿美這三個行為體賦予的平均分數分別為 7.125 分、8 分和 6.25 分。

(3)關於「金融」要素的評價和評分:這一時期,屬於冷戰結束和蘇聯解體後,俄羅斯和獨立國協諸國的虛弱期,美國的金融霸權進一步強化,再加上在柯林頓總統的領導下,美國經濟在這一時期處於「黃金時代」。這一時期,美國實施「強勢美元」政策,利率相對較高,吸引了全球大批美元的回流;同時,隨著紐約商品交易所原油期貨交易建立了全球性的基準價格,國際油價有了較強的金融屬性,「強勢美元」政策也推動國際油價保持低位。同一時期,由於油價持續低迷,沙烏地阿拉伯的石油收入和石油美元大大縮水,石油金融權力下降。

在「金融」要素的考量上,8 位專家在該要素上對美國、沙烏地阿拉伯和沙烏地阿美這三個行為體賦予的平均分數分別是 9.375 分、7.5 分和 6.875 分。

(4)關於「知識」要素的評價和評分:這一時期,網路開始興起,全球科技創新的核心集中在美國;石油工業的數位時代已經來臨,3D 地震探勘、深水和超深水油氣勘探開發、水平井及大位移井鑽技術(Extended Reach Drilling, ERD)日趨成熟,美國在保持石油科技創新絕對優勢的同時,推動全球石油工業的技術發展走向「扁平化」。這一時期,沙烏地阿美也不甘落後,建立起了全球先進的石油技術研發中心。

在「知識」要素的考量上,8 位專家對「三角關係」中美國、沙烏地阿拉伯、沙烏地阿美這三個行為體賦予的平均分數分別是 8.5 分、7.75 分和 7.625 分。

(5) 關於「市場」要素的評價和評分：這一時期，美國的石油消費市場展示了強大的活力和消費能力，石油消費量從 1991 年的 7.55 億噸成長至 2005 年的 9.39 億噸，年均消費石油 8.47 億噸；而且 2005 年成為美國石油消費的歷史高點。這一時期，1999 年之前，全球石油市場處於供需寬鬆狀態，油價低迷，屬於買方市場；1999 年之後，油價逐步回升，全球石油供需市場處於「緊平衡」狀態，由買方市場向賣方市場轉移。這一時期，沙烏地阿拉伯一直是美國最大的石油供應國。沙烏地阿拉伯的對外石油政策也因此圍繞兩個主題：因石油生產而要求的國際合作和因石油收入而出現的金融（交易）外交。

這一時期值得注意的一個現象是，在沙烏地阿拉伯王室的支持和納伊米、朱馬赫的領導下，沙烏地阿美不固守於「國家石油公司」這一角色，開始大力實施國際合作和全球化經營。這一時期，沙烏地阿美在亞洲、歐洲和北美市場的開拓成效顯著；在亞洲，沙烏地阿美與中國、韓國、日本、印尼、菲律賓在下游煉油、石化與銷售市場均進行了實質性的合作，成立合資公司。比如，在中國，沙烏地阿美與中國石化集團聯手，在中國投資了 35 億美元新建合資企業。透過十多年的努力，沙烏地阿美已由一家石油生產商擴張為一家國際能源巨頭。

綜上所述，在「市場」要素的考量上，8 位專家對「三角關係」中美國、沙烏地阿拉伯、沙烏地阿美三個行為體賦予的平均分數分別是 8.25 分、7.875 分和 7.375 分。

(6) 關於「運輸」要素的評價和評分：這一時期，在經濟與貿易全球化的推動下，全球油氣貿易與運輸體系日趨成熟。這一時期，沒有出現因阿富汗、伊拉克戰爭等重大事件導致的「供應中斷」和運輸問題。美國在全球關鍵航道和重點水域依然擁有絕對控制力。在「運輸」要素的考量

第五章 「三角關係」中結構性權力評估及量化分析

上,「三角關係」中的權力格局與上一階段相去不遠,權力大小依次是美國、沙烏地阿拉伯和沙烏地阿美,8 位專家對這三個行為體賦予的平均分數分別是 8.625 分、7.125 分和 6.25 分。

(7)關於「定價」要素的評價和評分:這一時期,國際石油價格的定價權基本上掌握在美國人手裡,美國透過美元貨幣政策和華爾街金融期貨,控制著國際油價的走勢。這一時期,受阿富汗和伊拉克戰爭等地緣政治衝突的影響,國際油價呈現大幅震盪的特點,從 1998 年的 12.72 美元／桶低點上竄至 2005 年的 54.5 美元／桶。這一時期,以沙烏地阿拉伯為代表的 OPEC 在國際石油市場和定價方面的影響力式微。在「定價」要素的考量上,8 位專家對「三角關係」中美國、沙烏地阿拉伯、沙烏地阿美這三個行為體賦予的平均分數分別是 8.25 分、7.5 分和 7 分。

綜合評估,在 1991 年至 2005 年這一階段,美國、沙烏地阿拉伯和沙烏地阿美在「三角關係」中結構性權力指數分別是 8.6、7.511 和 6.672,詳細數字可見表 5-7。這一階段,美國的結構性權力指數上升至新高點,主要是因為柯林頓執政時期,美國的經濟實力和綜合國力達到歷史高點;而在小布希執政時期,美國採取「新保守主義」全球策略,美國在全球的霸權特別是軍事霸權得到進一步強化。整體而言,美國在「三角關係」中的結構性權力進一步上升。這一階段,沙烏地阿拉伯的結構性權力有所下降,一方面是因為「911 事件」導致美沙關係惡化,沙烏地阿拉伯的國家安全風險顯著上升;另一方面在於,沙烏地阿拉伯在全球石油市場中的影響力有所下降,對油價的影響力減弱。這一階段,由於缺少過去一直存在的四家母公司(2000 年前後成為兩家母公司)的支持,沙烏地阿美的結構性權力也有所下降,但這一時期也是沙烏地阿美轉型為一家國際能源公司的重要時期,其國際影響力開始浮現。

第三節　第三階段：1991 年至 2015 年

表 5-7　第七子階段結構性權力指數測算表

階段	沙烏地阿拉伯國王與石油大臣	美國總統	沙烏地阿美石油公司總裁	「安全」要素（權重：20%）			「生產」要素（權重：18.33%）			「金融」要素（權重：18.33%）			「知識」要素（權重：18.33%）		
				美國	沙烏地阿拉伯	沙烏地阿美石油公司	美國	沙烏地阿拉伯	沙烏地阿美石油公司	美國	沙烏地阿拉伯	沙烏地阿美石油公司	美國	沙烏地阿拉伯	沙烏地阿美石油公司
				9.625	6.875	5.750	7.125	8.000	6.250	9.375	7.500	6.875	8.500	7.750	7.625
第七子階段（1991～2005）	法赫德國王&納澤爾、納伊米	布希、柯林頓、小布希	納伊米、朱馬赫	「市場」要素（權重：8.33%）			「運輸」要素（權重：8.33%）			「定價」要素（權重：8.33%）			結構性權力指數		
				美國	沙烏地阿拉伯	沙烏地阿美石油公司	美國	沙烏地阿拉伯	沙烏地阿美石油公司	美國	沙烏地阿拉伯	沙烏地阿美石油公司	美國	沙烏地阿拉伯	沙烏地阿美石油公司
				8.250	7.875	7.375	8.625	7.125	6.250	8.250	7.500	7.000	8.600	7.511	6.672

二、第八子階段：2005 年至 2015 年

這一階段的十年是阿卜杜拉國王執政的十年，直到 2015 年 1 月 23 日其去世。同期，阿里·納伊米繼續擔任沙烏地阿拉伯石油部長。這十年，於美國而言，是小布希和歐巴馬分別擔任總統的十年；於沙烏地阿

第五章　「三角關係」中結構性權力評估及量化分析

美而言，則是朱馬赫和法利赫分別擔任公司 CEO 的十年。

這一時期，美國、沙烏地阿拉伯、沙烏地阿美「三角關係」面臨的外部環境有以下幾個面向：一是 2011 年發生的「阿拉伯之春」。「阿拉伯之春」起源於 2010 年年底突尼西亞的社會動亂，迅速波及埃及、葉門、利比亞和敘利亞，這些國家無一例外陷入動盪，政權發生更迭，甚至爆發內戰，引發了 21 世紀以來中東地區最大規模的一次社會革命和內亂，直到現在尚未消停。「阿拉伯之春」發生的主要原因是國家發展問題，具體來說，是國家的專制統治、政治體制僵化、人權的侵犯、政府貪汙腐敗、國民經濟衰退、失業率居高不下、人民生活貧困，以及領導人長期執政、不思改革、政治經濟分配不透明等等。特別是穆巴拉克（Hosni Mubarak）總統領導下的埃及，長期以來都是美國的策略夥伴和盟友，但是穆巴拉克在這場「阿拉伯之春」的動盪之中迅速下臺，美國在關鍵時刻放棄對穆巴拉克的支持成為壓垮這位總統的「最後一根稻草」。

「阿拉伯之春」及穆巴拉克的遭遇深刻警示了沙烏地阿拉伯王室，美國既然可以輕易放棄穆巴拉克，在將來某個時候會不會也放棄沙烏地阿拉伯王室？再加上伊朗等敵對勢力對沙烏地阿拉伯虎視眈眈，沙烏地阿拉伯王室感受到了前所未有的危機。2011 年 2 月和 3 月，阿卜杜拉國王採取了一系列經濟惠民措施，比如宣布一項高達 370 億美元改善民生的費用計畫，並承諾再花費 930 億美元用於改善住房和創造就業等。

二是不斷高企的國際油價。2008 年 7 月 11 日，石油價格被華爾街的金融炒家們炒到了 147.27 美元／桶的歷史高點。1999 年以來，國際油價便進入上漲週期，一直持續到 2014 年下半年，中間雖然出現全球金融危機導致油價在 2009 年下跌至 40 美元／桶以下，但很快便出現 V 型反轉。高油價一方面為沙烏地阿拉伯等全球重點產油國和出口國帶來鉅額

第三節
第三階段：1991 年至 2015 年

財富，誕生了眾多的主權財富基金，投資美國和歐洲市場的能力大大增強；另一方面，大大增強了產油國及其國家石油公司的實力，全球石油企業的發展由一直以來的現金、技術和管理「三大引擎」驅動向資源驅動轉變，「現金為王」轉向「資源為王」。

「資源為王」大大增強了國家石油公司的實力，乃至 2007 年「新石油七姊妹」進入人們的視野。2007 年 3 月，英國《金融時報》在一篇文章中提出了「新石油七姊妹」的概念。「新石油七姊妹」是指那些在經濟合作與發展組織（OECD）以外的國家最有影響力的國有石油公司。她們包括：沙烏地阿拉伯國家石油公司（Saudi Armco）、俄羅斯天然氣股份公司（Gazprom）、中國石油天然氣集團有限公司（CNPC）、伊朗國家石油公司（NIOC）、委內瑞拉國家石油公司（PDVSA）、巴西國家石油公司（Petrobras）和馬來西亞國家石油公司（Petronas）。這象徵著，世界石油工業不再是國際石油公司的天下，一些國有石油公司開始與國際巨頭「分庭抗禮」。當然，這一時期還出現了「石油峰值論」，馬修·西蒙斯（Matthew Simmons）預測沙烏地阿拉伯的石油產量在 2015 年前後將達到高峰。石油峰值論加劇了一些石油消費大國和華爾街石油交易員的恐慌，導致油價進一步被推升。

三是歐巴馬的能源政策及美國頁岩革命對美沙關係帶來重大影響。歐巴馬時期的能源政策可以概括為三方面：努力達成能源獨立；發展非化石能源和可再生能源；實行低碳環保政策，發展可再生能源、抑制化石能源的使用。其中，最為顛覆性的影響就屬美國頁岩革命了。2010 年前後，美國頁岩革命已取得實質性成功，帶動美國的油氣產量不斷提升。2008 年，美國石油產量僅有 3 億噸，達到了一個低點。此後，美國石油產量逐步回升。2011 年以來，美國石油產量更是以每年約 5,000 萬

第五章 「三角關係」中結構性權力評估及量化分析

噸的規模增加;到 2015 年,美國的石油產量已達 5.66 億噸。美國石油產量快速提升的背後是美國頁岩革命取得的巨大成功。這促使美國的能源獨立成為可能,在實質上改變了全球政治經濟和地緣政治格局,也較大程度上改變了長期以來美沙關係中「石油換安全」的內涵。

四是這一時期,特別是 2012 年至 2016 年年底,美國和伊朗之間的關係出現緩和跡象。歐巴馬上臺後,面對核武器研發即將取得突破的伊朗,加大了對伊朗的制裁力度;2012 年以來,歐盟也追隨美國開始實施對伊朗的制裁。歐巴馬第二任期,美伊關係出現重大緩和,經過多國多方斡旋和數十輪艱苦談判,美國和伊朗終於在 2015 年 7 月 14 日達成解除對伊朗制裁的《聯合全面行動計畫》(JCPOA, Joint Comprehensive Plan of Action),國際社會為此鬆了一口氣,JCPOA 協議 2016 年 1 月開始實施。伊朗核協議的簽署和實施,在相當程度上改變了中東地區的地緣政治格局,美國調整其借重沙烏地阿拉伯遏制和阻礙伊朗崛起的既定策略,沙烏地阿拉伯在美國全球策略棋局中的地位有所下降。

這一時期,七個評估要素的評價如下:

(1)關於「安全」要素的評價和評分:這一時期,處於小布希執政的第二任期和歐巴馬執政的大部分時期。小布希政府是美國擴大中東策略投入、深度介入中東事務的時期。小布希武力推翻了伊拉克政權,大大強化了對伊朗的制裁和圍堵,制定了「大中東民主計畫」,強力推行民主化進程,深陷中東地區的「反恐」戰爭。小布希以「深度介入」為特徵的中東政策不僅沒有為中東地區帶來穩定與繁榮,而且在某種程度上成為共和黨輸掉 2006 年國會中期選舉和 2008 年總統大選的重要原因之一。

歐巴馬上臺後反其道而行之,實施以「策略收縮」為主要特徵的中東政策。在反恐問題上,歐巴馬明確放棄小布希政府「反恐戰爭」的提法,

代之以「打擊暴力極端勢力」,以此減弱對中東國家的衝擊。在伊拉克問題上,歐巴馬提出明確的撤軍時間表,緩解美國在阿拉伯世界引起的不滿。同時,繼續在中東維持與沙烏地阿拉伯、巴林、卡達等盟友的緊密關係。但歐巴馬「抽身中東」策略的實施,變相減弱了對沙烏地阿拉伯等盟國的安全保護。同時,這一時期,美國由於頁岩革命逐步成功,石油產量穩步提升,降低了對中東和沙烏地阿拉伯石油的依賴。美國從沙烏地阿拉伯的石油進口量已從 2005 年的 144.5 萬桶/日(年進口 7,225 萬噸)降至 2015 年的 105.2 萬桶/日(年進口 5,260 萬噸),美國在能源安全上對沙烏地阿拉伯的依賴逐步降低。

綜上所述,這一時期,在「安全」要素的考量上,「三角關係」中美國、沙烏地阿拉伯和沙烏地阿美的得分分別是 8.75 分、6.625 分和 5.125 分。

(2)關於「生產」要素的評價和評分:這一時期,有關沙烏地阿拉伯石油生產的「沙漠黃昏」和「石油峰值論」從 2007 年開始便甚囂塵上。由於沙烏地阿拉伯各大油田的生產和相關的油藏地質資料屬於國家機密,「石油峰值論」一度得到外界的認可,進而質疑沙烏地阿拉伯未來的石油生產能力。當時身為沙烏地阿拉伯石油大臣的納伊米感言:「當我們發現自己很快將身處於所謂『石油峰值理論』的爭議漩渦中時,我們感到特別沮喪。」隨著沙烏地阿拉伯石油在後來十年裡繼續保持較高的生產能力,除了單獨幾個年分外,沙烏地阿拉伯石油產量並沒有出現明顯下滑,而且還在持續成長,2015 年達到 5.68 億噸,比 2006 年高出 5,000 萬噸,「石油峰值論」不攻自破。2016 年 3 月在美國休士頓舉行的年度劍橋能源週(CERA Week)年會上,納伊米在演講時自我調侃道:「我甚至從「石油峰值論」中活了下來(I even survive from the Peak Oil)。」另外,如前所述,

第五章 「三角關係」中結構性權力評估及量化分析

由於頁岩革命的成功，美國的石油產量持續提升，生產能力不斷增強，2015 年的產量已達 5.66 億噸。

綜上所述，在「生產」要素上，8 位專家對美國、沙烏地阿拉伯、沙烏地阿美這三個行為體賦予的平均分數均分別為 7.5 分、8.375 分和 7 分。

(3) 關於「金融」要素的評價和評分：這一時期，美國實施相對弱勢的美元政策，以刺激美國的經濟和國內出口。當然，「弱美元」政策也進一步推升了油價，致使 2011 年全年平均國際油價超過 111 美元／桶，為 20 世紀以來的最高油價。高油價推動沙烏地阿拉伯的石油財富繼續攀升，變相提升了「石油美元」在世界石油體系中的影響力。另外，以 2008 年 9 月 15 日「雷曼兄弟」投資銀行倒閉為起點，美國和全球爆發了對後來影響巨大的全球金融危機，重挫了美國的全球金融霸權。這一時期，沙烏地阿美的營業收入和利潤持續攀升，無論在儲量產量規模上，還是在盈利能力上，均排在全球 50 家大石油公司的首位。

在「金融」要素的考量上，「三角關係」中美國、沙烏地阿拉伯和沙烏地阿美的得分分別是 8.375 分、8 分和 7.5 分。

(4) 關於「知識」要素的評價和評分：這一時期，阿卜杜拉國王非常重視沙烏地阿拉伯和沙烏地阿拉伯石油工業整體水準和能力的提升。其在任期間，推動在沙烏地阿拉伯建立了一所世界級的、可培養研究生的大學學府——阿卜杜拉國家科技大學。目前，該大學在全球招收研究生，而且高度國際化，沙烏地阿拉伯學生占比只有 30% 左右。另外，在阿卜杜拉國王的支持下，沙烏地阿美公司主導建設了一家獨立的石油與策略研究機構——阿卜杜拉國王石油研究中心（KAPSARC）。而且，阿卜杜拉國王石油研究中心最迫切的使命就是，找到解決沙烏地阿拉伯及全球未來出現的一些能源問題。對沙烏地阿拉伯而言，最關鍵的問題就

第三節
第三階段：1991年至2015年

是過度依賴化石燃料。

這一時期，由於頁岩革命的成功，美國重新主導了世界石油工業科技創新的方向。根據美國能源資訊管理局（EIA）和BP能源統計資訊報告，2000年至2018年，美國頁岩氣年產量由118億立方公尺上升至6,137億立方公尺，成長了50倍以上；緻密油（90%以上是頁岩油）產量由100萬噸左右上升至3.23億噸，成長了300倍以上。特別是自2006年以來，隨著Bakken（巴肯）、Barnett（巴奈特）、Eagle Ford（鷹灘）、Marcellus（馬塞勒斯）、Permian（二疊紀）等優質頁岩盆地資源相繼得到開發，美國在2009年首次超越俄羅斯，成為世界上最大的天然氣生產國；在2017年超過沙烏地阿拉伯和俄羅斯，重新成為全球最大的石油生產國。頁岩油氣開採技術的突破被認為是現代石油工業最偉大的事件之一，正在引發能源行業的一次革命性轉折，在相當程度上改變世界能源格局和地緣政治版圖。長於創新的美國，再一次藉由技術革新為世界上了「生動的一課」。

這一時期，在「知識」要素的考量上，8位專家對「三角關係」中美國、沙烏地阿拉伯、沙烏地阿美這三個行為體賦予的平均分數分別是8.875分、8分和7.75分。

(5)關於「市場」要素的評價和評分：這一時期，由於頁岩革命的成功，美國消費市場與其他產油國而言，其吸引力在降低。這一時期，美國石油進口量在消費總量中的占比已由2005年的67.3%下降至2015年的34.1%。相反的，這一時期，美國從沙烏地阿拉伯進口原油量占其年度進口總量的比例在上升，從2005年的11.5%上升至2015年的17.9%。但這並不能說明沙烏地阿拉伯對美國消費市場的影響力在上升，因為美國石油進口量的基數和美國的石油對外依存度在下降。這一

時期,全球石油市場總體上處於「賣方市場」,油價不斷攀升,沙烏地阿美在全球石油市場中的影響力,特別是在東北亞、南亞和歐洲的消費市場占有率不斷擴大。

在「市場」要素的考量上,8 位專家對「三角關係」中美國、沙烏地阿拉伯、沙烏地阿美這三個行為體賦予的平均分數分別是 7.875 分、8 分和 7.75 分。

(6) 關於「運輸」要素的評價和評分:這一時期,受歐巴馬政府「抽離中東」政策和「輕足跡」策略的影響,在域外大國的影響方面,中東地區處於「俄攻美守」的狀態(俄羅斯插手敘利亞,處於攻勢;美國相繼退出阿富汗和伊拉克,處於守勢),美國在中東的總體影響力有所下降,對波斯灣及荷姆茲海峽等影響全球石油貿易與運輸的「關鍵要道」的控制力也相應下降。

在「運輸」要素的考量上,8 位專家對「三角關係」中美國、沙烏地阿拉伯和沙烏地阿美這三個行為體賦予的平均分數分別是 8.25 分、7.25 分和 6.25 分。

(7) 關於「定價」要素的評價和評分:長期以來,在定價方面,沙烏地阿拉伯的初衷是,一個相對「平和」和「穩定」的石油價格符合沙烏地阿拉伯的國家利益,油價的大起大落不是沙烏地阿拉伯所希望的。為此,沙烏地阿拉伯採取的主要手段就是透過調節自身產量來影響油價,這就是「靈活型生產者」的角色。但其作用發揮取決於很多外部因素,有的時候沙烏地阿拉伯透過調節產量對油價的影響很有效,有的時候作用不大。在 2005 年至 2015 年這十年,油價曾漲到過 147 美元/桶的高點,又在金融危機期間跌至每桶 40 美元。沙烏地阿美作為機動生產商,這一時期均配合政府不遺餘力地調節產量,以期影響油價。

第三節
第三階段：1991 年至 2015 年

這一時期，特別是金融危機之後，美國的石油定價權有所減弱，石油價格漲落基本回到供需關係的基本面。這一時期，在「定價」要素的考量上，8 位專家對「三角關係」中美國、沙烏地阿拉伯、沙烏地阿美這三個行為體賦予的平均分數分別是 7.75 分、7.875 分和 7.375 分。

綜合評估，在 2005 年至 2015 年這一階段，美國、沙烏地阿拉伯和沙烏地阿美石油公司在「三角關係」中結構性權力指數分別是 8.275、7.719 和 6.884，詳細數字可見表 5-8。這一階段，美國的結構性權力指數與上一階段相比有顯著下降，主要原因有兩方面，一方面源自美國華爾街的全球金融危機直接影響到美國石油金融權力；另一方面美國致力於「抽離中東」政策，到期俄羅斯等其他域外大國和土耳其等域內大國有填補權力真空的態勢。再加上美國與伊朗關係緩和、美國頁岩革命成功和能源獨立的推動，導致美沙關係的支柱——「石油換安全」的「穩定力量」作用有所弱化。這一階段，沙烏地阿拉伯和沙烏地阿美的結構性權力有所回升，主要是得益於高油價，其石油財富和石油權力相對得到提升。

表 5-8　第八子階段結構性權力指數測算表

階段	沙烏地阿拉伯國王與石油大臣	美國總統	沙烏地阿美石油公司總裁	「安全」要素（權重：20%）			「生產」要素（權重：18.33%）			「金融」要素（權重：18.33%）			「知識」要素（權重：18.33%）		
				美國	沙烏地阿拉伯	沙烏地阿美石油公司	美國	沙烏地阿拉伯	沙烏地阿美石油公司	美國	沙烏地阿拉伯	沙烏地阿美石油公司	美國	沙烏地阿拉伯	沙烏地阿美石油公司
				8.750	6.625	5.125	7.500	8.375	7.000	8.375	8.000	7.500	8.875	8.000	7.750

第五章 「三角關係」中結構性權力評估及量化分析

第八子階段(2005～2015) 阿卜杜拉國王＆納伊米 小布希、歐巴馬 朱馬赫、法利赫	「市場」要素（權重：8.33%)			「運輸」要素（權重：8.33%)			「定價」要素（權重：8.33%)			結構性權力指數		
	美國	沙烏地阿拉伯	沙烏地阿美石油公司	美國	沙烏地阿拉伯	沙烏地阿美石油公司	美國	沙烏地阿拉伯	沙烏地阿美石油公司	美國	沙烏地阿拉伯	沙烏地阿美石油公司
	7.875	8.000	7.750	8.250	7.250	6.250	7.750	7.875	7.375	8.275	7.719	6.884

第四節
第四階段：美國頁岩革命後

　　2015 年以來的這一階段屬於第四階段，也是本次分析的最後一個階段。這一階段，全球出現了去全球化與民粹主義的浪潮，川普執政後，大力倡導「美國優先」，與中國開打貿易戰。這一階段也是美國初步實現「能源獨立」的關鍵時期。於沙烏地阿拉伯而言，主要是薩勒曼國王和穆罕默德‧薩勒曼王儲掌權執政時期，沙烏地阿拉伯經歷了法利赫和薩勒曼（王儲同父異母的哥哥）兩任石油部長；於美國而言，經歷了歐巴馬、川普兩位美國總統；於沙烏地阿美而言，則是納瑟爾擔任 CEO。

　　這一階段，中東地區動盪加劇，「三角關係」面臨新的外部環境。這一時期，伊斯蘭國（IS）開始崛起，隨後在美國等國的打擊下逐步消亡。IS 從 2003 年開始在伊拉克出現，前身是「基地組織」在伊拉克的分支，後來經過發展壯大，到 2015 年前後成為全球最大的恐怖主義集團。2014 年 9 月，美國組建了一個包括英國、法國等 54 個國家和歐盟、北約及阿拉伯國家聯盟等地區組織在內的國際聯盟以打擊 IS，到 2017 年 10 月，IS 基本上已被消滅，已不能稱作一個「國家」。IS 的出現加劇了中東的動盪。

　　這一階段，敘利亞戰爭呈現膠著狀態。除了俄羅斯，土耳其和伊朗等地區大國插手敘利亞事務，導致敘利亞問題愈加複雜，直到現在尚未有解決辦法。另外，這一時期中東地區地緣政治格局的顯著特點是，伊朗的實力和影響力上升。2001 年以來，由於美國冒進的策略，貿然推翻

第五章　「三角關係」中結構性權力評估及量化分析

了海珊和塔利班這兩個伊朗的「敵手」，導致伊朗在中東地區的勢力迅速擴張，扮演起中東什葉派「新月地帶」（伊朗＋伊拉克＋敘利亞＋黎巴嫩）領頭羊的角色。伊朗開始干涉中東地區的事務。伊朗的「意外崛起」打破了伊朗和沙烏地阿拉伯這兩個策略對手的「脆弱平衡」，沙烏地阿拉伯開始奮力反擊，兩國在葉門大打「代理人戰爭」。同時，伊朗的崛起引起了美國的警覺。為遏制伊朗在本地區勢力不斷的擴張，川普上臺後，一改歐巴馬時期對伊朗的「懷柔政策」，退出伊朗核協定（JCPOA），恢復並加大對伊朗的制裁。被捆住手腳的伊朗為打破制裁，不斷在中東地區製造事端、試探美國的底線。2018 年、2019 年相繼出現的波斯灣油輪遇襲、美國無人機遭遇伊朗飛彈擊落、沙烏地阿拉伯油田和地面處理設施遭遇轟炸等，均是美伊角力和伊朗、沙烏地阿拉伯這對宿敵互毆的結果。

這一時期，美國的中東政策表現為這幾個特點：一是策略收縮的態勢沒有變。2013 年 9 月，歐巴馬在聯合國大會上指出，反恐、能源、盟國安全和防範大規模殺傷性武器擴散是美國在中東的四大核心利益，首次公開把「民主化」目標排除在外，引起國際社會的廣泛關注。2017 年川普的《美國國家安全策略報告》提出，美國的目標是「中東不能成為恐怖分子的庇護所，中東不能被一個敵對大國控制，中東是能源安全中的重要部分」。二是「輕足跡」的策略路徑沒有變。歐巴馬時期，美國已經開始實施「輕足跡」的中東策略，不再大規模捲入中東地區衝突，而是透過「空中干涉」維護美國利益。川普執政以來，美國繼續採取「輕足跡」的中東策略，空中軍事力量、地面駐軍威懾、盟國支持、大國關係協調是構成美國新中東戰略的主要方向。三是政策風格驟變。近年來，美國中東政策真正變化的是川普政府的行事風格。同歐巴馬時期相比，川普政府在中東的行事風格率性、魯莽、前後矛盾、左右衝突，具有鮮明的性

第四節
第四階段：美國頁岩革命後

格特徵。另外，川普政府的中東政策是更加「肆無忌憚」地偏袒以色列，比如 2018 年決定將駐以色列使館遷至耶路撒冷，2019 年宣布承認以色列對戈蘭高地的主權，2020 年推出「新中東和平計畫」。這些明顯偏袒以色列的舉措，加劇了阿以矛盾和本已十分動盪的中東局勢。

這一時期，七個評估要素的評價如下：

(1) 關於「安全」要素的評價和評分：這一時期，沙烏地阿拉伯與美國加強了在安全上的合作，特別是川普執政後首次出訪即選擇沙烏地阿拉伯。2017 年 5 月 20 日，川普出訪沙烏地阿拉伯，與薩勒曼國王就雙邊關係和中東地區形勢舉行會談。5 月 21 日，川普分別與海灣國家、阿拉伯和伊斯蘭國家領導人舉行峰會。作為主辦國，沙烏地阿拉伯邀請 55 個阿拉伯和伊斯蘭國家領導人赴沙烏地阿拉伯出席峰會。更重要的是，透過此次訪問，美沙達成總價共計 4,600 億美元的軍售協議，其中有 1,100 億美元的軍售協議立即生效，剩餘 3,500 億美元的合約分十年執行。這相當於為沙烏地阿拉伯的安全提供了「十年期保險」。這一時期，面對伊朗在本地區的崛起和安全威脅，沙烏地阿拉伯只能在安全上更加依賴美國；同時，透過增加對防禦措施的投入，沙烏地阿拉伯的安全自衛能力也在增強。

這一時期，在「安全」要素的考量上，美國、沙烏地阿拉伯和沙烏地阿美的得分分別是 9.375 分、6.625 分和 5.125 分。

(2) 關於「生產」要素的評價和評分：這一時期，於沙烏地阿拉伯而言，其石油生產策略分為兩個階段。第一階段是 2016 年以前，這一時期，沙烏地阿拉伯的策略是「增產保市場占有率」，面對這一輪的低油價和美國頁岩油生產商大肆搶占原油出口市場占有率，沙烏地阿拉伯在時任部長納伊米的帶領下，放棄長期以來堅持的「限產保價」策略，開始加

第五章 「三角關係」中結構性權力評估及量化分析

足馬力生產，以低價原油與美國頁岩油生產商爭奪市場占有率。

2016年，沙烏地阿拉伯石油產量達到創紀錄的5.86億噸，而俄羅斯和美國同年的產量分別為5.56和5.42億噸。隨著油價持續走低，全球油氣市場進入深度「寒冬」，繼續任由油價下跌也會重創沙烏地阿拉伯的經濟。2016年12月10日，以沙烏地阿拉伯為首的11個OPEC成員國和以俄羅斯為首的11個非OPEC國家在維也納召開會議，達成第一輪減產協議，「維也納聯盟」（Vienna Alliance）由此誕生。維也納聯盟本質上是透過沙烏地阿拉伯和俄羅斯這兩個OPEC和非OPEC代表國家的產量調節來穩定全球原油市場。這一時期，美國的石油產量在頁岩油產量飆升的推動下持續攀升，2018年達到了創紀錄的6.69億噸，比2017年的5.74億噸高出近1億噸。

綜上所述，在「生產」要素的考量上，8位專家對「三角關係」中美國、沙烏地阿拉伯、沙烏地阿美這三個行為體賦予的平均分數分別為8.625分、8.375分和6.875分。

(3)關於「金融」要素的評價和評分：這一時期，全球石油市場進入精氣低谷期，沙烏地阿拉伯的石油金融實力有所下降；美國的能源金融資本及風險投資機構的目標主要是美國的緻密油氣產業，而且在「美國優先」的去全球化浪潮的推波助瀾下，美國在全球的金融實力亦有所下降。與此同時，沙烏地阿美繼續保持強勁的海外投資趨勢，在印度、中國、東南亞及拉美的下游市場簽訂了一批新的合作協議。另外，這一時期，沙烏地阿美成功實現了IPO在沙烏地阿拉伯和全球資本市場上的影響力。2019年12月11日，沙烏地阿美正式登陸沙烏地阿拉伯利雅德證券交易所，並在當日創造了全球最大募資規模和全球最高市值公司兩項世界紀錄。

第四節
第四階段：美國頁岩革命後

在「金融」要素的考量上，這一時期，8位專家對美國、沙烏地阿拉伯和沙烏地阿美這三個行為體賦予的平均分數分別是8.125分、7.5分和7.75分。

(4)關於「知識」要素的評價和評分：這一時期，沙烏地阿拉伯這個石油王國在新任王儲穆罕默德‧薩勒曼的帶領下開始轉型，其象徵就是2016年4月，沙烏地阿拉伯對外正式釋出了「沙烏地阿拉伯2030願景」，外界對「沙烏地阿拉伯2030願景」的正面評價頗多。其背景就是世界石油格局調整，沙烏地阿拉伯面臨嚴重挑戰，以及沙烏地阿拉伯經濟結構不合理，經濟社會問題突顯。然而，如本書第三章所闡述的，卡舒吉事件的發生大大降低了沙烏地阿拉伯的軟實力。這一時期，沙烏地阿美在全球石油界繼續保持較強的影響力。2020年2月，品牌財經（Brand Finance）公司釋出了2020年世界最具價值品牌500大排名，沙烏地阿美被評為「全球最具價值的新品牌」。

在「知識」要素的考量上，8位專家對「三角關係」中美國、沙烏地阿拉伯、沙烏地阿美這三個行為體賦予的平均分數分別是9分、7.375分和7.875分。

(5)關於「市場」要素的評價和評分：這一時期，美國重回全球第一大石油生產國和天然氣生產國，石油和天然氣的對外依存度在降低，天然氣對外依存度從2007年的67%下降至2018年的25%左右；當前，美國的天然氣及LNG已實現出口，變成淨出口國。美國的油氣自給自足能力在提升，相應地，其市場進口國地位、進口消費吸引能力在下降。這一時期，在「市場」要素的考量上，8位專家對「三角關係」中美國、沙烏地阿拉伯、沙烏地阿美這三個行為體賦予的平均分數分別是8分、7.875分和7.625分。

第五章 「三角關係」中結構性權力評估及量化分析

（6）關於「運輸」要素的評價和評分：這一時期，波斯灣地區因美伊關係變得異常緊張，2018年以來，短短一年時間就發生三起扣押油輪或油輪遭襲的事件；另外，沙烏地阿拉伯石油地面設施遭遇葉門胡塞武裝的無人機襲擊，尤其是2019年9月中旬，沙烏地阿拉伯最大的油田地面處理設施遭遇攻擊，襲擊造成沙烏地阿拉伯產油量每日劇減570萬桶，接近全球產油量的6%，沙烏地阿拉伯宣布關閉國內近一半的石油產能，後來在一個月左右的時間陸續恢復。波斯灣地區的緊張局勢導致石油海上運輸供應中斷的風險在增加。這一時期，沙烏地阿美等石油生產商和運輸商在思考是否有可能修繕本已年久失修的「跨阿拉伯半島」陸上石油管道，或者增加該管道的輸送能力作為應急預案；美國加強了在波斯灣水域的護航。

在「運輸」要素的考量上，美國、沙烏地阿拉伯和沙烏地阿美這三個行為體的平均得分分別是8.5分、6.875分和6.375分。

（7）關於「定價」要素的評價和評分：這一時期，維也納聯盟效應顯現，沙烏地阿拉伯的定價能力有所上升。2016年底，維也納聯盟第一次協議決定，自2017年1月起聯合減產180萬桶／日，其中OPEC成員國減產120萬桶／日，非OPEC國家減產60萬桶／日。隨後的兩年裡，維也納聯盟又達成3次延長減產的協議，基本上是每半年延長一次，減產幅度保持180萬桶／日。2018年12月，維也納聯盟達成新一輪減產協議，減產幅度調整至120萬桶／日，其中OPEC成員國減產80萬桶／日，非OPEC國家減產40萬桶／日。自「減產協議」達成並實施以來，全球原油市場於2017年開始復甦，油價企穩回升，並於2018年7月升至近80美元／桶的高點，2019年維持在60美元／桶上下。維也納聯盟自此成了全球石油市場供給端的風向標，其影響力越來越大，其背後是

第四節
第四階段：美國頁岩革命後

沙烏地阿拉伯對國際油價定價的影響力在上升。

這一時期，在「定價」要素的考量上，8 位專家對「三角關係」中美國、沙烏地阿拉伯、沙烏地阿美這三個行為體賦予的平均分數分別是 8.375 分、8.375 分和 6.875 分。

表 5-9　第九子階段結構性權力指數測算表

階段			「安全」要素（權重：20%）			「生產」要素（權重：18.33%）			「金融」要素（權重：18.33%）			「知識」要素（權重：18.33%）		
第九子階段（2015至今）	沙烏地阿拉伯國王與石油大臣	美國總統	沙烏地阿美石油公司總裁	美國	沙烏地阿拉伯	沙烏地阿美石油公司	美國	沙烏地阿拉伯	沙烏地阿美石油公司	美國	沙烏地阿拉伯	沙烏地阿美石油公司	美國	沙烏地阿拉伯	沙烏地阿美石油公司
				9.375	6.625	5.125	8.625	8.375	6.875	8.125	7.500	7.750	9.000	7.735	7.875
	薩勒曼國王&法利赫、阿茲齊・薩拉曼	歐巴馬、川普	納瑟爾	「市場」要素（權重：8.33%）			「運輸」要素（權重：8.33%）			「定價」要素（權重：8.33%）			結構性權力指數		
				美國	沙烏地阿拉伯	沙烏地阿美石油公司	美國	沙烏地阿拉伯	沙烏地阿美石油公司	美國	沙烏地阿拉伯	沙烏地阿美石油公司	美國	沙烏地阿拉伯	沙烏地阿美石油公司
				8.000	7.875	7.625	8.500	6.875	6.375	8.375	8.375	6.875	8.667	7.513	6.888

第五章 「三角關係」中結構性權力評估及量化分析

綜合評估，在 2015 年以來這一階段，美國、沙烏地阿拉伯和沙烏地阿美在「三角關係」中的結構性權力指數分別是 8.667、7.513 和 6.888，詳細數字可見表 5-9。這一時期，美國權力上升歸因於川普本人的行事風格，以及相對於歐巴馬時期的「策略收縮」而言，美國在中東策略資源的擴大投入。沙烏地阿拉伯的石油權力有所下降主要在於，雖然沙烏地阿拉伯透過維也納聯盟增強了在世界石油市場上的話語權，但王儲穆罕默德・薩勒曼的大膽變革和獨斷專行風格，導致沙烏地阿拉伯在國際社會的形象受損，軟實力顯著下降。沙烏地阿美權力有所上升的主要原因在於其逐步開放，並於 2019 年 12 月成功上市，其全球影響力得以進一步提升。

第六章
結構性權力指數分析及其應用價值

第六章　結構性權力指數分析及其應用價值

　　本章是全書的最後一章，主要是對第五章結構性石油權力的量化評分和綜合評價進行分析，探尋二戰以來美國、沙烏地阿拉伯、阿美（沙烏地阿美）石油公司「三角關係」中結構性石油權力的規律性變化，論證結構性權力指數的價值所在。

第一節
結構性權力指數的評估與解析

把二戰以來美國、沙烏地阿拉伯、阿美（沙烏地阿美）石油公司在9個子階段的結構性權力指數呈現圖表上，並使用折線連接起來，便得到如圖6-1所示的折線圖，從中可以看出三個行為體在過去70多年時間裡結構性石油權力演變的規律。

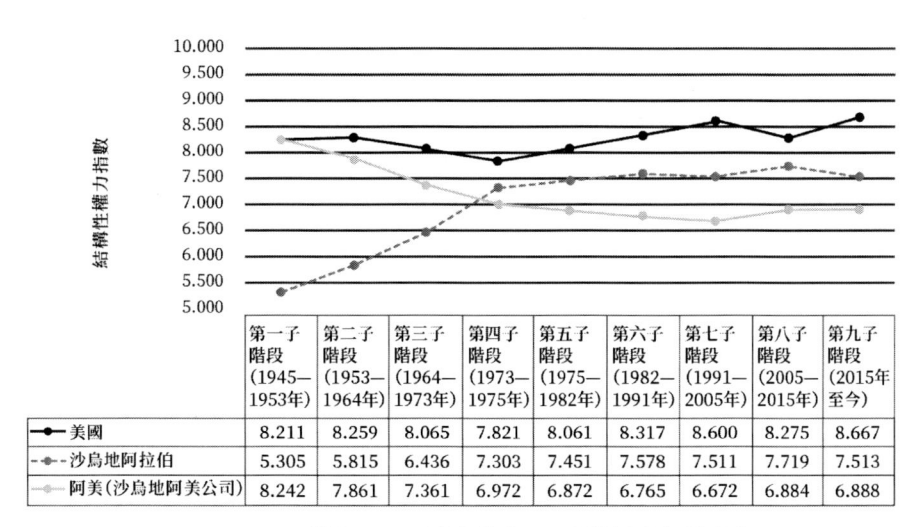

	第一子階段 (1945—1953年)	第二子階段 (1953—1964年)	第三子階段 (1964—1973年)	第四子階段 (1973—1975年)	第五子階段 (1975—1982年)	第六子階段 (1982—1991年)	第七子階段 (1991—2005年)	第八子階段 (2005—2015年)	第九子階段 (2015年至今)
美國	8.211	8.259	8.065	7.821	8.061	8.317	8.600	8.275	8.667
沙烏地阿拉伯	5.305	5.815	6.436	7.303	7.451	7.578	7.511	7.719	7.513
阿美（沙烏地阿美公司）	8.242	7.861	7.361	6.972	6.872	6.765	6.672	6.884	6.888

圖6-1　美國、沙烏地阿拉伯、阿美（沙烏地阿美）石油公司
　　　　「三角關係」結構性權力指數演變圖

231

第六章　結構性權力指數分析及其應用價值

一、結構性權力從高到低依次是美國、沙烏地阿拉伯和阿美（沙烏地阿美）石油公司

從圖 6-1 可以看出，美國作為全球超級大國和發達消費大國，其結構性權力除了在第一子階段略遜於沙烏地阿美石油公司以外，其餘八個子階段均處於「三角關係」的「最高權力者」地位。這是由結構性權力中的「非石油因素」決定的，這也從另一個側面驗證了，有一些權力是凌駕於石油權力之上的，比如安全權力、金融權力和知識權力。縱觀二戰以來的 70 多年和這九個子階段，在安全、金融和知識要素上，美國的得分總是最高，這是由美國的綜合實力決定的。美國在全球和中東地區的超級大國地位和霸權，支撐著美國一直處於「最高權力者」地位。

除了 1970 年代以前，沙烏地阿拉伯一直是「三角關係」的「次高權力者」。這與一些學者經過研究得出的結論略有不同，一些學者認為發達消費體和國際石油公司總是處於結構性權力中心地帶，而產油國往往處於權力外圍。具體到美國、沙烏地阿拉伯、沙烏地阿美石油公司的「三角關係」中，大部分時間裡，沙烏地阿拉伯的石油權力還是高於沙烏地阿美石油公司。這一方面在於沙烏地阿拉伯是一個完整的主權國家，在安全、市場、生產、運輸等方面的權力顯著高於沙烏地阿美石油公司；另一方面自 1970 年代以後，隨著沙烏地阿拉伯對沙烏地阿美石油公司的「漸進式」國有化，沙烏地阿美石油公司作為國際石油公司的獨立性遭到侵蝕，其結構性權力顯著下降。

除 1970 年代以前，阿美（沙烏地阿美）石油公司一直處於「三角關係」的「第三權力者」地位。在 1970 年代以前，沙烏地阿美石油公司依

靠四家「超級」母公司，能夠掌控生產和定價權力的時候，其總體結構性權力是超越沙烏地阿拉伯的。隨著沙烏地阿拉伯在 OPEC 中居於領導地位，以及生產權和定價權逐步過渡到沙烏地阿拉伯政府手中，沙烏地阿拉伯的石油權力超越了沙烏地阿美石油公司。1988 年後，沙烏地阿美成為一家國家石油公司，儘管其國際化、全球化特徵明顯，且相對獨立，但總體還是在沙烏地阿拉伯政府的控制之下，結構性權力有限。

二、美國和沙烏地阿拉伯的石油權力總體在上升、沙烏地阿美石油公司總體在下降

就結構性權力變化趨勢而言，二戰以來的 70 多年裡，美國和沙烏地阿拉伯的結構性權力總體呈上升態勢，而阿美（沙烏地阿美）石油公司的結構性權力總體呈下降態勢。從第四章和第五章的結構性石油權力評價設計和評估論證的情況看，美國的結構性權力指數總體呈上升趨勢，主要原因在於：一是美國長期以來一直是全球最大的石油生產國、消費國和進口國，1970 年代後期，其最大生產國地位被沙烏地阿拉伯和蘇聯（後來的俄羅斯）所超越，近年來又恢復到全球最大石油和天然氣生產國的地位，由於其龐大的生產量，一直在全球石油市場上扮演舉足輕重的角色。「大不一定強、不大一定不強」，美國的石油權力部分源自其巨大的規模實力。二是美國一直以來將「石油供應安全」視為國家安全的一個重要環節，美國在保障石油安全上的策略資源投入與其石油的對外依存度呈「正相關」關係。從圖 6-1 中可以看出，1991 年至 2005 年這一階段，是美國石油進口量逐步攀升、對外依存度逐步上升的時期，美國在這一

第六章　結構性權力指數分析及其應用價值

時期的結構性權力指數高達 8.6，其背後是美國在安全、生產、管道、金融等方面加強了保障力道。三是二戰以來的 70 多年，美國的總體國力呈上升態勢，到 1990 年代柯林頓執政時期，美國的霸權實力達到巔峰，儘管中間有反覆和學者們提及的「霸權衰弱」，但美國的總體實力在持續成長，這也支撐了其石油權力的上升。

沙烏地阿拉伯的結構性石油權力呈上升態勢，一是沙烏地阿拉伯自 1932 年立國之後，經過半個多世紀的發展，逐步從阿拉伯半島一個實力偏弱的小國，發展成為中東地區大國和阿拉伯世界裡數一數二的國家。2011 年「阿拉伯之春」之後，沙烏地阿拉伯逐步代替埃及，成為阿拉伯世界的領導者，國家總體實力的提升在相當程度上決定了其石油權力的上升。二是沙烏地阿拉伯在全球石油市場和世界石油體系供給端的地位在逐步提升，其生產能力和知識能力在逐步提升。三是沙烏地阿拉伯在 1970 年代後期以來，其在石油美元體系中的地位逐步提升，其身為「機動生產商」的作用越來越大，並掌握了一定的定價權。

阿美（沙烏地阿美）石油公司的結構性權力總體呈下降態勢。一是作為跨國公司的行為體，相對於主權國家行為體而言，阿美（沙烏地阿美）石油公司處於弱勢地位；二是作為國際石油公司和外國投資者，阿美（沙烏地阿美）石油公司在沙烏地阿拉伯的生產權力、定價權力和知識權力均逐步讓渡給沙烏地阿拉伯政府，這三方面的權力下降導致其綜合石油權力下降；三是沙烏地阿美石油公司轉變為沙烏地阿美後，其權力進一步下降。

三、三個行為體
本身的結構性權力指數呈波浪式變化

就美國而言，其在「三角關係」中結構性權力的變化，經歷了 1960 年代中期以前的上升期，此後是差不多 10 年左右的下降期；1970 年代中期以後，美國的結構性權力持續上升，一直到 21 世紀初；近十多年來，美國的結構性權力呈下降態勢，但隨著川普上臺，下降態勢得以扭轉。影響美國石油權力轉換的關鍵因素：一是美國國家安全策略及其對外政策的調整；二是其在全球金融和知識（軟實力）影響力的高低；三是其在全球石油市場中生產和消費地位的變化；四是重大地緣政治事件的出現、領導人的變更及領導風格的變化。

就沙烏地阿拉伯而言，其在「三角關係」中結構性權力的變化，經歷了 1970 年代中期以前的持續且顯著上升期，該上升期大約有 30 年之久；沙烏地阿拉伯的結構性石油權力在費薩爾國王當政的 1970 年代中期達到高峰，隨後進入相對平穩的「平臺期」，這一時期也有 30 年之久；21 世紀初，隨著阿卜杜拉國王當政，伴以國際油價的上升，沙烏地阿拉伯的石油權力得以回升；但薩勒曼 2015 年擔任國王以來，特別是王儲穆罕默德・賓・沙爾曼的一系列「莽撞」行為，導致沙烏地阿拉伯的結構性權力指數有所下降。影響沙烏地阿拉伯石油權力轉換的關鍵因素是：中東地區的地緣政治和安全態勢的變化，沙烏地阿拉伯國王的更替和領導力的變化，沙烏地阿拉伯在全球石油市場中生產能力和定價能力的變化。

就沙烏地阿美石油公司和後來的沙烏地阿美而言，其在「三角關係」中結構性權力的變化，經歷了 1970 年代中期以前的持續快速下降期，後

第六章 結構性權力指數分析及其應用價值

進入緩慢下降期,直至20世紀末到21世紀初,沙烏地阿美的石油權力有所上升。影響阿美石油權力轉換的關鍵因素是公司性質的變化,以及石油技術、資金和管理權力的變化。

四、「三角關係」結構性權力變化的總體趨勢

從美國和沙烏地阿拉伯結構性權力指數的折線圖演變可以看出,美國的結構性權力的上升意味著沙烏地阿拉伯結構性權力的下降,反之亦然。這是由美國和沙烏地阿拉伯分別作為全球最大消費國、進口國和生產國、出口國的「結構性矛盾」決定的。這從現實主義國際關係理論中可以得到論證,屬於「零和賽局」。這一特徵在第四和第七子階段表現得尤為明顯。1973年「石油禁運」期間,美國的石油權力跌入谷底,沙烏地阿拉伯的石油權力處於高點;2003年前後,美國的石油權力處於高點,而沙烏地阿拉伯則跌入谷底。

於沙烏地阿拉伯和阿美(沙烏地阿美)石油公司而言,兩者的結構性權力指數演變在1990年代之前呈負相關關係,道理很簡單,1988年正式成為沙烏地阿美之前的沙烏地阿美石油公司,實際上是一家美國石油公司,代表的是國際石油公司和美國的利益。兩者在1990年代之後呈正相關關係,是因為經過幾次國有化購買和身分轉變後,沙烏地阿美石油公司已經轉變為沙烏地阿拉伯的石油公司,總體上代表的是沙烏地阿拉伯的利益。

還可以看出,1970年代中期以前的沙烏地阿美石油公司,其結構性權力的變化與美國的變化基本上是一致的;而此後的沙烏地阿美,其結

構性權力變化與沙烏地阿拉伯的變化也大致相同。其中的道理是顯而易見的,國有化啟動之前的沙烏地阿美石油公司本質上是一家美國公司,而國有化之後的沙烏地阿美本質上是一家沙烏地阿拉伯公司。

第二節
結構性權力指數
在石油體系中的應用與影響

一、結構性權力指數
可以用來預測美沙關係的變化

美沙在結構性權力指數上有顯著差距時，往往是美沙關係的「蜜月期」，比如伊本・沙烏地──富蘭克林・羅斯福時期（第一子階段），以及法赫德──老布希時期（第七子階段）；反之，美沙在結構性權力指數上比較接近的時期，往往是美沙關係的「動盪期」獲「冷淡期」，比如費薩爾──尼克森時期（第四子階段），以及阿卜杜拉──歐巴馬時期（第八子階段）。

二、結構性權力指數
可以用來印證國際油價的走勢

如圖 6-2 所示，於美國而言，其結構性權力指數的變化趨勢與國際油價的變化趨勢基本上呈負相關，尤其是其全球消費大國、進口大國身分明顯的時候；於沙烏地阿拉伯而言，其結構性權力指數的變化趨勢與國際油價走勢基本上呈正相關關係。其背後的道理是顯而易見的，油價

第二節　結構性權力指數在石油體系中的應用與影響

的上升增加了作為消費大國美國的消費成本，因而在一定程度上侵蝕其結構性石油權力；與之相反的是，油價的上升增加了作為生產出口大國沙烏地阿拉伯的石油財富，在一定程度上提升了其結構性石油權力。

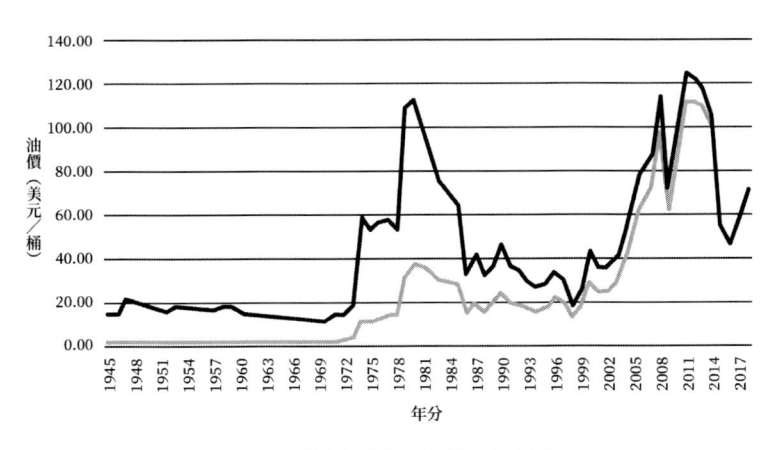

圖 6-2　二戰以來國際油價變化走勢圖

三、結構性權力指數可以用來解釋消費國和產油國誰更脆弱的問題

在石油政治裡，到底是產油國更脆弱，還是消費國更脆弱？在過去至少 20 年，我們總認為消費國更脆弱，因而總是擔心能源安全的問題，總是為「亞洲溢價」所困，總是付出更多代價去進口油氣。然而，從歷史和現實中來看，實際上是生產國更脆弱，消費國更強大。一個明顯的例子是，過去和當前的大多數石油制裁，都是發達的消費國對產油國施加的，比如美國對俄羅斯、伊朗和委內瑞拉施加的制裁。

這種現象可以從結構性權力指數得到很好的解釋。關鍵原因就是，

第六章　結構性權力指數分析及其應用價值

發達消費國的結構性權力指數一直是顯著高於產油國和出口國的。正如前文所述，美國等發達消費國在安全、市場、金融、知識、運輸、定價等要素上均擁有比產油國更多的石油權力。石油消費大國，基本都是國家地域廣闊、經濟發展能力強、國家武裝力量強大、科技水準高的國家。這決定了消費國在國際治理秩序、經濟發展彈性方面都處於較好的狀態。產油國大部分屬於開發中國家，這是由於資源稟賦與「荷蘭病」[21]所致，所以從這個意義上看，消費國的結構性石油權力更強大。

四、結構性權力指數可以運用到「消費國 —— 產油國 —— 國際石油公司」三角組合關係中

世界石油體系中類似美國、沙烏地阿拉伯、阿美（沙烏地阿美）石油公司「三角關係」的關係還有很多，比如歐洲消費國 —— 中東產油國 —— 歐洲石油公司「三角關係」，日本 —— 沙烏地阿拉伯 —— 日本國際石油財團「三角關係」，以及中國 —— 沙烏地阿拉伯 —— 中國國有跨國石油企業「三角關係」，等等，都可以建立與本書相似的分析框架和評價模型，來解釋三個行為體在結構性石油權力上的互動關係。

---

[21] 荷蘭病（the Dutch disease），是指一國（特別是指中小型國家）經濟的某一自然資源產品出口產業異常繁榮，而導致其他產業衰落的現象。1960 年代，已是製造業商品出口主要國家的荷蘭發現大量石油和天然氣，荷蘭政府大力發展石油、天然氣業，出口劇增，國際收支出現順差，經濟顯現繁榮景象。可是，蓬勃發展的天然氣業卻嚴重打擊了荷蘭的農業和其他工業部門，削弱了出口行業的國際競爭力，到 1980 年代初期，荷蘭遭受通貨膨脹上升、製造業商品出口下降、收入成長率降低、失業率增加的困擾，國際上稱之為「荷蘭病」。

附錄

附錄

第一節
基本概念與關鍵字界定

　　中東是全球石油天然氣儲量和產量的「心臟地帶」。鑒於中東地區在地理、歷史、文明和宗教等方面的特殊和重要地位，中東也是大國角力和地緣政治的焦點地區。中東地區兼具石油和政治的雙重屬性，使得該地區的石油政治特徵濃厚。1970年代中後期和80年代是石油政治、中東政治、中東石油政治、國際石油公司研究的「黃金時代」。1973年阿拉伯國家對美國和其他西方國家的「石油禁運」，伊斯蘭極端組織1979年攻擊沙烏地阿拉伯宗教聖地麥加，伊朗1979年發生伊斯蘭革命，1979年蘇聯入侵阿富汗導致中東數個產油大國與蘇聯交惡，1980年「兩伊戰爭」開打，1980年代中後期沙烏地阿拉伯對其石油工業完全實現國有化——沙烏地阿美誕生等，一系列具有全球影響且與中東石油密切相關的重大政治事件和衝突輪番上演。石油對全球政治經濟的影響被推到一個無與倫比的高度。當時，美國和歐洲一批著名的國際政治學者和智庫人士研究石油政治的問題。毫無疑問的，目前依然占據重要位置的石油政治經典著作、重要概念、重要正規化和模型基本上都是那一時期提出的，現在依然經久不衰。下面，圍繞消費國、產油國和國際石油公司的「三角關係」，對本書用到的重要概念進行界定。

　　第一，美國和沙烏地阿拉伯同盟關係的確立。1945年2月14日，美國總統富蘭克林·羅斯福利用其去蘇聯參加雅爾達會議的機會，於回程途中，在停靠在埃及地中海的美國軍艦上，與沙烏地阿拉伯國王伊本·沙烏地舉行會談並達成協議。協議的主要內容是，美國將對沙烏地阿拉

第一節
基本概念與關鍵字界定

伯的安全提供保護,作為回報,沙烏地阿拉伯在當時已經於沙烏地阿拉伯從事油田投資與開發的美國石油財團的幫助下,源源不斷地向美國提供石油。此外,兩國元首還探討了以色列在中東巴勒斯坦建國和戰後中東秩序等問題。此次雙方會面後,美國和沙烏地阿拉伯的同盟關係正式確立。此後的 70 多年中,美國和沙烏地阿拉伯的關係儘管受中東局勢、國際石油市場供需情況,以及沙烏地阿拉伯政體等因素影響而起起伏伏,但總體而言一直在同盟的「軌道」上運行著。

第二,石油政治的核心是石油權力。什麼是「石油政治」?根據國際石油經濟學者奧斯坦・諾倫(Oystein Noreng)在《1980 年代的石油政治——國際合作的正規化》(*Oil Politics in the 1980s, Patterns of International Cooperation*)一書中的解釋,石油在全球能源體系中的特殊地位和石油的不可再生性、分布的不均衡性,賦予了石油經濟、策略和政治屬性。石油價格波動和對石油供應的控制則可能導致潛在的政治衝突。而且,石油的特殊屬性導致其往往會和其他因素直接或間接地掛鉤。二戰以來,最普遍的現象是,大多數國家是石油淨進口國,因而石油價格漲跌和對石油供應鏈的控制與否對這些國家的經濟、外交政策和行為自由度產生了直接影響。石油往往與一個國家的經濟成長速度、就業狀況、通貨膨脹率、貿易政策,乃至總體的外交政策傾向密切相關。自從 20 世紀中東首次發現石油[22]後,石油工業在世界經濟政治和外交中扮演了更加重要的角色,石油的政治屬性變得越來越強。全世界石油政治的典型例子有石油生產的配額制、因石油而引發的國際衝突、「石油峰值論」、

---

[22] 1908 年 5 月 26 日,英國人德奇(William Knox D'Arcy)的勘探隊在伊朗和伊拉克交界處,打出了伊朗現代史上的第一口油井,發現了馬斯吉德蘇萊曼油田。沙烏地阿拉伯的比較晚,是經過 5 年的勘探於 1938 年 3 月 8 日在達曼發現的,鑽到 1,380 公尺深,這口井被命名為 7 號井。1927 年伊拉克的基爾庫克油田出油,這是中東發現的第一個大油田。1930 年代,巴林、沙烏地阿拉伯、科威特相繼發現石油。

附錄

中亞裏海地區的石油管道外交[23]、石油國有化及其政治影響、石油貨幣的地緣政治特徵等。

可以看出，石油政治的關鍵和本質就是「石油權力」。石油之所以能形成「權力」，是因為石油發揮作用的不可替代性，除了石油，尚沒有一種能源能夠稱得上「工業的血液」；還因為石油的不可再生性、石油儲量分布的不均衡性、石油資源的稀缺性，以及石油的大宗商品屬性，如果產量和交易量不夠大，石油也不會有這麼大的影響力。後來，隨著金融市場的發達和金融衍生品的誕生，石油又具備了金融屬性。石油的上述特點，使得它與眾不同，常常為擁有它的國家、群體和個人所利用，成為實現利益的工具。石油自從與利益掛鉤後，便具備了「權力」。

第三，中東石油政治的主要特點表現為四個方面。中東地區一直是全球最重要的油氣儲量地區、生產地區和出口地區。截至 2018 年年底，中東地區石油已探勘可採儲量 1,132 億噸（8,361 億桶），天然氣已探勘可採儲量 79.1 兆立方公尺，分別占全球石油和天然氣總儲量的 48.3％和 40.9％；2018 年，中東地區的石油產量和出口量分別為 14.90 億噸和 12.17 億噸，分別占全球生產總量和出口總量的 33.3％和 34.8％；同年，中東地區的天然氣產量和出口量分別為 6,873 億立方公尺和 1,339 億立方公尺，分別占全球天然氣生產總量和出口總量的 17.8％和 14.2％。可見，中東地區石油天然氣儲量、產量和出口量在全球油氣市場上的中流砥柱地位。

---

[23] 長程跨國油氣輸送設施（管道）往往能夠實質性改變區域性地緣政治格局。這方面最為典型的案例非 BTC 管線莫屬。BTC 管線系從亞塞拜然的巴庫經過喬治亞首都提比里斯到土耳其傑伊漢港口的一條原油運輸和出口管道，這條管線繞過俄羅斯，直接把亞塞拜然位於裏海 ACG 油田的原油經過喬治亞運抵土耳其，再透過油輪運至歐洲消費市場。它的建成和營運，一定程度上改變了俄羅斯、亞塞拜然、喬治亞和土耳其的地緣政治格局，使得俄羅斯丟掉了對裏海油區「出口閘門」的控制地位，可謂是美歐西方國家聯手「遏制」俄羅斯長期以來霸占裏海石油出口壟斷地位的一場「逆轉勝」。

第一節
基本概念與關鍵字界定

　　與此同時，中東地區有著全世界最為複雜的宗教關係和民族問題，以及全球最為嚴重的地緣政治衝突，域外大國長期盤踞中東地區。中東地區極其複雜的民族、宗教、政治和文化關係，加上中東地區是全球最重要油氣富集地，使得該地區成為全球石油政治特徵最普遍、最顯著的地區。中東地區的石油政治主要表現為：

　　一是石油往往與地區衝突連結在一起。有國際政治學者對中東地區國家間衝突和戰爭研究過後發現這樣一個現象，擁有油氣資源的國家往往容易發起戰爭或者成為戰爭受害者。比如伊拉克 1980 年代初對伊朗的入侵（兩伊戰爭）以及在 1990 年代初對科威特的入侵；作為世界第一油氣儲量（當量）大國的伊朗近 40 年來一直遭受著美國和西方國家的制裁；2003 年美國對伊拉克發動的第二次戰爭，這些衝突無不與石油有密切的關聯。有學者統計發現，放眼全球，富油國家極易成為別國攻擊的箭靶，資源型國家的戰爭爆發率是常態國家戰爭爆發率的 2.5 倍。

　　二是中東地區幾個主要的產油國發起成立了石油輸出國組織（OPEC），成為由本地區主導並能夠影響全球政治經濟格局的為數不多的國際組織之一。1960 年在巴格達由沙烏地阿拉伯、委內瑞拉、伊拉克、科威特等幾個中東和拉丁美洲地區重點產油國石油部長們發起成立的 OPEC，是繼 20 世紀初美國德克薩斯鐵路局後，全球最具影響力的石油卡特爾。OPEC 的成立和執行打破了此前長期以來由「石油七姊妹」控制全球石油市場和價格走勢的局面。半個多世紀以來，OPEC 一直是全球最重要的能源國際組織之一，對全球油氣市場乃至世界政治經濟格局發揮著巨大影響。特別是 21 世紀以來，沙烏地阿拉伯成為 OPEC 的主導者，OPEC 的「中東化」傾向不斷加強。

　　三是中東地區此起彼伏的石油國有化運動。國有化運動使得石油被

視為是國家主權的象徵，因而具備了濃厚的政治色彩，石油國有化運動背後是資源國政府和外國投資者（及投資者的母國政府）之間的較量，很容易上升為國家間矛盾乃至衝突。全球第一波石油國有化運動發生在 1920 年代末拉丁美洲的阿根廷，接著 1940 年代初在墨西哥也發生了石油國有化運動；委內瑞拉的第一波石油國有化運動發生在 1976 年，第二波石油國有化運動發生在 2005 年前後。

中東地區石油國有化運動集中發生在 1950～1970 年代，伴隨著全球的政治覺醒和民族解放運動。其中以摩薩台時期的伊朗石油國有化運動最為著名。二戰結束後，美國、蘇聯、英國三國的爭鬥使伊朗捲入國際政治的漩渦之中，並成為戰後美蘇冷戰的前線陣地。隨著伊朗政府財政收入對石油分紅的依賴，英伊石油公司（現在的 BP 石油公司）便透過石油控制了伊朗的經濟命脈。伊朗人民不堪忍受英伊石油公司的掠奪，要求廢除其租讓權。1949 年，伊朗民族民主運動領導人穆罕默德·摩薩台在議會中提出「石油國有化法案」，得到伊朗各界的廣泛支持。1951 年 3 月 14 日，議會透過該項法案，宣布對石油資源實行國有化，取消外國公司在伊朗石油領域的特許權。同年，伊朗國家石油公司（NOIC）成立。為了對抗伊朗的石油國有化法令，英伊石油公司背後的英國政府對伊朗實行經濟封鎖，西方國家也拒絕購買伊朗石油。伊朗失去大量的石油收入和外援，國家財政因此陷入危機，政局出現動盪，經濟形勢的惡化使摩薩台失去了民眾的支持。1953 年，美國中央情報局趁機策劃並推翻了摩薩台政府，幫助穆罕默德·禮薩·巴列維國王鞏固了王權，並取代了英國和蘇聯在伊朗的主導性地位，由此獲得政治和經濟利益的雙豐收。

四是中東石油政治一直受到外國因素的影響，因而使其更具國際政

治的特徵。首先，中東石油政治中的「大國角力因素」主要表現為英法集團、美國和蘇聯（現在的俄羅斯）等域外大國對中東石油的爭奪。歷史上，中東石油的第一波域外控制者是英國和法國，特別表現為1950年代之前英國對伊朗石油的控制。第二波域外控制者或介入者是美國，特別表現為美國和沙烏地阿拉伯在二戰以後建立起來的同盟關係，沙烏地阿拉伯的石油產量是美國維護其「石油美元」霸主地位的根基。第三波域外控制者是蘇聯和後來的俄羅斯，突出表現為蘇聯於1970年代末入侵阿富汗，與美國爭奪中東地區的油氣資源和地區主導權。

其次，中東石油政治的「歐美因素」主要表現為歐美國際石油公司對中東地區的石油投資和貿易。第一階段是1960年代以前，「石油七姊妹」對中東地區的石油投資，美歐跨國石油巨頭和中東地區各產油國政府之間的角力是中東石油政治中很重要的一部分。第二階段是1940～1980年代，沙烏地阿美石油公司（Aramco）在沙烏地阿拉伯的投資，沙烏地阿美石油公司基本上控制了沙烏地阿拉伯的石油工業。第三階段是1990年代以來，美歐和亞洲的石油企業在中東地區的石油投資，特別是自2008年伊拉克戰後對外開放其石油市場，歐美石油企業聯合亞洲國家石油公司在伊拉克的大規模投資與建設，一定程度上推動了中東石油政治的多元化。

再次，中東石油政治的「亞洲因素」主要表現為中國、日本、韓國和印度等亞洲石油消費大國對中東石油的需求，以及上述四國的石油企業在中東地區的石油投資，對中東石油的巨大需求促使亞洲各重要消費國與中東各大產油國保持著良好的多雙邊關係，成為中東石油政治的「穩定器」。亞洲石油企業在中東的投資一定程度上提升了中東石油的產量水準，推動提升了中東國家的石油工業現代化水準，提振了中東石油在全

球石油市場上的地位，鞏固和加強了中東各大產油國的「石油權力」。

第四，跨國公司是國際關係的重要行為體，國際石油公司在產油國的力量尤為強大。一個公認的事實是，隨著跨國公司的崛起和綜合實力的不斷增強，跨國公司已經和主權國家、國際組織一併成為國際關係的三大行為體。二戰後，最顯著的經濟現象之一是跨國公司的出現和發展。跨國公司一般是指在多個不同的國家從事生產和經營活動的企業。許多跨國公司擁有全球性的影響力，它們擁有的資源和銷售收入甚至遠遠超過大多數國家；一些跨國公司所涉足的國土面積和營業範圍，比有史以來任何帝國所控制的地域更加廣闊；它們透過對外直接投資（FDI）的方式，廣泛地結合了世界經濟，並使世界經濟的相互依賴關係從貿易和貨幣領域擴大到工業生產領域。跨國公司生產的國際化是經濟全球化的主要動力，使得民族和國家的概念變得更加模糊；一國所擁有跨國公司的數量、規模和實力已成為評估該國綜合國力的主要標準之一。以2010年為例，跨國公司的全球生產帶來約16兆美元的增值，約占全球GDP的四分之一；其外國子公司的產值約占全球GDP的10%以上和世界出口總額的三分之一。

跨國公司的存在及其強大實力，深刻影響著世界上很多國家的國內經濟和國內政治，也深刻影響著當代國際關係。跨國公司是國民經濟發展的支柱、科技進步的強大引擎，在國內和國際政治中扮演著重要角色。跨國公司已經在相當程度上改變了人類社會的生產方式，改變了社會財富的產生模式和分配方式，也改變了權力執行過程和執行結果。

國際石油公司的力量尤為強大，近20年來，富比士雜誌每年評選出的世界500大企業的前十名榜單上，至少有四位是國際石油公司或國家石油公司，多則達到六位。羅伯特・吉爾平認為，美國跨國公司擴張是

第一節
基本概念與關鍵字界定

美國國家實力擴張的結果,研究美國跨國公司必須考慮國家實力因素。美國第一大石油公司——埃克森美孚石油公司從1992年至2012年20年間全球化經營的案例告訴我們,國際石油公司可謂富可敵國,是一個擁有影響產油國政府和對外合作政策,同時影響美國能源政策的「超級行為體」,其能量甚至超過一個中型民族國家。

附錄

第二節
文獻綜述與研究背景

　　結合本書的研究主題，在前文已經論及的研究成果的基礎上，現就以下幾方面國際現有研究成果進行文獻綜述：一是關於國際政治經濟學的研究，二是關於石油政治的研究著作和重要文獻，三是關於美國和沙烏地阿拉伯關係研究的著作和論文，四是關於國際石油公司的重要研究成果，五是其他相關研究成果。需要指出的是，有的文獻中有跨國公司與美國霸權、石油投資的政治屬性、中東石油政治等與本文提出的「三角關係」類似的概念，在文獻回顧中將一併列入，不做區分。

一、關於國際政治經濟學的研究

　　鑒於本書的研究對象——美國、沙烏地阿拉伯和沙烏地阿美石油公司「三角關係」，一方面是三者之間的石油供需、石油投資與貿易等經濟學問題，但另一方面更為重要的是美沙兩國關係、國際政治對經濟行為的影響，實際上是一個國際政治經濟學問題。這裡有必要對國際政治經濟學的代表性著作進行介紹。

　　一是美國學者科恩（Benjamin Cohen）所著的《國際政治經濟學：學科思想史》(*International Political Economy: An Intellectual History*)，主要講述這一學科不同於其他學科的顯著特點，探討國家在不同國際政治經濟學派別和議題中的地位，集中展現了 40 年來國際政治經濟學研究所取

第二節
文獻綜述與研究背景

得的重要理論成果與開創的研究方法,以及作者科恩對國際政治經濟未來發展的思考。

二是美國學者佛雷德利・皮爾遜(Frederic Pearson)所著的《國際政治經濟學》(*International Political Economy*),介紹了現代國際經濟體系的演變與主要特徵,以及當前引起爭論的問題,以求將國際政治經濟學的基本理論與當前的社會政治現狀及 21 世紀的美好理想結合起來,尋求它們的關聯性。

三是美國著名學者羅伯特・吉爾平(Robert Gilpin)所著的《國際關係政治經濟學》(*The Political Economy of International Relations*),該書對政治經濟學的性質、政治經濟學的三種思想觀點(自由主義、經濟民族主義、馬克思主義)、國際政治經濟學的動力、國際貨幣、國際貿易、跨國公司和國際生產、國際金融等問題進行了全面且系統的闡述,是國際政治經濟學領域的「經典之作」。而且,該書著重介紹了跨國公司這一國際行為體對國際政治經濟的巨大影響,這使得該書的研究內容與本書的研究方向更加契合。

羅伯特・吉爾平的《國際關係政治經濟學》雖然強調了自由主義重視市場效率的重要意義,但亦嚴肅對待馬克思主義關於世界市場及資本主義經濟的批評。貫穿全書的重點是現實主義或者經濟民族主義關於貿易、金融及投資等關係的看法,以及這些看法與國際政治經濟學相應解釋的比較。書中強調,自由主義主張市場自由及減少國家干預;民族主義強調國家、國家安全及軍事實力在國際體系的組織與運轉過程中的首要作用;馬克思主義主要是對資本主義的國際經濟秩序進行了批判,認為資本主義的好戰本性及其政治後果終有一天會導致資本主義的徹底滅亡。

附錄

　　羅伯特・吉爾平在該書專科門利用一個章節闡述跨國公司和國際生產。在他看來，自二戰結束後，國際政治經濟中無論哪個方面都未曾像跨國公司的全球性擴張問題那樣眾說紛紜，難有共識。他還強調，儘管跨國公司主宰世界經濟的現象在1960年代是確鑿無疑的，但是1973年發生的事件（阿拉伯國家對美國、歐洲及日本實施的「石油禁運」）讓跨國公司面臨重大挑戰，並且改變了它們在世界經濟中似乎不可戰勝的地位。OPEC組織的「石油禁運」和接踵而至的石油價格大幅上漲，證明了民族國家尚未失去反擊能力。有意思的是，羅伯特・吉爾平似乎對國際石油公司情有獨鍾，該書及其另一本鉅著《跨國公司與美國霸權》（*US Power and the Multinational Corporation*）中涉及跨國公司的案例基本上都是列舉國際石油公司。

　　該書更有價值的地方在於，羅伯特・吉爾平各用一小節專門闡述跨國公司與母國（類似前面所提的母國政府與國際石油公司的互動）、跨國公司與地主國（類似前面所提的本地政府與國際石油公司的互動）的關係。關於跨國公司與母國的關係，吉爾平認為，儘管美國公司的利益和美國外交政策的目標在許多情況下是相互牴觸的，但美國公司和美國政府之間已存在著利益的互補性。美國公司和政治領袖一般認為，美國公司的對外擴張是為美國的國家利益服務的。美國的政策管理公司向國外擴展，並且往往會對公司加以保護。比如，1970年代以前，美國跨國公司基本上一直控制著非共產主義世界對原材料（特別是石油）的獲得，這就保證了供應的安全可靠及在發生石油短缺時，美國能夠優先得到供應。美國的政治領袖認為，美國公司的對外直接投資：一是美國得以在世界市場上維持美國控制地位的一個主要手段（儘管對外直接投資意味著美國公司要輸出資本和技術，但公司權力的真正核心——金融、研

發、管理控制權——仍在美國)。二是美國跨國公司有利於美國的國際收支平衡(跨國公司是外匯的重要賺取者)。三是跨國公司是美國全球經濟發展的工具和傳播美國自由企業制度思想的途徑。四是跨國公司可視為外交工具。但吉爾平也強調,1973年石油危機之後,跨國公司利益和國家利益的密切結合開始削弱。

關於跨國公司與地主國之間的關係,吉爾平指出,歷史上跨國公司在地主國的投資有三次浪潮:一是17和18世紀「舊殖民主義」時期,西班牙、荷蘭和英國在美洲和亞洲部分地區開礦和建立種植園;二是19世紀末「新帝國主義」時期,歐洲帝國在非洲、東南亞和世界其他一些地方的基礎設施和航運設施的投資;三是1960年代,先進國家在欠發達地區製造業和採掘業的投資。總體而言,地主國對跨國公司的評價是負面的。地主國對跨國公司的譴責集中在:一是對外直接投資造成了欠先進國家經濟的畸形發展和當地人失業;二是跨國公司牢牢控制最先進技術,不願意按照合理價格轉讓給地主國;三是對外直接投資增加了欠先進國家收入分配的不合理性;四是對當地文化和傳統產生了較大衝擊;五是欠先進國家對外來資本的「依附性」導致地主國容易出現獨裁政權,致使跨國公司自身及其母國政府容易干涉地主國的內政。

吉爾平進一步指出,以上評價對跨國公司而言,實際上是不公正也不準確的。以上負面影響與其說是跨國公司造成的,不如說是經濟發展的必然結果。跨國公司和地主國之間實際上是一種聯盟關係,在許多情況下,跨國公司與地主國——自願或不自願地——成了夥伴,一起同其他公司和政府爭奪世界市場。吉爾平最後指出,跨國公司和欠先進國家之間關係的實質問題是投資條款,投資收益將如何分配的問題必然會使跨國公司與地主國政府發生意見分歧,即便這樣,

附錄

也很少有地主國政府直接宣布跨國公司在其國內的投資為非法,並下令驅逐跨國公司。

二、關於石油政治的研究著作和重要文獻

關於石油政治特別是中東石油政治的研究,以及關於跨國公司和美國與沙烏地阿拉伯關係的研究,長期以來一直是國外理論界和政策界的焦點。總體而言,主要包括以下幾種理論:一是「權力至上論」,主權國家(主要是大國)將國際關係中的權力延展或轉化為石油權力,並在石油使用和收益上確保利益最大化,此類論點主要是基於現實主義或結構性現實主義的論斷;二是「權力結構論」,主要是闡述「結構性權力」及石油權力在消費國、產油國和國際石油公司三者之間的權力變化;三是「國際石油機制(規制)論」,此類論點主要是,國際石油供需雙方可以透過建立合作機制而保障供需體系的穩定,但機制的變遷主要取決於「均勢」的演變;四是「角力與賽局理論」,此類研究主要集中在消費國和產油國之間、各主要消費國之間,以及各主要產油國之間(如 OPEC 內部),核心是對國際油價主導權的爭奪;五是「資源至上論」,此類論斷主要體現在產油國國有化運動迅速時期,以及 1990 年代末以來的高油價時期,產油國(資源國)將油氣資源轉化為「石油權力」,「資源為王」的聲音不絕於耳。以上每一類研究成果極為豐富,本書僅進行概要整理,未能詳盡,主要梳理了以下幾個方面:

第二節
文獻綜述與研究背景

(一) 權力至上論

　　這方面的著作和文章最多，以暢銷書作家、能源（戰地）記者、智庫人員和前能源（情報）官員的著作和分析文章居多。它們當中的代表作首推全球著名能源策略學家、劍橋能源研究會（CERA）創始人、現任全球知名能源數據分析與金融公司馬基特（IHS Markit）公司副董事長丹尼爾‧尤金（Daniel Yergin）先生1990年代初的《石油世紀》（*The Prize: The Epic Quest for Oil, Money, and Power*）。全書以記敘和講歷史的口吻，將自1859年現代石油工業開始興起直至1990年波斯灣戰爭這一百多年的石油與權力、石油與政治、石油與戰爭、石油與偉人、石油與狂人講述得酣暢淋漓，被廣泛評價為全世界以暢銷書作家口吻將枯燥的石油政治講述得如此精采的最具影響力的著作。該書的主線實際上就是石油財富和權力是如何互動的，以及權力特別是大國權力是如何控制石油的投資、生產和流向並為國家利益服務的。該書詳細地介紹了石油在一戰、二戰中所發揮的作用，尤其是在二戰中發揮了扭轉戰局的關鍵作用。該書兼具可讀性與學術性，是後來所有關於石油政治的學術文章、著作中被引用最多的經典著作。

　　其他有代表性的體現「石油權力論」的著作就是著名經濟學家、地緣政治學者威廉‧恩道爾（William Engdahl）的《石油戰爭》（*A Century of War*）了。該書是作者多年專注於世界石油地緣政治研究的成果。書中描繪了國際金融集團、石油寡頭及主要西方國家圍繞石油展開的地緣政治鬥爭的生動場景，揭示了石油和美元之間看似簡單、實則深奧的內在連結，解析了石油危機、不結盟運動、馬島戰爭、《核武禁擴條約》、德國統一等重大歷史事件背後的真正原因，為我們展現了圍繞石油而進行的長達一個多世紀的驚心動魄的鬥爭歷史。其主線依然是石油、財富和權

力。正如季辛格在該書扉頁所評價的：「《石油戰爭》一書揭示能源危機真相，解讀石油、貨幣、權力三者關係，撩開霸權政治面紗。如果你控制了石油，你就控制了所有國家；如果你控制了糧食，你就控制了所有的人；如果你控制了貨幣，你就控制了整個世界。」

(二) 權力結構論

關於「權力結構」在消費國、產油國和國際石油公司之間建立和轉換的研究，首推英國著名國際關係學者蘇珊‧史翠菊 (Susan Strange) 的《國家與市場》(States and Markets)。書中，史翠菊縝密闡述了公司、政府和市場「三角關係」的五個演變階段。她認為，在石油業的角力中，政府、公司和市場是三個關鍵的玩家。大部分時候，在政治經濟中透過簡略地討論國家和市場的關係來簡化權威機構和市場關係的概念是合理的，當然也很方便。但在石油業中，最重要的權威機構常常不是民族政府所代表的國家，而是有效地操縱著市場的石油公司或者石油公司集團。公司和政府在不同時期和不同程度上支配著市場。

第一階段（現代石油業誕生至一戰）：在石油業發展的初期，市場實際上被美國占領，唯一說話有分量的政府是美國政府、唯一說話有分量的公司是標準石油公司。主要的玩家是英國和美國，主要的公司是標準石油公司、英國 BP 公司和殼牌公司。

第二階段（一戰至 1960 年 OPEC 成立）：國際石油公司左右一切。資源國當時都很貧窮，缺乏資金、技術、管理和銷售管道，沒有力量接管石油產業。當時，英國和法國身為一次世界大戰的戰勝國，正謀劃如何在中東分贓；出於同樣的考慮，美國共和黨人柯立芝 (Coolidge) 政府在 1920 年代後期支持美國石油公司提出的在中東有權分享租讓地的要

第二節
文獻綜述與研究背景

求。二戰大大改變了中東各國的均勢和域外大國在中東的均勢，英國、法國實際上撤出了中東，美國石油公司在中東開始崛起。美國政府和大石油公司暗中達成了交易：只要它們的利潤用於開發石油，足以確保石油越來越多的供應，滿足歐洲和日本不斷成長的需求，那麼它們可以繼續自由地處理在美國以外地方的相互關係，以及與中東各國的關係。

第三階段（1960 年代）：從第三世界角度來看，1960 年代的十年，在市場──公司──國家的角力中似乎是一個新的、截然不同的階段。期間，OPEC 成立。1973 年 OPEC 雖然占世界石油總產量的 53.5%，但是它左右市場的力量仍然是極小的。只有當 OPEC 的成員國在領土內對所發生的事情運用政治權力時，它與公司及與市場的力量平衡才發生巨大變化。

第四階段（1970 年代，尤其是 1969〜1973 年這幾年）：政府、公司和市場（市場主要的代表者是消費國，其象徵是國際油價）三方的討價還價關係開始了。這一階段主要是產油國占主導地位。這一階段，公司似乎失去了對市場（價格）的控制，市場則開始聽從國家政策的指導。當然，在這個新階段也不僅僅是 OPEC 成員國的政策才具有決定性作用，消費國政府同樣發揮了作用。其間，美國政府企圖建立一個有效的國際石油消費組織與 OPEC 相抗衡，這一組織就是 IEA（國際能源署）。

第五階段（1980 年代至今）：市場產生舉足輕重的作用。雖然回歸到基於市場的「自由主義」，但這並不意味著石油公司和政府完全失去了影響。石油公司依然控制著勘探技術、海外生產、原油加工和銷售。只要變化無常的世界石油市場仍然存在，只要主要石油公司名列前 10 個或 20 個跨國企業之中，國家──市場──公司複雜的三角平衡就會以各種方式繼續下去。資源國政府，特別是那些開發中國家的政府，發現它

們在與外國石油公司討價還價時，不得不因為公司對技術（特別是在勘探和產品開發方面）的控制而做出讓步。

除了史翠菊，法國地緣政治研究所的專屬地緣政治學家、國際關係與國家風險評估顧問菲利普・賽比耶-洛佩茲（Philippe Sébille-Lopez）所著的《石油地緣政治》（Geopolitiques du petrole），也涉及石油權力提升中的「結構性」問題。該書指出，OPEC、國際石油公司、非OPEC產油國、金融市場和消費國各自的定位。OPEC雖然不能說是堅若磐石，但它是一個由一些「有各種財富」的國家組成的卡特爾，甚至可以說是托拉斯，也因此受到那些堅持自由主義和市場經濟的人們的指責；一些大型的國際石油公司的共同點在於都是憑藉自身的資金和技術優勢，利用所謂市場經濟的規則在運作，但它們有著各自不同的策略和利益，至於金融市場所追求的始終是利潤的最大化，而國際石油公司所利用的正是僅有的一點規則；OPEC以外的產油國在利用現今體制漏洞的同時，又將自己所有的責任通通推給OPEC；而那些石油消費大國則是從目前這種混亂局勢當中獲益，直到出現危機的那一天。

(三) 國際石油機制（規制）論

在論述國際石油機制及其轉換的著作中，首推著名國際關係學者、哈佛大學甘迺迪政府學院前院長約瑟夫・奈伊（Joseph Nye）的《理解全球衝突與合作——理論與歷史》（Understanding Global Conflict and Cooperation: An Introduction to Theory and History），他認為，國際石油機制發生變化的一個分水嶺是1973年。如何從深層次進一步解釋國際石油機制在1973年的重大轉變？約瑟夫・奈伊給出了三個原因：總體的均勢（Balance of power）、石油問題上的均勢、國際制度本身的變化。總體的均勢是基

第二節
文獻綜述與研究背景

於現實主義的視角，即世界主要石油出口地區（中東為代表）民族主義的興起和非殖民化在 1973 年實質性改變了這一地區力量的均勢，加上美國、蘇聯兩國在中東地區權力均勢的變化，是導致國際石油機制發生根本性轉折的首要原因。石油問題上的均勢也是基於現實主義視角的，表現為美國 1973 年前後在石油問題上「權力」的下降，改變了均勢格局，也是導致國際石油機制發生轉變的重要原因。國際制度本身的變化則是基於「自由主義者」和「建構主義者」所強調的國際制度視角，即國際石油公司和 OPEC 分別作為跨國行為體，它們各自形成的國際機制在 1973 年前後發生了重大變化，導致國際石油機制相應變化。

另外，美國著名國際關係學者羅伯特・基歐漢和約瑟夫・奈伊合著的《權力與相互依賴》(*Power and Interdependence*) 一書中有幾處講到了權力、相互依賴和國際石油機制的問題。1970 年代初期，石油生產國對跨國公司和石油消費國的影響力增加，極大地改變了政策議程。此外，一組問題的議程將因其與權力資源正在變化的另一組問題的連結而發生改變，例如，OPEC 提升石油價格，以及在 1973～1974 年實行「石油禁運」之後，南北貿易關係較為廣泛的議程也發生了變化。書中還強調，就像金錢一樣，權力也是可以轉化的，大國也可以將權力資源轉用於一切領域，以確保同等的邊際收益。當某一問題領域的後果與其他問題領域有巨大差異時，這種轉用將使該異常領域的後果與世界軍事和經濟權力的結構趨於一致。根據這種觀點，1973 年以後石油政治的權力與世界政治總權力之間的不一致，就是動盪根源。那一時期，美國及其他工業化國家力圖透過相互援助、鼓勵開發新的能源供應，甚至動用武力威脅減少這種不一致，維護自身利益。OPEC 所屬各石油出口國試圖透過如下途徑消除緊張狀況：透過購買武器加強自身實力；與第三世界國家結

盟，共同促進國際經濟新秩序的建立；與單個石油消費國打交道；制定宏大的長遠發展計畫等。按照傳統理論的分析，由於雙方總體實力懸殊甚大，OPEC 成功的機會甚小（總體權力與部分領域的權力，非對稱）。

(四) 角力與賽局理論

石油政治著作和文章中涉及賽局理論的主要是利益攸關方對國際油價主導權的爭奪。從第一個石油卡特爾——德克薩斯鐵路委員會，到「石油七姊妹」，再到第二個石油卡特爾——OPEC，從 OPEC 到華爾街金融巨鱷、再到近來 OPEC 與非 OPEC 達成的維也納聯盟，個中的主線就是角力與賽局理論。其中的代表作品有美國著名的石油市場和政策專家鮑伯‧麥克納利（Bob McNally）的《原油波動：繁榮與蕭條中油價的歷史和未來》（*Crude Volatility: The History and the Future of Boom-Bust Oil Prices*），該書作者認為，由於 OPEC 在過去十年中放鬆了控制，石油市場一直受到價格劇烈波動的影響，而過去八十年來一直沒有出現這種情況。從 1960 年代熙熙攘攘的賓夕法尼亞州油田到今天充滿活力的中東地區，原油價格波動幫助我們揭示了這個繁榮——蕭條時代的特徵。這種「惡名昭彰」的石油價格波動一直被認為是一個禍害，不僅影響石油工業，而且影響更廣泛的經濟和地緣政治格局。麥克納利解釋了 OPEC 權力下降的後果，揭穿神話並提出建議，包括避免錯誤，因為我們正面臨著不受歡迎的繁榮和蕭條油價的回歸。

(五) 資源至上論

此類著作與文章的觀點與蘇珊‧史翠菊《國家與市場》中所論述的「能源權力」類似，實際上就是放大了能源資源的權力效用。尤其是進入

第二節
文獻綜述與研究背景

21世紀以來,隨著油價的持續高企和產油國綜合實力的上升,業界和學界出現了「技術為王、管理為王」向「資源為王」轉變的論調,部分油氣資源大國雄厚的油氣資源,成為撬動大國關係、實現國家利益最大化的「槓桿」。這方面談論得最多的就是俄羅斯的「天然氣霸權」和沙烏地阿拉伯的「石油資源權力」。

2018年5月,美國政府和「馬歇爾歐洲安全研究中心」聯合出具的一份報告——《歐洲對俄羅斯天然氣的依賴:對普丁、政治和俄羅斯天然氣工業股份公司、烏克蘭、多元化選擇、葉爾欽和柯林頓等的長遠策略視角和建議》認為,歐盟必須採取果斷行動,使其未來的能源需求多樣化,遠離俄羅斯的天然氣。矛盾的是,歐盟的能源政策在策略上具有前瞻性思維和全球共同體意識,而不是任何大國的能源政策;同時,歐盟也陷入了成員國不同觀點的狹隘主義之中。該報告義正詞嚴地指出,考慮到俄羅斯未來的不確定性,以及已經證明的事實,歐盟已經系統地將整個歐亞天然氣市場從生產到使用者,均整合到國家控制的代理商——俄羅斯天然氣工業股份公司的本地分銷,歐盟期望從這種壟斷中獲得良性待遇是完全不現實的。這恰恰從側面反映了俄羅斯超級「天然氣權力」的威力。

有關反映資源國及其國家石油公司「資源權力」最著名的文章要數2007年英國《金融時報》發表的一篇〈新一代「石油業七姐妹」〉的文章。這篇文章的核心是,沙烏地阿拉伯國家石油公司(ARAMCO)、委內瑞拉國家石油公司(PDVSA)、中國石油(CNPC)、俄羅斯國家天然氣工業股份公司(Gazprom)、巴西石油公司(Petrobras)、伊朗國家石油公司(NIOC)和馬來西亞國家石油公司(Petronas)這七家著名的國家石油公司,已經成為新時代的「石油七姊妹」。這些企業年淨利潤均在100億美

元以上，對世界油氣市場的「全球五巨頭」——埃克森美孚（Exxon）石油公司、皇家荷蘭殼牌（Shell）石油公司、英國石油公司（BP）、雪佛龍（Chevron）石油公司和道達爾（Total）石油公司形成了巨大挑戰。這恰恰反映了這七家國有石油公司背後所掌控的巨量油氣資源帶來的「權力」。

三、關於美國和沙烏地阿拉伯關係研究的著作和論文

關於美國和沙烏地阿拉伯關係研究的著作，首推著名的中東問題專家、美國布魯金斯學會高級研究員布魯斯·里德爾（Bruce Riedel），他曾任職於美國國務院和中央情報局，並於 2018 年出版的專著《國王們和總統們：羅斯福總統之後的沙烏地阿拉伯和美國》（*Kings and Presidents : Saudi Arabia and the United States since FDR*），主要講述了自 1945 年美國和沙烏地阿拉伯建立「特殊關係」後的 70 多年來，美國和沙烏地阿拉伯兩個國家互動的六個階段。

一是 1953 年以前的伊本·沙烏地國王（現代沙烏地阿拉伯的立國國王）和美國羅斯福、杜魯門、艾森豪三任總統打交道的階段。這一階段，美國和沙烏地阿拉伯最困難的時期出現在 1948 年猶太人在中東巴勒斯坦建立國家。書中強調，美國冒著被沙烏地阿拉伯切斷石油供應、斷交的危險，承認了以色列，這是沙烏地阿拉伯堅決反對的。但是，離開了美國這樣的安全和經濟靠山，沙烏地阿拉伯「國將不國」，最後還是沙烏地阿拉伯做出了重大讓步，默許美國承認了以色列的主權。這也從側面反映出，相較於發達的消費國，產油國往往顯得更脆弱。這是權力

第二節
文獻綜述與研究背景

的「結構性」使然。

二是從 1953 年至 1975 年，即沙烏地阿拉伯的費薩爾國王（一開始是王儲）和美國的甘迺迪、詹森和尼克森三任總統打交道的階段。這一階段，書中特別點出了費薩爾國王對沙烏地阿拉伯的現代化改造，稱他是沙烏地阿拉伯轉型的「總設計師」。當時，沙烏地阿拉伯和伊朗是美國在中東的兩大支柱。

三是從 1975 年至 1982 年，即沙烏地阿拉伯的哈立德國王和美國卡特總統打交道的階段。這一階段是美國和沙烏地阿拉伯盟友的「考驗期」，當時外部的重大事件接踵而至，伊朗伊斯蘭革命、「兩伊戰爭」、蘇聯入侵阿富汗等，均是在這一時期發生，美國和沙烏地阿拉伯在重大問題上協調一致，同盟關係得到提升。

四是從 1982 年至 1992 年，即沙烏地阿拉伯的法赫德國王和美國雷根、老布希兩位總統打交道的階段。這一階段，美沙之間需要協調的最大事件就是 1990 年發生的波斯灣戰爭。

五是從 1993 年到 2008 年，即沙烏地阿拉伯的阿卜杜拉國王和美國的柯林頓、小布希兩位總統打交道的階段。這一階段，美沙關係歷經了中東和平程式重大突破的「蜜月期」，以及「911 事件」、伊拉克戰爭、阿富汗戰爭的重大考驗。

六是 2009 年以來，沙烏地阿拉伯的阿卜杜拉、薩勒曼兩位國王和美國的歐巴馬、川普兩位總統互動的階段。這一階段，美沙關係經歷了 2011 年開始的「阿拉伯之春」和歐巴馬對沙烏地阿拉伯的「刻意遠離」，以及 2017 年川普上臺後，美沙進一步走近，但也受到「卡舒吉」事件的影響。以上六個階段，對本書闡述美沙石油關係至關重要，本書第

四、第五章對美國、沙烏地阿拉伯、阿美（沙烏地阿美）石油公司「三角關係」進行量化分析時，主要是參照了布魯斯·里德爾的上述分階段分析法。

第二位是美國賓夕法尼亞大學政治學副教授羅伯特·維塔利斯先生（Robert Vitalis）2009 年 3 月出版的《美國的王國：沙烏地阿拉伯石油前沿的神祕故事》(*America's Kingdom : Mythmaking on the Saudi Oil Frontier*)。該書揭露了現在圍繞美國與沙烏地阿拉伯特殊關係的許多神話，也就是所謂的「石油換安全」協議。該書封面赫然寫著「關於美國和沙烏地阿拉伯關係的致命性批判」。透過此書可以發現，作者是站在美國對沙烏地阿拉伯政策、美沙盟友關係和兩國石油合作的對立面的。該書一方面揭示了沙烏地阿美石油公司（Aramco）在沙漠中創造奇蹟的長期神話，展示了它是如何帶領美國政府跟隨該公司走向沙烏地阿拉伯王國的，以及沙烏地阿美石油公司是如何迅速成為美國最大的、獨立的海外石油企業和最大的對外投資私人企業。此書另一方面講述了從 1930 年代沙烏地阿美石油公司在沙烏地阿拉伯東部石油「福地」、沙烏地阿拉伯石油工業中心──達蘭石油營地建立「種族隔離系統」(Jim Crow System)，一直到 2005 年仍握有重權的法赫德家族（法赫德國王）領導下「美國王國」鞏固的 70 年間，美國是如何掌控阿特石油的。該書是對沙烏地阿美石油公司作為美國對沙烏地阿拉伯及沙烏地阿拉伯石油建構「殖民秩序」的精采縮影。書中，沙烏地阿拉伯王國被稱為「美國的王國」，顯示了美國對沙烏地阿拉伯的絕對掌控能力和「殖民」性質。

第三位是 Baalke 和 Caitlind 的《美國與沙烏地阿拉伯關係的政治歷史分析：美國與沙烏地阿拉伯的關係如何影響美國在中東的外交政策》，主要討論了美國與沙烏地阿拉伯之間關係的重要性，以及這種關係如何

影響和塑造美國在中東的外交政策。這種關係以新古典現實主義的國際關係理論和批判關係的制度理論為基礎。透過這個框架，此文進行了歷史和政治案例研究，分析了由於經濟利益和石油，美沙關係在整個歷史中持續存在的對立面。本文還討論了在美國對中東外交政策中發揮重要作用的其他假設和其他因素，以及在塑造美國與沙烏地阿拉伯關係中發揮重要作用的要素。

四、關於國際石油公司的重要研究成果

關於跨國公司及跨國石油公司研究的著作，首推美國著名國際關係學者羅伯特‧吉爾平先生所著的《跨國公司與美國霸權》(*US Power and the Multinational Corporation*)。該書雖然是 1975 年出版，但直到現在依然是研究跨國公司與國際政治的經典之作。該書的核心命題是：跨國公司擴張是美國國家實力擴張的結果，研究美國跨國公司必須考慮國家實力因素。吉爾平認為，美國在歐洲和全球的政治地位為美國的跨國公司向歐洲和全世界擴張奠定了基礎，反過來，跨國公司的全球擴張也為鞏固美國實力提供了資金和技術的支撐。另外，在跨國石油公司與石油政治上，吉爾平先生也有深入的解讀：自二戰結束以來，美國的政策一直是鼓勵美國石油公司海外擴張。這些跨國公司擁有的資源被用來開發國外的能源。短期來看，這些努力為西方經濟體創造了一種充足而又廉價的能源供給，尤其為美國賺回了外國利潤。但是長期來看，美國開始嘗到苦頭了，這一策略基本上是一項錯誤。由於忽視發展美國國內的替代能源，美國及其盟友面對阿拉伯產油國的抵制時非常脆弱。美國為了應對這類危險，發表了一項遲來的策略──獨立能源計畫。這一計劃

在新能源方面投入大規模的研發，以此實現更高的能源自給自足率。由此帶來的結果是，美國國內所需的鉅額能源投資規模將抑制美國資本的流出。

此外，中國學者也有一些論述跨國石油公司的優秀著作或成果。

一是中國復旦大學教授黃河所著的《跨國公司與當代國際關係》。書中，黃河指出，跨國石油公司之所以對國際政治產生影響，歸納起來大體有三個主要原因：首先是國際政治與能源安全關係極為密切，在當今國際政治中，油氣的作用日益成長，出現了世界主要大國為控制油氣而公開對抗的新格局。其次是經營「黑色黃金」生意始終是企業家活動中最有利可圖的方式之一，石油投資與貿易對參與「石油外交」所有國家的對外政策均產生重要影響。比如，由於利比亞發現了大油田，才得以從一個落後的部落式國家成為一個在國際舞臺上有著相當影響的國家，才敢把世界頭號強國美國視為自己對外政策的主要對手。最後是在「石油因素」對國際政治的一系列主要影響方面，「習慣勢力」仍然發揮著巨大作用。在世界上能夠保持政策連續性的大多數國家中，「石油外交」是政府政策和大石油公司行為兩者相結合的產物。在這種情況下，一個國家對外政策的連續性保證了該國一些大石油公司參與政府的決策。

二是中國華東師範大學國際關係與社會發展研究院孫溯源研究員的《國際石油公司研究》，該書基本代表了目前中國研究跨國石油公司的最高水準。該書認為，在國家角逐石油權力的背後，始終存在一股無形的力量、一個影響世界石油政治進程的「隱形的巨人」——歷史上的石油巨頭、當今的國際石油公司。之所以稱之「隱形」，是因為在以國家為主要行為體的國際關係領域，石油公司不是正面出場的主角，但就其在國際石油政治中的影響和作用，國際石油公司實在是無所不在和不可替代

第二節
文獻綜述與研究背景

的「巨人」。該書進一步指出，國際石油公司之所以如此具有可塑性和生命力，關鍵就在於它們既擁有豐富的物質性權力來源，如資金、技術、管理、行銷等，又擁有客觀的非物質性權力來源，即它從其母國在國際政治體系、國際金融體系、國際貿易體系和分工體系的優勢地位所獲得的無形權力資源。

此外，還有關於沙烏地阿美石油公司及沙烏地阿美的專著、研究報告和文章。比如歐文・安德森以1933年至1950年的沙烏地阿美石油公司為案例，研究了美國對外石油政策的演變，美國政府與商界之間複雜的關係，以及早期美國石油政策的重要研究；貝克公共政策研究所（James A. Baker III Institute for Public Policy）於2007年研究出具的《沙烏地阿美：具有全球責任的國家旗艦》報告，涉及大量石油地緣政治的內容；Chad H· Parker的《沙烏地阿美石油公司的先鋒故事：沙烏地阿美石油公司及戰後沙烏地阿拉伯的創新圖景》，闡述了1940年代末和1950年代，沙烏地阿美石油公司成為錯綜複雜的參與沙烏地阿拉伯油氣爭端的重要角色，以及沙烏地阿美石油公司制定了自己的「外交政策」，確保了其作為沙烏地阿拉伯唯一石油公司的地位。

五、其他

其他涉及石油政治、中東石油政治、能源地緣政治的著作可謂汗牛充棟，大部分是圍繞某一重大事件或列舉數個重點熱點地區或國家逐一進行闡述。

一是美國前駐沙烏地阿拉伯大使、前助理國防部長、美國中東政策委員會前主席傅立民（Chas W. Freeman）先生所著的《美國在中東的厄

運》(America's Misadventures in the Middle East)，主要講述從波斯灣戰爭到阿富汗、伊拉克戰爭，美國對伊拉克的策略，美國中東政策的後果，美國解決國際問題的外交和情報手段，以及美國與沙烏地阿拉伯的關係等幾個方面，對美國整體的中東政策進行了深刻反思；同時，身為「沙烏地阿拉伯通」，作者對沙烏地阿拉伯這一國家如何將根植於伊斯蘭瓦哈比教派的極端保守文化與因石油大開發而帶來的現代經濟繁榮相結合的現象，做出了自己的解釋。

二是美國和平和世界安全問題專家、美國《哈佛雜誌》、《外交政策雜誌》、《洛杉磯時報》等媒體專欄作家麥可‧克萊爾（Michael T. Klare）所著的《石油政治學》，主要講述的是中國和印度及在俄羅斯、裏海、非洲和美國的石油政治問題，實際上是石油事件和石油熱點問題，未深度探討石油政治的問題。

三是美國德克薩斯大學奧斯汀分校歷史學教授托因‧法洛拉（Toyin Falola）所著的《國際石油政治》(The Politics of the Global Oil Industry)。該書闡述了全球石油工業的來龍去脈，透過對伊拉克、墨西哥、奈及利亞、挪威、俄羅斯、沙烏地阿拉伯及委內瑞拉等七個產油國的介紹，討論了石油對國際政治、經濟的影響及石油工業全球化所帶來的衝擊，並對產油國面臨的挑戰進行了分析。

四是中國石油大學（北京）教授龐昌偉先生編著的《國際石油政治學》。該書透過建構國際石油政治學基本理論來展開對中國石油工業走出中國，進行國際化經營和能源資源國、出口國投資環境的基礎研究，密切追蹤國際格局演變和能源民族主義在當代的新變化。該書實際上是一本針對大學生和研究生的教材。

五是中國山西大學政治與公共管理學院教授李若晶的《石油冷戰》。

第二節
文獻綜述與研究背景

該書透過追溯冷戰不同發展階段的歷史軌跡,闡釋不同時期世界石油工業的壟斷狀況與冷戰國際關係演變之間的整體規律;同時,又著力從細部角度分析世界石油市場上的重要國家,主要是美國的石油外交政策對冷戰形勢所產生的影響,探討一國的石油能力與國家權力之間的關係。試圖將總體、細部兩方面的研究在國家石油外交層面結合起來,從國際政治經濟學角度研究美國的石油冷戰史。

六是中國武漢工程大學法商學院教授舒先林所著的《美國中東石油策略研究》。該書以歷史軌跡和策略措施來分析美國中東石油霸權策略地位演進、確立和維護過程,對美國中東石油策略的實質和發展趨勢進行理論分析和概括,最後指出美國中東石油策略發展的諸多困境,以及中美兩國石油安全觀的巨大差異。

七是中國石油大學(北京)副教授王明野所著的《中間地帶的博弈與困境》。該書提出了「中間地帶」理論,並對該理論的基本概念、「中間地帶」形成的結構性原因,以及「中間地帶」的全球性意義進行了詳盡的論述,從而建構起了一個較為完整的地緣政治論述體系。在「中間地帶」理論視角下,作者著重分析了「911」事件之後的烏克蘭、科索沃、喬治亞、中亞地區在美國和俄羅斯兩大全球性大國的影響下地緣政治的變化和外交策略的選擇過程。

六、現有研究的局限性

現有的研究在解釋中東石油政治及產油國、消費國、國際石油公司的「三角關係」時,發現有以下缺陷。

一是大多資深國際關係學者包括歐美的學者所著的經典的國際關

係、國際政治和國際政治經濟學書籍，論述石油政治、國際石油機制或國際石油公司時，往往只是一個章節，一筆帶過。很少有像蘇珊·史翠菊在《國家與市場》那樣對石油公司與產油國互動的深入描述，也很少有像羅伯特·吉爾平在其《跨國公司與美國霸權》裡那樣對國際石油公司有著系統的解讀。這主要是歐美國際關係學者缺乏石油產業的專業知識導致的。石油產業是一個專業門檻較高的行業，這限制了許多國際關係學者對石油政治、中東石油政治進行深入解讀和量化分析模型的建立。

二是涉及國際石油政治、中東石油政治的經典著作，大部分出現在1970、1980年代，如前文所述，這是時代造成的。而1990年代後期及21世紀前二十年，經典的、在理論上解讀過去二十年世界石油政治的發展和變遷的「經典之作」非常少。大多是石油專欄作家、記者和暢銷書作家出版的「石油速食」式書籍。這些書籍對本書提出的中東石油政治及產油國、消費國、國際石油公司「三角關係」的指導意義不大。

三是部分石油產業內的石油和能源問題專家，無論是在企業中工作或是擔任政府職位，他們不怎麼關心石油政治和石油對國際關係影響的理論問題。他們主要關心市場（油價）──一個反覆無常和難以預測的市場（價格）──在短期內的前景，以及考慮政府和公司如何做出最恰當的反應。而市場和油價的影響因素太多，截至目前，全世界尚未有準確預測油價的公式或模型。也就是說，石油政治的理論研究往往只是專業學者的事情，很少有著作能夠把國際石油公司、消費國、產油國、過境國等全球石油市場的利益相關者之間的關係建構和解釋清楚的。

四是部分專職從事特定國家石油問題研究的學者，其背景往往是與石油相關或者與經濟相關，不一定有國際政治或國際關係背景。這就導致一些學者在研究重大國際石油問題、石油政治、中東石油政治時，缺

乏國際關係的視角。而美國和沙烏地阿拉伯同盟關係下消費國、產油國和國際石油公司的「三角關係」研究，正需要既從石油產業、石油市場的角度進行專業性分析，又要從國際關係、國際政治角度對國際石油機制、石油權力和權力結構進行分析。

附錄

參考文獻

推薦序　產油國、消費國和跨國公司 —— 是最脆弱的一環？

（一）中文著作

[01] 江紅。為石油而戰 —— 美國石油霸權的歷史透視 [M]。上海：東方出版社，2002。

[02] 陸如泉。卓越全球化與周卓越在地化 —— 國際大石油公司營運管理模式研究 [M]。北京：石油工業出版社，2015。

[03] 黃河。跨國公司與當代國際關係 [M]。上海：上海人民出版社，2008。

[04] 孫溯源。國際石油公司研究 [M]。上海：上海人民出版社，2010。

[05] 龐昌偉。國際石油政治學 [M]。東營：中國石油大學出版社，2008。

[06] 李若晶。石油冷戰：中東石油與冷戰中的大國競爭（1945～1990）[M]。北京：世界知識出版社，2016。

[07] 舒先林。美國中東石油策略研究 [M]。北京：石油工業出版社，2010。

[08] 王明野。中間地帶的博弈與困境 [M]。北京：科學出版社，2017。

[09] 江紅。石油、美元與霸權 [M]。天津：中國社會科學出版社，2019。

[10] 王鐵錚、林松業。中東國家通史：沙烏地阿拉伯卷 [M]。北京：商務印書館，2000。

[11] 陸如泉。感悟石油 [M]。北京：企業管理出版社，2014。

[12] 劉朝全、姜學峰。2018 年國內外油氣行業發展報告 [M]。北京：石油工業出版社，2019。

(二) 中文譯著

[01][美] 小約瑟夫・奈等。理解全球衝突與合作 —— 理論與歷史 (第九版) 張小明，譯。上海：上海人民出版社，2012。

[02][美] 史蒂夫・柯爾。石油即政治 —— 埃克森美孚石油公司與美國權力 [M]。楊嬋宇，譯。上海：文匯出版社，2017。

[03][英] 蘇珊・史翠菊。國家與市場 [M]。楊宇光，譯。上海：上海世紀出版集團，2008。

[04][美] 丹尼爾・尤金。石油大博弈（上）[M]。艾平等，譯。北京：中信出版社，2008。

[05][美] 丹尼爾・尤金。石油大博弈（下）[M]。艾平等，譯。北京：中信出版社，2008。

[06][美] 科恩。國際政治經濟學：學科思想史 [M]。楊毅、鍾飛騰，譯。上海：上海人民出版社，2010。

[07][美] 佛雷德利・皮爾遜。國際政治經濟學 [M]。楊毅、鍾飛騰、苗苗，譯。北京：北京大學出版社，2006。

[08][美] 羅伯特・吉爾平。國際關係政治經濟學 [M]。楊宇光等，譯。上海：上海世紀出版集團，2011。

[09][美] 威廉・恩道爾。石油戰爭 [M]。趙剛，譯。北京：智慧財產權出版社，2008。

[10][法] 菲利普・賽比耶 - 洛佩茲。石油地緣政治 [M]。潘革平，譯。北京：社會科學文獻出版社，2006。

推薦序　產油國、消費國和跨國公司 —— 是最脆弱的一環？

[11][美] 羅伯特・基歐漢、約瑟夫・奈。權力與相互依賴 [M]。門洪華，譯。北京：北京大學出版社，2012：25-57。

[12][美] 羅伯特・吉爾平。跨國公司與美國霸權 [M]。鍾飛騰，譯。上海：東方出版社，2003：10。

[13][美] 傅立民。美國在中東的厄運 [M]。周琪、楊悅，譯。北京：社會科學文獻出版社，2010。

[14][美] 麥可・克萊爾。石油政治學 [M]。孫芳，譯。海口：海南出版社，2009。

[15][美] 托伊・法羅拉。國際石油政治 [M]。王大銳、王燾，譯。北京：石油工業出版社，2008。

[16][加] 羅伯特・傑克森、[丹] 喬格・索倫森。國際關係學理論與方法 [M]。吳勇，宋星，譯。北京：中國人民大學出版社，2012。

[17][瑞典] 博・黑恩貝克。石油與安全 [M]。俞大畏等，譯。北京：商務印書館，1976。

[18][英] 安東尼・桑普森。七姊妹 —— 大石油公司及其創造的世界 [M]。伍協力，譯。上海：上海譯文出版社，1979。

[19][英] 阿蘭・魯格曼。全球化的終結：對全球化及其商業影響的全新激進的分析 [M]。常志霄等，譯。北京：生活・讀書・新知三聯書店，2001。

[20][英] 約翰・斯托普福德、蘇珊・史翠菊。競爭的國家、競爭的公司 [M]。查立友、鄭惠群、李向紅，譯。北京：社會科學文獻出版社，2003。

[21][美]艾倫·R·沃爾德。沙烏地阿拉伯公司 —— 沙烏地阿拉伯的崛起與沙烏地阿美石油的上市之路 [M]。尚曉蕾，譯。北京：中信出版社，2019。

[22][美]漢斯·摩根索。國家間政治 [M]。肯尼斯·湯姆森等，修訂·徐昕等，譯。北京：北京大學出版社，2005。

[23][美]理查·貝利。國際石油作業管理 [M]。辛俊和等，譯。東營：中國石油大學出版社，2003。

[24][沙烏地阿拉伯]阿里·納伊米。石油先生：阿里·納伊米自傳 [M]。陳學斌、劉彤，譯。北京：中信出版集團，2018。

[25][美]馬修·西蒙斯。沙漠中的暮光：即將來臨的沙烏地阿拉伯石油危機與世界經濟 [M]。徐小杰等，譯。上海：華東師範大學出版社，2006。

[26][美]拉塞爾·高爾德。頁岩革命：重塑美國能源，改變世界 [M]。歐陽瑾、歐陽勇鋒，譯。北京：石油工業出版社，2016。

[27][加]瓦茨拉夫·斯米爾。石油簡史 —— 從科技進步到改變世界 [M]。李文遠，譯。北京：石油工業出版社，2020。

(三) 中文期刊、論文

[01] 餘萬里。跨國公司的國際政治經濟學 [J]。國際經濟評論，2003（2）：50-54。

[02] 孫溯源。跨國公司的國際政治經濟學研究：反思與重構 [J]。國際政治研究，2007（3）：56-71。

推薦序　產油國、消費國和跨國公司 —— 是最脆弱的一環？

[03] 許勤華。中國全球能源策略：從能源實力到能源權力 [J]。現代國企研究，2017（9）：62-69。

[04] 陳衛東。七姐妹與俄羅斯石油 [J]。中國石油石化，2008（7）：37。

[05] 邢文海、冀開運。石油因素對兩伊戰爭的影響 [J]。大慶師範學院學報，2016（1）：119-123。

[06] 顧藝藝。9.11 以來世界石油地緣政治新格局與中國的石油安全 [D]。上海：上海外國語大學，2005。

[07] 袁新華。普丁領導下的俄羅斯能源策略與外交 [D]。上海：華東師範大學，2005。

[08] 袁瑛。歐佩克重尋卡特爾盔甲 [J]。商務週刊，2007（5）：42-45。

[09] 尹振茂。石油歐元挑動天下反？[J]。中國石油石化，2007（2）：36-37。

[10] 羅國平、黃凱茜、周美霖。沙烏地阿美前期最大 IPO[J]。財新週刊，2019（48）。

[11] 趙慶寺。試論美國對外石油政策的形成（1941～1954）[J]。史林，2010（6）：162-169。

[12] 安維華。阿拉伯 —— 美國石油公司 [J]。世界經濟，1979（10）：76-77。

[13] 徐振偉。英國在蘇伊士運河危機中的決策分析 —— 不對稱理論的視角 [J]。安徽史學，2019（6）：135-144。

[14] 陳瑾。國內外原油期貨價格與中國原油現貨價格關係研究 [D]。濟南：山東大學，2018。

[15] 王楠。奧斯陸協議以來的巴以和平進程研究（1993～2005）[D]。西安：西北大學，2006。

[16] 劉建。國際油價波動衝擊的緩衝機制研究 [D]。天津：南開大學，2010。

[17] 蘇勇、李辛子。石油科技創新的趨勢及應對措施 [J]。石油科技論壇，2008（3）：4-9。

[18] 單衛國。歐佩克對油價的影響力及其政策取向 [J]。國際石油經濟，2000（1）：25-29。

[19] 牛新春。美國的中東政策：矛盾與困境 [J]。外交評論：外交學院學報，2011（2）：15-25。

[20] 林森虎、鄒才能、袁選俊、楊智。美國緻密油開發現狀及啟示 [J]。岩性油氣藏，2011（4）：25-30。

[21] 牛新春。美國的中東政策：延續與變化 [J]。當代世界，2018（3）：26-29。

[22] 陳衛東。「千萬桶俱樂部」強強博弈：「維也納聯盟」替代歐佩克？[J]。國際石油經濟，2019（1）：8-10。

（四）外文原著

[1]Daniel Yergin. *Prize: the epic quest for Oil, Money and Power* [M]. Free Press, 1990 & 1991.

[02]*Bruce Riedel.* Kings and Presidents: Saudi Arabia and the United States since FDR (Franklin Delano Roosevelt) [M]. *Brookings Institution Press, 2018.*

[03]*John Browne.* Beyond Business: An inspirational memoir from a remarkable leader [M]. *Phoenix Press, 2011.*

[04]*Oystein Noreng.* Oil Politics in the 1980s, Patterns of International Cooperation [M]. *McGRAW-HILL BOOK COMPANY, 1978.*

[05]*Ali Al-Naimi.* Out of Desert, My Journey from Nomadic Bedouin to the Heart of Global Oil *[M]. Penguin, 2016.*

[06]*Irvine Anderson.* Aramco, the United States, and Saudi Arabia, A Study of the Dynamics of Foreign Oil Policy, 1933 ～ 1950*[M]. Princeton University Press, 2014.*

[07]A. M. Jaffe, J. Elass. *Saudi Aramco: national flagship with global responsibilities* [M]. The James A Baker III Institute for Public Policy, 2007.

[08]*Chad H. Parker.* Aramco's Frontier Story: The Arabian American Oil Company and Creative Mapping in Postwar Saudi Arabia, Oil Culture *[M]. University of Minnesota Press, 2014.*

[09]*Robert Vitalis.* America's Kingdom: Mythmaking on the Saudi Oil Frontier *[M]. Verso books, 2009.*

[10]Louis Turner. *Oil Companies in The International System* [M]. George Allen & Unwin (Publishers) Ltd, 1983.

[11]*Rachel Bronson.* Thicker than Oil: America's Uneasy Partnership with Saudi Arabia *[M]. Oxford University Press, 2006.*

[12]*Ross Barrett, Daniel Worden.* "Oil Culture": Aramco's Frontier Story: The Arabian American Oil Company and Creative Mapping in Postwar Saudi

Arabia *[M]. University of Minnesota press, 2014.*

[13]*CHAD H. PARKER.* Making the Desert Modern: Americans, Arabs, and Oil on the Saudi Frontier (1933–1973)*[M]. University of Massachusetts Press, 2015.*

[14]*Ellen R. Wald,* Saudi, Inc.. The Arabian Kingdom's Pursuit of Profit and Power *[M]. Pegasus Books, 2018.*

[15]*Robert Vitalis.* America's Kingdom: Mythmaking on the Saudi Oil Frontier, Stanford Studies in Middle Eastern and Islamic Societies and Cultures *[M]. Stanford University Press, 2006.*

[16]John M. Stopford, Susan Strange, John S. Henley, Rival States, Rival Firms. *Competition for World Market Shares* [M]. Cambridge University Press, 1991.

[17]*Susan Strange.* The Retreat of the State: The Diffusion of Power in the World Economy *[M]. Cambridge University Press, 1996: Preface.*

（五）外文期刊論文

[01]Chih-shian Liou. Bureaucratic Politics and Overseas Investment by Chinese State-Owned Oil Companies: Illusory Champions [J]. Asian Survey, 2009, 49(4).

[02]Toby Craig Jones. America, Oil and War in the Middle East [J]. The Journal of American History, 2012.

[03]Frank Church. The Importance of Oil Companies [J]. Foreign Policy, 1977, 27.

[04]Burton I. Kaufman. Oil and Antitrust: The Oil Cartel and the Cold War [J]. The Business History Review, 1977, 51(1).

[05]Carola Hoyos. The New Seven Sisters: oil and gas giants dwarf western rivals [J]. Financial Times, 2007.

石油權力：

從沙烏地阿美的崛起到石油市場的演變！以七大權力要素剖析美國、沙烏地阿拉伯與石油公司的三角關係

作　　　者：	陸如泉
發　行　人：	黃振庭
出　版　者：	沐燁文化事業有限公司
發　行　者：	崧燁文化事業有限公司
E - m a i l：	sonbookservice@gmail.com
粉　絲　頁：	https://www.facebook.com/sonbookss/
網　　　址：	https://sonbook.net/
地　　　址：	台北市中正區重慶南路一段 61 號 8 樓 8F., No.61, Sec. 1, Chongqing S. Rd., Zhongzheng Dist., Taipei City 100, Taiwan
電　　　話：	(02)2370-3310
傳　　　真：	(02)2388-1990
印　　　刷：	京峯數位服務有限公司
律師顧問：	廣華律師事務所 張珮琦律師

-版權聲明

本書版權為石油工業出版社所有，授權沐燁文化事業有限公司獨家發行繁體字版電子書及紙本書。若有其他相關權利及授權需求請與本公司聯繫。

未經書面許可，不可複製、發行。

定　　價：375 元
發行日期：2025 年 02 月第一版
◎本書以 POD 印製

國家圖書館出版品預行編目資料

石油權力：從沙烏地阿美的崛起到石油市場的演變！以七大權力要素剖析美國、沙烏地阿拉伯與石油公司的三角關係 / 陸如泉 著 . -- 第一版 . -- 臺北市：沐燁文化事業有限公司 , 2025.02
面；　公分
POD 版
ISBN 978-626-7628-52-2(平裝)
1.CST: 國際政治經濟學 2.CST: 石油問題 3.CST: 石油經濟 4.CST: 地緣政治
552.1　　　　　114001227

電子書購買

爽讀 APP　　　　臉書